与时偕行

一所新建小学的校长手记

王 凌/著

华中科技大学出版社
http://press.hust.edu.cn
中国·武汉

图书在版编目(CIP)数据

与时偕行：一所新建小学的校长手记 / 王凌著. 一武汉：华中科技大学出版社，2023.8
ISBN 978-7-5680-9544-0

Ⅰ.①与… Ⅱ.①王… Ⅲ.①小学—校长—学校管理 Ⅳ.①G627.1

中国国家版本馆CIP数据核字（2023）第096938号

与时偕行：一所新建小学的校长手记　　　　　　　　　　王凌 著
Yushi Xiexing: Yi Suo Xinjian Xiaoxue de Xiaozhang Shouji

策划编辑：娄志敏
责任编辑：章　红
封面设计：琥珀视觉
责任校对：李　弋
责任监印：朱　玢
出版发行：华中科技大学出版社（中国·武汉）　　电话：（027）81321913
　　　　　武汉市东湖新技术开发区华工科技园　　邮编：430223
印　　刷：湖北新华印务有限公司
开　　本：880mm × 1230mm　　1/32
印　　张：11.75
字　　数：273千字
版　　次：2023年8月第1版第1次印刷
定　　价：59.80元

序一
行走在尊重生命时序的路上

2023年初始，当王凌校长和我说起光谷十小（武汉小学光谷分校）走进新征程时，请我给行走在这条追"光"路上的"校园巡查手记"写个小序，我丝毫没有犹豫就应允了。翻着一页一页熟悉朴素、自然清新的文字，沿着五年时光留下的奋斗足迹，我思绪良多，感慨万千。

我记得开办"光谷十小"的想法是在2015年武汉市开始制定新的五年发展规划，展望2046武汉城市未来背景下开始萌发的，武汉未来30年的核心在"光谷"，基于这个认识，武汉小学这所以城市名称命名的学校，油然而生一种"吾校与城共生长"的使命召唤，重回关山大道。学校在2004年始组建光谷地区第一所学校"光谷一小"，并用五年办学时间获得良好声誉的基础上，2017年武汉小学人再次站在光谷的热土上，开始了"二次创业"，擘画新学校。

这本书记录并讲述了一所新校的成长历程。用一组组数字（25，30，6，196；47，29，14，618；72，29，24，1125；105，29，36，1663；138，30，50，2380）刻画"谷拾家族"体量的迅猛增长，以及带来的变化和生长的趋势。这些文字和数字后面都是学校"细，小，实，常"的平凡事，既不惊艳，也不宏大，但有着学校教育人的简单、朴素、智慧、守望、关爱、期待、共情、信心、包容、坚韧、等待……不管是教育理想和办学定位的求索，还是儿童立场和童年观照的修行，还有团队建设和校园文化的行走，等等，都不约而同地汇聚到这条追"光"的路上，都时时刻刻把敬畏"生命时序"四个大字写在大地上。回看这样的教育生长历程，心中有对同行人的感动，更有对守望者的钦佩。

我曾在光谷十小办学第五年时，写过一篇小文章《寻访来时路，重回关山道》。文章中有这样一段话："重回关山大道，不仅是数字'1'到'10'的改变，更是武汉小学人追求教育角色的改变，光谷十小在王凌校长的带领下，提出了'办一所尊重生命时序的学校'，学校的谷拾文化在光谷教育大地生根，学校在'童心教育'理念下，生发出'与时偕行，护卫童真'的办学主张，以节气课程为抓手推动课程变革，办学呈现出'各美其美，美美与共'的格局。第三年在全市义务教育优质均衡经验交流大会上进行展示，被评为武汉市中小学现代化学校，全区绩效管理的优胜单位……王凌校长被评为'光谷教育20年20人'……"

"当前光谷十小正处在爬坡上坎的时候，新的挑战和难题再一次摆在面前，必须用更大的勇气、更多的付出、更好的智慧去开创学校教育的未来之路。这条路不好走，但又必须坚定地走下去……"

这段话真实地表达了当时我对这所新校创办者真诚质朴的情感。从2004年初识光谷，到扎根光谷十小，这些年，王凌校长行走在光谷教育的路上，她始终有着对这块土地最真切的情感，不管是收获鲜花和掌声，还是前途漫漫和道险路难，她都有着对教育不改的初心和对事业执着的坚定，从"学做校长"到"做成校长"，再到"做好校长"，这是她职业发展的逻辑，其背后则是"学做教育"到"做成教育"，再到"做好教育"，这是教育人追着"光"行走的阶梯，我看到她的身上散发出这种"光"，她内心总有着这束"光"。

习近平总书记第三次当选国家主席后首站出访俄罗斯。中俄构建长期睦邻友好关系，让我想起了苏霍姆林斯基在《给教师100条建议》这本书中引用的康士坦丁·德米特利耶维奇·乌申斯基的话："在教育中一切都应当以教育者的个性为基础，因为教育的力量仅仅来自人的个性这个活的源泉，任何规章制度和纲领，任何人为设置的机构，不管他设想得多巧妙，都不能取代教育事业的个性……没有教育者个人对受教育者的直接影响，就不可能有深入性格的真正教育，只有个性才能影响个性的发展和定型，只有性格才能养成性格。"康士坦丁·德米特利耶维奇·乌申斯基（1823—1870）是俄国卓越的教育家，他被称为"俄国教师的教师"。如果我们把他的这段讲话延伸到一个学校的校长及其与师生之间的关系，显然校长的个性及其对学校个性的智慧解读和坚定行走就能在师生身上产生诸多影响，这种影响就是独特的、性格的、光芒的……我想光谷十小的生长中就有这种有价值意义的个性。

我们常说：亲其师，信其道！其实反过来的逻辑更有意思，"信其道，亲其师"。学生越喜欢你教的课，越表示你是一位好教师，在你身上教师与教育者的有机结合就越紧密。同样的道理，老师越喜欢（理性认可）你办的学校，越表示你是一位好校长，在你身上校长与教育者的有机结合就越紧密，校长的教育人格才具有最持久的教育力量，办尊重师生"生命时序"的学校，既是教育者的心声，也体现了光谷十小温暖的教育情怀。

路虽远，行则将至。让我们从心出发，在追"光"的路上，一个都不能少，相信"谷拾人"，走在这条路上，一定能够看见每个生命自然发光的光谷未来。

李强／武汉小学校长

序二
在农历的天空下起舞

很多人都喜欢"教育是农业"这个表达，这是对回归教育本源的一种价值认同。在当下这个被功利主义带偏的教育赛道上，太多的人已经厌倦了流水线式的教育行为，但又无可奈何地被裹挟着，向着不明的远方狂奔。

像农业的教育，到底是什么样子？可供人们亲睹的真实场景并不多，有时我们只能凭着自己的想象，在心中构筑那个属于理想主义的乌托邦。我是个教育理想主义者，在天南海北的行走中，一直寻觅着契合农业精神的教育图景。

2022年6月，一个偶然的机会，我走进了光谷第十小学，走近了王凌校长，惊喜地发现：这所创校才五年的学校，与"教育是农业"的表征高度吻合。在这里，目之所及的物型文化，潜滋暗长的精神文化，都是基于"农业"的理念生长出来的，处处充盈着自然的气息，是一个没有受到太多的"教育工业化"污染的地方。

最近，读到了王凌校长的这本巡校手记初稿，曾经在光谷十小短暂逗留时的那些美好记忆，又一次被拽到了眼前。在这些朴实真诚的文字间，我似乎看到了这样一个画面：在一片精心开垦过的园子里，一位优雅的农艺师，忽闪着一双闪闪发光的眼睛，头顶一片星空，脚踏纵横阡陌，时而与正在拔节生长的小草窃窃私语，时而与正在恣意绽放的花儿亲吻凝视。满园的生机，好一幅处处流淌着奶和蜜的田园诗意图。

王凌校长的这本巡校手记极具画面感，读起来犹如在翻看一本具有叙事风格的相册，能让人看到光谷十小五年建校史的生动剪影，能够想象到五年前那片僵硬的钢筋水泥建筑群，在她和一群志趣相同的创业者的精心侍弄下，蝶变为让生命自由呼吸的教育场的全部历程。这些文字能让人体会到一位女性校长的细腻心思、万般柔情，也能够让人窥探到作为创校校长所经历的艰辛与执着，度量出一位校长的非权力影响力。

人们常说，创业如炼狱。创校也是创业，如果校长本人没有金刚不坏之身，难免会被创校期间的各种偶发事件弄得手忙脚乱。刚到十小，摆在王校长面前的是如此场景：满地黄泥，建筑工程无法如期交付开学；施教区调整，家长对这所新办校尚不认可；外来执行校长身份，调遣资源的难度很大……可以想象一个创校校长有多不容易。

王校长在书中讲到了这样一个细节：学校第一次家校沟通会，家长们是带着责难来的。连教育局的领导也担心她能否顶得住压力。于是，局主要领导和分管领导悄悄来到学校大门外坐镇，静观其变。等到家长们高兴地离去，他们才舒了一口气。我揣测，应该是王校长和她的管理团队给家长们画了一幅足够美丽的图画，满足了他们对一所好学校的想象，令其无法拒绝。这说明专业的教育理解力和一片真诚，是能够打动人的。

五年后的今天，再回过头看光谷十小，曾经的那些蓝图正在变为美好的现实场景。光谷十小的学校场景中，最耀眼的是文化样态。学校以校名的谐音"谷拾"为文化基因，立足"万物皆有时"的中国农耕文化传统土壤，提取出"与时偕行，护卫童真，办尊重生命时序的教育"的核心办学主张，迈出了"文化为学校立魂"的第一步。

在核心办学主张的映照下，光谷十小的文化理念在"谷拾"上长出来了。"上德若谷，拾级而上"的校训，"爱满穹谷，拾光添彩"的校风，"汇聚成谷，拾珍惠人"的教风，"勤耕种谷，拾穗善成"的学风，不仅巧妙地将"谷拾"嵌入其中，而且彰显了学校视儿童为有灵性生命体的教育哲学。透过光谷十小的文化理念，我们能够在头脑中想象出有鲜活生命意象的画面：在农历的天空下，孩子如种子般顺时而生，教师如耕者一样尊重、护卫。

光谷十小的"谷拾文化"并不是搬弄文字的表面文章，而是回到了"人"的发展这个宗旨，让文化的气息在充满诗意的园子里恣意弥漫。

王校长特别重视"空间美学"，从一起步就力求用设计的思维，建设一所处处"流淌着奶和蜜"的学校。光谷十小最吸引眼球的是三大教育空间：底楼的"谷拾之心"学习空间，那是一个让学生向往、迷恋的阅读空间；二楼的"谷拾之家"职工书屋，分隔成风格各异的多个区角，适合不同的教师小群体在此阅读、休闲、头脑风暴；顶楼的"谷拾之源"时节空间，是各班学生认领的种植园地，植物的丰富性和长势用"令人震撼"来形容一点也不为过。

除此之外，学校还以谷拾之荟、谷拾之创、谷拾之韵、谷拾之跃为主题进行了长廊文化设计，让师生身之所处、目之所及都接受到"谷拾文化"能量的辐射，让师生们"在自己的季节里绽放"，"在自信中成长，在成长中自信"。在光谷十小的校园里流连，能深切地体悟到"空间孕育着新的教育学"的意蕴。

课程的丰富决定了生命的丰富，课程的卓越决定了生命的卓越。光谷十小从创校那天起，就把卓越课程研发作为学校安身立命的重头戏，在实施国家课程的同时，形成了基于"谷拾文化"的校本课程体系，力求为每一个孩子提供幸福完整的生命成长跑道。

有人说，学校的课程应该像一棵树，树的根和主干是学校的文化，伸展的树枝就是课程门类，而树的叶片是一门门具体的课程。照这样说，经过了五年多的培育、生长，光谷十小中已经长出了一棵枝繁叶茂、体型完美的课程之树。仔细研读光谷十小的课程图谱就会发现，这所学校的课程之树上，对应"德、智、体、美、劳"五育融合的育人目标，已经生长出"拾芸""拾创""拾跃""拾韵""拾源"五大课程和一个"节气课程"，"谷拾文化"基因在课程里活起来了。

光谷十小对课程的培育不仅尽心，而且专业。为保障课程落地，他们把每个学期设计为四个学程，第一、三学程主要完成以国家课程为主的必修学习任务，兼顾校本课程选修学习任务；第二、四学程主要开展项目式学习。同时，他们又把每周设计为"周启""周例""周思"三个阶段，把每个上学日分成了语言听写日、社团活动日、专题教育日、课间游戏日，这样就实现了所有课程的"时间保底"。

学校的"节气课程"版图中，诸如惊蛰植树节、清明踏青日、谷雨读书节、芒种艺术节、秋分游艺周、立冬消寒会等，是属于光谷十小孩子成长的关键事件，是这所学校引领师生"跟着节气过日子"的诗意庆典。在这样的课程浸润下，每个生命都能获得自由呼吸的空间和时间。

为什么在武汉光谷这个资源集聚、人才荟萃的地方，光谷十小甫一出场便迅速出圈、不同凡响？在王凌校长的巡校手记中能够找到答案。我们从王校长五年创校的心路历程中，可以捕捉到一个优秀校长应有的特质：

好校长眼中有光。这道光是热爱之光。看见校园，王凌校长会满心欢喜地发出"怎么会有这么美丽的校园"的惊叹，会每天在校园行走，一身汗渍，但一腔热情；看见孩子，她会百般怜爱地问："怎么了？我可以帮你吗？"会在看见学生受伤后，内心自问："为什么孩子受伤后不愿意第一时间跟老师说真话？"好校长会看见校园里一切美好的事物，并努力让学校成为汇聚美好事物的中心。王校长带着一双发现的眼睛在校园里行走的身影启示我们：对待学校，对待教育，要么深爱，要么离开。

好校长手中有纲。这个"纲"是打破僵化、超出经验、激发潜能的学校现代管理之道。王校长在学校起步之初，就开始构想这所学校的现代管理机制：精配管理人员，实施事务助理制、项目管理制，尝试年级负责制，设立正副班主任岗位，力求所有治理元素的出发点和落脚点都基于"每一个孩子被看见"。由于光谷十小实行了"分权设计、学术管理"治理结构，避免了传统的科层制带来的种种弊端，实现了从"有序规范"向"精致卓越"、从"处理事务"向"服务学生"的转变。在和光谷十小相遇后，我不禁由衷地感叹：这是一所最具现代管理气象的学校，现代管理就当如光谷十小这般，用良善的结构，激发每个生命的善意与潜能。

好校长心在课堂。王校长是在课堂历练中成长起来的省特级教师，也深谙校长应该到课堂里寻找职业生命的价值。她在光谷十小大刀阔斧推行课堂学科育人方式的变革，形成了"教程+学程"双线驱动，"前置学习+互动学习+巩固复习"完整互动链，搭建了自学、共学、探学、练学、拓学等学习模块，实现了学科知识、学科方法、学科思维与现实生活、文化传承、审美创造等要素之间的高度关联，促进了儿童"精神种子"的生长发育。自新课标落地以来，大家都在积极探索核心素养导向的新课堂样态。其实，光谷十小早在创校之初，就把自己的课堂称为"素养生长的课堂"，为"与时偕行"的学校办学思想提供了最生动的注解。当校长的心在课堂，一所学校何愁没有远方？

王凌校长说，这本巡校手记似乎是拉家常式的大白话，总觉得有些拿不出手。而我却认为，在当下的校长队伍中，不缺少能谈经论道的理论家，也不缺少洋洋洒洒逻辑缜密的校长专著，而如王凌校长这般始终穿行在师生中间，并用慧言雅语记录所见所思的不多见。这本巡校手记，其实是一个有感染力、可复制的"走动式管理"脚本。

在这本巡校手记的文字里徜徉，我仿佛看见了一个对教育有着宗教般情怀的灵魂，在教育的原野上，在农历的天空下起舞。

林忠玲／新教育研究院研究中心执行主任

与时偕行，护卫童真
办尊重生命时序的教育

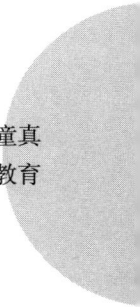

目录

CONTENTS

附录　演讲实录精选

PART 1

2017 年筹备期：一脚踏入校园

踏入泥泞的工地，跨进推迟交付的校园，经历一波三折的筹备和开学，我们凝心聚力书写新校创生篇章。新校筹备期有三个工作重点：一是督促并推进校园建设；二是确立学校文化中的核心办学理念；三是架构校本特色的时序安排和课程设置。

一脚踏入校园，展露真颜的新校舍独具英伦风格，其间钟楼矗立，钟声悠扬，长廊连接，绿植成趣。我们取光谷十小的校名谐音，称学校为"谷拾"，称自己为"谷拾人"，"因爱而学，因人而美"的办学氛围逐步形成。

2017年2月23日 / 周四 / 晴

一脚踏入校园

当我初次踏入校园，正是新春雨后的一天。工地里一片黄泥，校园建筑一片灰色。顶部的灰瓦格外显眼，外墙的装饰线条正粉刷成米黄色，正面还有一座钟楼。仰视钟楼的尖顶，安全帽差点掉落。

进到里面就像进了迷宫，怎么走都是四处连通的，不似传统建筑，四面包围成"天井"。看了施工图才明白，校园有四栋楼，两栋是普通教学楼，一栋是功能教学楼，一栋是办公楼。四栋楼连通着，像一个倒置的英文字母"E"。有几个空间的吊顶已经基本成型：有的造型像树丫，在房梁上四处散开；有的色块艺术拼接，像蒙德里安的画作；有的像波浪起伏，一层连着一层。我猜想，这间是创客教室，那间是美术教室，最大的那间估计是报告厅和体育馆。顶楼天花板上的深灰色钢结构太让人震惊了，钢梁的大跨度意味着体育馆的空间足够大呀！

在建筑和廊道里行走，我仿佛一个穿越时空的旅人。忽然想起2004年的那个夏天，我受老校长委派，成了光谷第一所新建学校的副校长。那所校区全部建成以后，我才进驻工作，眼前看到的是小道、碧湖、绿植、橙色的建筑，当时的我不禁感慨，怎么会有这么美丽的校园。如今看到这所新校的建筑真容，虽然还没有完成装修，不禁再次惊叹"怎么会有这么美丽的校园"。怎么都想不到，2017年，我会第二次受委派到光谷任职，这又会是一段怎样的经历呢？

正在遐想中，一个工人吆喝着："哎……让一让，让一让啊！"一辆手拖车擦身而过，工人回头瞥了我一眼，看表情是嫌我有点碍事。他们不知道这个女人是来干吗的，竟然会穿着白球鞋、踩着泥巴跑来逛工地，哈哈……

满地黄泥，不吝脚上的白鞋，我毫不犹豫地一脚踏入校园。看着这一栋灰色的建筑，我不禁在朋友圈发了几句话："光谷校区主体建筑真容，楼顶空间让人惊喜。大空间、大格局，有待好好谋划！"

我想，和光谷教育重逢的缘分，真是妙不可言！

2017年6月29日 / 周四 / 晴

给每个人写封信

明天，是光谷十小第一批校招教师的实习总结日。

3月3日发布招聘公告，4月邀请入校（武汉小学）实习，6月30日实习总结。这批老师刚大学毕业，一边实习一边还要完成毕业论文。想起他们的实习故事，我有了一种冲动，想把自己内心想说的话——讲给他们听。给每个人写封信吧！打开电脑，飞速地写完十三封信，可谓一气呵成。摘录几段：

记得第一次听你的课，我努力地去听，还是听不清你在说什么，上课好像是在自言自语。我心里着急啊！我不敢跟你说，怕打击你的积极性，何况你是第一次上讲台呢。私下里跟康宁老师商量怎么帮助你进步。你的康师傅是很有经验的导师，他想了很多办法，还亲自示范给你看。慢慢地，你在课堂教学的教学内容安排、时间控制、关注学情等方面有了明显的进步。最后的研究课效果很不错，结构完整，条理清晰。最让我高兴的是，教学语言更响亮明晰了，和学生交流自然亲切。

——给刘晓霞

实习期间完全没有把自己当外人，很快进入了教师角色，真惊叹于你的适应能力啊！最让我感动的是，你遇事能为团队考虑，工作的主动性和全局观很不错。不管身兼的事情有多少、多累，每次我交给你办的事情，你都毫不犹豫地说"明白""没问题""好的"，这种让人放心的姿态和不怕吃亏的气度真是超越年轻时的我啊！你的工作算是繁杂，上课、代课、行政杂务……就像你自己说的"太多了，恕我数不过来了……"，这一句话所包含的辛苦和付出尽在其中，我只能默默点赞和衷心感谢！

——给胡凡

听你的课还是蛮好玩儿的，在抓住教学重点的情况下，能整合各种资源，丰富课堂学习方式和知识含量。钢琴弹得很不错，体态表现力也很棒，和学生交流自然大方，注意调控课堂氛围。总之，优点很多啦！不要嘚瑟哦！建议舞蹈的功力还要加强，我要是年轻十岁还想和你比一比呢！现在只能认输了，准备向小伙伴们好好学习，也捡起自己年轻时爱好舞蹈的心。

————给沈子琦

我听了你三次课，一次比一次上得好，从不知深浅的"想当然"，到能根据学生的水平来设计教学。教学观念的转变显而易见，已经知道从关注教案到关注儿童，这是个不小的进步，很了不起啊！看你的实习笔记是一种享受，字迹工整，记录详细，还不时有几句感受与反思，真是相当的认真啊！

————给杨千子

我想，你的教学潜质还可以进一步激发，甚至可以发挥双语教学的优势，在推进国际理解教育方面做一些有益的探索和尝试。另外，在事务管理各方面也可以发挥你的作用，协助行政人员管理好学校各部门的运作。新挑战，新机遇，新学校建立，很需要有你这样的老师承担更多的责任。

————给李婧娴

我路过操场的时候，只要看到你在上课，就会多看两眼。我默默地在心里开心，因为看到了你一点一滴的进步。刚开始组织课堂有点不得力，孩子们乱糟糟的。后来嘛，不用我说你也会开心了，没有师傅在边上，你一样可以掌控课堂纪律，孩子们列队像模像样的，就像一棵棵修剪整齐的小树苗，看着都舒服！从开始的羞涩秀气，到现在的自信大方，这里有师傅张老师的功劳，当然更有你自己的不懈努力！

————给殷霁芬

听你的课有一种美的享受，外形清丽可人，声音清脆动人，板书设计和教具使用也让我们眼前一亮。提到研究课，大家都夸赞，且不说课堂上的精彩，就是准备那些烦琐的教具也花了大量的时间和心血，真了不起啊！那些教学过程中不经意的语言很可爱，能够贴近学生的心灵，让每个孩子听了都觉得有趣。什么"流苏"叫作"小睫毛"啦，哎呀，我也记不住很多，但是当时听了就是觉得有童趣，熨帖舒服。

——给岳新银

我预计，课堂教学将成为你的优势项目。你第一次上课就有模有样的了，还真是让我惊呆了，没想到会有那么好的效果，掌控全班的气场不输有经验的教师哦！再后来，我又听了两次课，一次比一次好，我也跟着学了不少。最后的研究课几乎完美，就是在对数学概念的巩固环节还欠缺一点火候。不过没关系，已经很好了！缺憾就是我们今后要努力的方向，是不是？

——给赵亚男

英语教学和当初想象的一样吗？恐怕很不一样吧！知识难度对你来说算不上什么，但是要教这么小的娃娃，可就难了！作为一名新老师，你教学起步相当稳，能按照设计的流程来组织教学，关照学生，积极反馈，这一点很不容易哦！为你点赞！提一点小建议，教学语言要更有张力和气场，小小的身体可是能爆发巨大的能量的哦。

——给谌圣杰

将来的职业生涯可能不会一帆风顺，新校建立肯定有苦有累，但是现在我们大家一起，就很有信心了！我们一起玩，一起笑，哪怕一起累，一起哭，都是一种幸福……暑假即将到来，我们还是要多读一点书，积累学识和智慧。我准备带着你和小伙伴们研究一下节气课程，至于是怎么回事，我们回头再详说。我有个美丽的课程梦想，邀请大家一起实现！

——给陈雨浓

在大学面谈的时候，我就看好你，觉得你不仅外形帅气，而且踏实肯干，是不可多得的好苗子。来实习以后，师傅也多次夸奖你爱学习，肯钻研。虽然没有考上编制，看起来找工作不太顺，转念想想，也许这是另一个发展的契机呢？失去了，也有机会得到；得到了，也会失去。人生就是这样，随缘也好，拼搏也罢，你都应该属于这里，能等到你的"加盟"，我非常开心！

——给廖赋

你在教导处帮忙，有一种气定神闲的气场。面试一见，哇，体态表现和表达能力也很不错哦！能将你招至麾下，我有多么幸运！你一直在瑞景校区实习，我不能天天见面，只要见到吴书记和王老师，我就问："小琴怎么样啊？在那里好不好？"她们都笑着说："要是实习老师都像她这样省心，就万事大吉咯！"这是玩笑话，也是对你工作的充分肯定。你在哪里都让人放心，就是因为你做事踏实，不计得失。这一点很可贵，为你高兴！

——给杜小琴

谈到他们的学科专业，我在信中谈到了对教育工作的一些基本认识，如——

加强工作和学习的主动性，就是我们通俗说的要会"看事做事，眼里有事"。

在广泛的阅读和实践中汲取精神营养，发展为有跨学科能力的高素质教师。

教师的工作范畴比我们在学校读书时理解和认知的要烦琐一百倍，学校运转需要我们参与到更广泛的工作领域。

有了善待儿童的爱心，我们就会获得职业生命成长的新动力。

当你开始关注儿童的时候，你就开始了一名教师真正的教育旅程。

当一个好老师需要天赋，更需要职业生活中的不懈努力。

科学是培养儿童探究能力和创新意识的重要学科，你的工作对于孩子们的科学启蒙意义重要，就像你说的"需要去探寻其中的规律"。

音乐是灵性启蒙的重要学科之一，没有音乐的生活将是乏味和无聊的。可见，在小学阶段，音乐教育真是不可替代而又非常重要的。

体育教育关系到儿童的身体健康和体能素质。教好体育，就是实实在在地为国家和民族复兴而努力。

写完，用粉色纸打印，对折再对折，摞成一叠摆成扇形，心里冒出小小成就感。想象着明天总结会送出去这份惊喜的诚意，老师们会有何反应呢？期待——

2017年7月31日 / 周一 / 晴

因爱而学 因人而美

第一次参加全区"领航计划"校长培训，连续几天听专家报告。专家们从不同侧面对教育进行了解读，我一边记笔记，一边写下感悟，一边思考办学起步的安排。教育是什么？教育做什么？教育走向哪里？我思索着这三个问题。突然，被带队的领导点名，要我准备好作为学员代表发言。心里有点忐忑，正想着怎么就点到我了呢？旁边的校长笑眯眯地凑到我耳边说："这是惯例，算是新人亮相，让全区的领导们认识新来的校长。"这样啊，看来无法推脱呀。面对一群管理经验丰富的校长，我的发言该说什么呢？

回房后，对着笔记本梳理，脑子里出现了八个字"因爱而学，因人而美"，就围绕这个观点讲讲自己的感悟和困惑，再谈谈自己对新学校的愿景吧。好好准备，沉住气。

发言这天我特意穿了一件红色上衣，配上白纱裙，想显得更有精气神。走上台，我首先阐述了三点对教育的感悟：

一、**教育要面对人的差异性**。教育不能是让鱼去爬树，让蝴蝶去游泳，让猪去飞翔。人的差异性告诉我们，因材施教、因材用人很重要，对老师的管理，对学生的教育都是如此。教育如果可以细腻到面对"具体生命"就很了不起。

二、**教育要给人选择权**。优质的教育在于能够自主选择，而且必须培养学生选择的能力。选择就是知道自己要什么，不会盲从，不会依赖。教会学生选择的个性化教育是未来教育的发展方向。

三、教育要遵从人内心的需求。教育要满足人的精神成长的需求，让孩子成为他自己。不管是校长，还是师生，都要在校园中多做自己喜欢的事，寻求平凡生活中的幸福感。

接着，我提出了几个关于学校育人价值的问题：

（1）教育为什么而存在？

（2）人工智能背景下，教育不变的是什么？人机共存的混合式学习怎样实现？

（3）怎样让师生（包括校长自己）在校园生活中获得幸福感？

（4）我们作为教育者，真的理解儿童（教育对象）吗？有没有以爱的名义，架空甚至剥夺儿童的权益？

最后，我谈了办学实践的构想：

办一所学校不仅仅是做好一堆事务性工作，更重要的是带好一支队伍。世界上最难办的就是与人相处，带好团队。要办一所让教师满意的学校，教师是学校最宝贵的资源。作为一名女性，我要努力做得更优雅、更细腻、更温暖。以前是凭着良心、凭着直觉、凭着感情去做事。这次听了培训报告以后，我更明白，其实学校管理就是围绕"人"去智慧地做事。我想从这三个方面去努力——保障人权，尊重公平权益；关注人情，增强愉悦体验；和谐人际关系，营造积极氛围。

　　我希望光谷十小能从武汉小学的母体上生长起来。虽然现在还是一个初生的婴儿，但是我知道绝不能简单复制名校的办学经验，必须结合光谷的地域特色，和其他学校合作共享，异质发展，形成自己的特色和亮点。这需要学校的管理者，尤其是校长要"眼里有人，心中敬人；知人善任，知人善育"。我期望我们的学校"因爱而学，因人而美"。愿光谷十小成为这样一所有"人味儿"的学校！

2017年8月6日／周日／晴

泡咖啡馆的下午

　　难得清闲的周日，准备去泡咖啡馆，穿着舒服自在为好。白T恤，白球鞋，配上酷酷的豹纹裤，心情真不错。街边就有一家极具阅读氛围的咖啡馆，美式的茶几和沙发，四面墙都是胡桃色的书柜。点了一杯卡布奇诺，打开手提电脑……

　　今天打算把学校运转所需的安排做一个框架式的构想。以"周"为单位，学校需安排什么？

　　第一项构想，周习得。我理想中的"周习得"是指在日常校园交际环境中，学生通过校园环境和课程的自然渗透，因每日在教师指导下的学习或练习而逐步发展综合素养。每周安排"周启""周例"和"周思"。"周启"是周一开展的全校集会活动，大约30分钟，我不想把这项活动叫作"校会"，是有感于"国旗下的讲话"这项每个学校都会有的集会活动，大多是传统的说教式发言。我更希望周一清早的全校集会，既要有严肃庄重的升国旗仪式，还要有有教育意义的主题活动。主题活动用讲故事、玩游戏、读儿歌等儿童喜闻乐见的方式进行，增强活动的体验感和互动性。一次"周启"，一次好心情，用美好的教育体验开启新的一周。"周例"是指"晨诵—午写—暮省"，是每日早中晚三个时间段的学习活动，也可以看作每日定时例行的短课程。"晨诵"的形式主要是诵读经典诗词和朗读美文。落实小学生必背古诗词和温习节气诗词。"午写"的形式主要是练习书写汉字，低年级用硬笔书写，中高年级加入软笔书写。注意按照《语文课程标准》，训练学生朗读和书写基本技能，分步骤达成年段目标。"暮省"是放学前班主任小结当日班级情况，注意不要简单说教，多采用讲故事、明道理、趣评比的方式，来促进学生发展和班级上进。"周思"是每周五放学前10分钟的一周总结，和"暮省"一样，注意不要简单说教，多采用讲故事、明道理、趣评比的方式，来促进学生发展和班级上进。在一周总结中既要关注班级整体情况，也要重视个体发展，结合对学生的过程性评价，做好相关记录和分享。

第二项构想，周学得。学习是儿童校园生活的主体内容，学习生活主要体现在课程上，课程是学校办学的最重要特色。我希望在课程实施方面，打破区域课程设置的统一格局，从国家课程实施、地方课程整合、校本课程建构三个途径，在课程时间、授课方式、授课主体、学习主体等方面，初步实现课程安排和内容因儿童需求的不同而不同。这样做一是减少分科化弊端，使课程尽量统整，与儿童需求和生活经验相结合；二是破除教学的同步性，努力促进学生个性化发展；三是打破教学时空封闭，拓宽学生学习视野。

第一个学年有三项课程特色化的构想：一是开设体育性别课程。体育课每班每周4个课时，其中1课时根据男孩、女孩的身体发展差异和兴趣爱好不同，开设男女生性别课堂。男生开设体能课，女生开设形体课，以满足不同性别儿童的身心发展需求。体能课主要是通过小器械游戏和适度的体能训练，达到增强男孩体质和提高身体机能的效果。形体课主要是通过体态培养和体育舞蹈基础训练，达到培养女孩健康体态、强健身体、培养美好气质的目的。体育性别课程为提高学生身体素质和协调能力，以及将来学习体育专项运动打下良好基础。二是开发并实施节气课程。节气课程以中国传统"二十四节气"的生活常识、传统民俗、文艺作品、科学知识、哲学启蒙等为核心内容，以教师小组为开发主体，以"实践—评估—开发—实施"的方式，以自编资源包为教学素材，以体验式学习、主题式学习和项目式学习为主要学习形式，使学生在不同节气的学习内容之间，建立起自我认知与节气、日常生活与节气、学科知识与节气、传统文化与节气、国际理解与节气之间有意义的联系。间隔一周安排1课时"节气课程"，授课时间和内容顺应节气安排。三是设置活动课程。参考节气习俗安排全年的学生特色活动。如9月初是白露节气，民间有"春茶苦，夏茶涩，要喝茶，秋白露"的说法。白露时节的茶树经过夏季的酷热，此时正是它生长的最佳时期。白露茶有一种独特的甘醇清香味，因而每到此时，亲朋好友就会聚在一起，细品香茗，体验传统之美。我们的学校，刚组建教师团队，一年级萌宝刚进校上学，大家还没有互相认识、彼此熟悉。可以设计品茶交友活动，了解"白露茶"的文化来源，增进师生之间的相互认识和友好交往。嗯，不错，跟着节气过日子，我就用一个表格把设计呈现出来吧。第二类活动课程应该是社团课程。内容为学校组织教师自主开发，由必修与选修课相结合。本学年上学期初步设置经典游戏、英语乐园、绘本阅读、光影剧场、班级生活等。下学期选修课内容，根据学生爱好和教师特长及开发情况再确定。

第三个构想，周共得。"周共得"主要是指每周五下午全校教师集中性活动，以工作例会和主题活动两种形式安排。工作例会尽量简化流程，主讲者紧抓工作重点提前做好准备，辅助数字化方式布置或反馈工作。非重要内容可以通过校群、微校平台或纸质告知单等方式通知到老师，不占用主题活动时间。我希望采用轻松愉快的互动方式来开展教师集中活动，使教师在和谐的团队氛围中增进了解，增长见识，提高专业素养，发展团队文化。

关于学校管理机制的构想，我思考了这样五点：一是精配管理人员。中层管理者采用自主申报、竞争上岗、实绩述职、动态管理的方式。二是实施事务助理制。鼓励老师参与学校管理（年级管理）的某些事务性工作，核算工作量，工作实绩纳入绩效考核。三是开展项目管理制。学校某阶段的重点工作或教师社团活动，采用项目活动的方式开展。教师自主申报为项目负责人或成员。学校给予一定项目经费的支持和奖励。四是尝试年级负责制。随着学校规模的发展，设立年级负责人，给予管理权限，统筹管理年级所有教育教学事务。五是设立正副班主任岗位。每个班级设立班主任和副班主任，一年级设立第二副班主任。班主任主要负责班级管理以及协调任课教师工作；副班主任作为搭档，协助班主任管理班级；第二副班主任主要在大型集会活动中进班协助管理。

在电脑上敲打完这些构想的文字，半杯咖啡早就冷了，落地窗外华灯初上。泡咖啡馆太妙了，换个更轻松的环境进行严肃的思考，内心大满足。

2017年8月10日 / 周四 / 晴

"谷拾"校徽

我们建了一个工作群，叫"谷拾社"。"谷拾"是我们从校名谐音里取出来的两个字，作为校名的雅号。群里有四个人，李强校长、我、林翔和李文熙。

我起草了办学构想以后，就迅速和两位同来光谷办学的伙伴商量工作。林翔是个精通信息技术的帅小伙子，对教学事务的管理很有经验，拟安排他分管教学。李文熙是个思维活跃的女孩子，在共青团和少先队工作方面都有丰富经验，班级管理很有特色，拟安排她分管德育。说他俩是小伙子和女孩子，其实是我心目中的青春印象。其实他们的年纪都已经"30+"了，但外形还是保持着青春的姣好模样，内心更有投入事业的火热激情。我们虽然各有分工，其实什么事都会商量，工地监理、后勤采购、设计活动、安排事务等等。酷暑时，林翔每天"泡"在校园工地上监工，我和文熙就在教工之家商量各种琐碎的事情。

今天重点讨论校徽的设计。林翔在"谷拾社"群里提出了一个很好的点子——用钟楼的造型。这个想法一提出来，立刻得到了大家的呼应。光谷十小建筑中最有特色的造型是尖顶钟楼，取它的外形轮廓，成为一个有棱角的剪影，挺有意思的。很快，林翔和设计师沟通，在群里放出了初稿。圆圈的右边是钟楼剪影，时钟是一个空白的圆盘。左边天空有两只白鸽。我提出校徽外形可否用盾形，盾形代表着高贵、平安、守护、勇敢等，盾形和校园建筑的英伦风格很搭。时钟里面是不是该有指针呢？大家觉得学校文化还是要有"时间"的概念，"时间"一直在往前，意味着顺序、规律、生命成长……我也记不清是谁提议，把指针设为10点10分，代表着十小，也代表着珍贵的早晨时光。童年的人生阶段不就仿佛是一天中的晨光吗？李校长提议白鸽增加为三只，毕竟这是武汉小学的第三个校区嘛，正好也是中建三局建设的。我突然想起《道德经》里面有一句话："道生一，一生二，二生三，三生万物……"。"三"这个数字很奇妙，代表着事物发展的可能性。而"道"可不就是我们认为的存在于世界中一切事物运行的规律吗？

林主任怕语言沟通流失信息，亲自绘制了一版草图，又请设计师认真绘制了精致的定稿。一枚小小的校徽就这样诞生了——墨绿底色，白色图案。盾形轮廓，钟楼剪影，白鸽翻飞。有守护平安的寓意，也有尊重时序的哲思。文熙提议做成立体胸章，开学时送给学生作为新生入学礼物。

这是一个元气满满的团队！8月初开始，胡凡、杜小琴、杨千子、廖赋等老师陆陆续续参与到新校建设中，好几个老师都是主动提出加入的，我们这些年轻人很给力啊！新校开办确实不容易，为了保证按时开学，我还有很多工作要跟进。随后，全体教师要陆续加入，很期待和大家一起撸起袖子加油干！

2017年8月11日 / 周五 / 晴

赶工

站在校门口的时候，我惊呆了！

一方面被建筑楼的外观震撼，另一方面为校园外围的荒芜惊诧。校园建筑有砖红色的外壁，米黄色的廊柱，还有尖顶的钟楼城堡，透着英伦风的贵气。但我的心情并不像建筑那么美丽，开学还有半个月，建筑体以外还是一片黄土，校门、围墙、门房没有来得及修建完工。

作为参与光谷十小新校筹建的三名干部之一，我来工地的次数是最少的，大概是照顾我这种并不擅长基建工程的女同志。实在有需要，我就在工作群里帮着选一下材料，从审美上帮点忙。也许很少身临其境，自行脑补了一些校园完工的美好镜头，以为学校交到校长手上的时候，应该是建设完备的样子。记得2004年，我受委派到光谷一小工作，就是在七八月份入驻校园的，当时我看到的是一座设施完备的美丽校园。

如今的十小，还有20天就要开门纳学了，却连一棵树都没有种，还没有正常供水供电。我回头看了看李校长，他紧锁着眉头打了一通电话，语气严厉不容商量。大概和施工方说了几点，一天后就要完成地面整平，三天后要铺设草坪和地砖，一周后围墙、门房和校门都要做完……最后，他强调了一点：20号我们要接待家长入校参观。在这之前，所有设施设备都要到位。

校园工程滞后会给校方按时开学带来巨大压力，其中原因很复杂，我也不知道怎么表述清楚。就在前几天，无意看到周边小区的家长在网上吐槽。盼着如期开学的家长太着急了，从自家居民楼上观察进展，还发工地照片到网上，也给教育主管部门施加压力。我想，只能硬着头皮扛了，相互责怪解决不了任何问题，迅速解决问题才能保障完工。这几天就盯着工地好了，赶工，一定要完成开学筹备任务。

2017年8月19日 / 周六 / 晴

第一次听到钟声

第一次听到校园钟楼的钟声，还有点小激动。仔细一看，指针指向12点整。

中午的阳光直晒，庭院里师傅们工作起来依然干劲十足，一边铺设草坪一边放着音乐说笑。朴实的人儿乐观起来很感染人。教室已收拾干净，办公家具正在安装中，草坪下午能弄完吧。

老师们为了明天的家长开放日布置教室。姚老师拿起一支黄色的粉笔写下校名和"新校家长开放日"几个字，苍劲有力，一气呵成。新银老师用红色的粉笔勾边，这些字立刻变得更灵动起来。两位老师写字的时候，胡凡、廖赋、亚男、圣杰、霁芬、雨浓……我们几个人站成一排静静围观，就像在艺术馆里欣赏书法作品。文熙忙着拍下这个普通又有趣的场景。新银在黑板上沿画了蓝色的三角小旗，黑板下沿是一排童话城堡，城堡边上是一排栅栏和小树，天边挂着彩虹。与前面的黑板相呼应的是后面的软板，彩虹、小树、向日葵、栅栏……文熙正带着少敏、吴芬、潘欢、子琦、婧娴、千子等几位老师用装饰物布置。大厅门口的电子屏还没有安装，我们定制了一条横幅"武汉市光谷第十小学（武汉小学分校）欢迎您"。这是一群超人，累得哈气，还要追求细节的完美，坚持不懈，难也变易。

我招呼大家在舞蹈室拍下了第一张合影，20个人——王凌、林翔、李文熙三位武汉小学委派干部，罗莉、姚流明两位引进的骨干教师，沈子琦、杜小琴、赵亚男、谌圣杰、殷霁芬、李婧娴、杨千子、岳新银、胡凡、廖赋十位招聘的应届高校毕业生，徐朝霞、刘少敏、陈雨浓、潘欢、吴芬五位考入的在职教师。刘晓霞也是高校毕业生，因为给我们拍照没有入镜，还有学校招聘的食堂主管张翔和校医龚紫晴。我必须一一记下他们的名字，这就是我们"谷拾"的创校团队。

"谷拾"，这里有你，有我，有真实的生活，有变化的人生。

2017年8月20日 / 周日 / 晴

第一次家长开放日

这几天，为了能随时处理学校工作，我拖了个箱子住进了街对面的"城市便捷酒店"。清晨6点，我从酒店出来，站在街对面欣赏校园钟楼，真美啊，心里默默祝愿今天的家校沟通活动一切顺利。

我知道新生家长有情绪，他们看到校园建设滞后，总是担心不能按时开学，有的还担心新建筑、新校园有安全隐患。我对家长的担心深深理解，换位思考，若是我的孩子要在一所新学校上学，自己又不太了解，肯定也会有很多担心之处。这几天，我对安全措施、师资安排和课程安排等有了详细的谋划，每天根据办学目标开展教师培训，对团队还是很有信心的。

这不，老师们穿着黑白色正装，精神焕发地站在走廊上迎接家长的到来。李校长和建设方代表也来了。会议一开始，李校长讲话，刚开始讲，家长就不客气了，有一位妈妈直接问："你是武汉小学的李强校长吗？"李校长手一挥，说那就先请大家提问吧。紧接着有一位爸爸问："武汉小学托管负不负责校园建设？学校到现在还没有建完操场，孩子们怎么上体育课？"一位爷爷迫不及待地问："武汉小学派几个人来管理啊？""新校舍会不会有环境问题啊？""今年招了几个班的学生啊？""招生划片范围告诉我们一下。"耐心地听家长们问询，我们也基本了解了家长的担心和困惑。李校长耐心介绍了武汉小学委托管理光谷十小的基本情况。我介绍了光谷十小的办学基本情况，重点讲解了安全管理、环境测评、课程安排、师资安排等家长特别关注的几个问题。家长听说省特级教师任校长，代表武汉小学长期驻校办公，李校长也会经常来校督导，似乎放心了不少。一上午的开放日活动我们和家长充分交流，活动顺利完成。

活动一结束，我就给杨局和顾局打电话报告家校沟通情况。没想到局长们说他们的车就停在学校附近，若有什么矛盾一时沟通不好，他们可以第一时间出面支持、协调处理。没想到领导们这么贴心地默默支持，我后知后觉地发现自己如此幸运。

为了纪念这一天的活动，伙伴们很开心地在校园里合影。谢谢从武汉小学来支援我们的"摄影大师"康宁老师，我们笑称他是康师傅，期待他的佳作。忙了一上午，林翔的深色衬衣又湿透了，整个夏天他都是这个形象，刻在我的脑海里了。创办新校，行走校园，永远一身汗渍，永远一腔热情。

2017年8月24日 / 周四 / 晴

六匹马

最近的生活关键词是：断舍离！给儿子陪读租住了两年的房要退了，清清清，扔扔扔，旧衣物、旧鞋子、旧电器……扔掉这些真的一点儿不心疼。

　　办公室也要从中南搬去光谷，清清清，扔扔扔，可是……清理了一半就有点清不下去了，20多年来一直舍不得扔掉的东西太多了！手写的教案翻了又翻，侧边有"二师附小"教导处的章印，还有行政人员检查时手签的"查"字和日期，熟悉的笔迹一下就把我拖回手写笔批、每日背着备课本回家的时光。还有发黄的听课本，除了记录，旁边有红笔批注的感受。这个好办法还是老校长手把手教我的。一个绿皮的活页夹，旁边是黑绳子穿编的，内页有"二师附小"的字样，里面夹着几张照片，那时我们这一群女老师的脸颊都还肉嘟嘟的，充满胶原蛋白哦！

　　清理、打包、丢弃、搬运……扔掉了20多年来一直舍不得扔的东西……只有这件物品留下，六匹马！这是上省赛课《田忌赛马》的教具。那时我20多岁，上课很幼稚却又假装沉稳，不过磨课的认真劲儿还算可以。为了这六匹马，我校内校外找人帮忙，请各路人士画了几套，最终看中这几匹。马儿陪伴了我20年，压在柜底，存在心中，依然不褪色。每次看到它，都想起入职的初心：当一名学生喜爱的教师。清理的过程也是面对离开的过程，生活了23年的校园，大樟树、蘑菇亭、逸夫楼……我真的要走了。把最珍贵的记忆留在这里，六匹马伴着我奔去新校区。

　　策马扬鞭，砥砺前行，期待有一天能回来交上一份不错的答卷。

2017年8月30日 / 周二 / 晴

一夜完成

　　临近下班的时候，终于盼来了环境测评报告。看着一串数据都达标，唯有有机挥发物略超标。我头皮一紧，糟糕，不是已经做了环境治理么，怎么还有一项超标。

　　我赶紧和林翔主任讨论，仅仅这一点超标到底要不要紧。林主任分析，其实校舍室内的环境治理很及时，甲醛、苯化物等有害物质都已经治理合格了。这个有机挥发物和空气污染有关系。我担心地问，怎么测评那天就有空气污染呢？大家冥思苦想，突然想起环境监测那天校园围墙的栏杆正在刷漆。又赶紧向环评监测机构负责人询问，对方说这一点有机挥发物并不要紧，通风一两天就可以，校舍完全可以正常使用。我对自己说，不要慌，站在家长的角度去思考这个问题。尽管凭着环评报告的数据，也可以试着去说服家长，可要是我们自己的孩子上学，我们愿意这样么？我们这些老师也要长期生活在这个空间啊！记得以前工作时也遇到在新校舍办公，每天打开办公室的门，地板上、桌子上总是有死苍蝇、死蚊子，整个秋冬我都在咳嗽。这些经历告诉我，生命健康才是第一重要的，决不能让师生冒一点点险。

　　想清楚以后，我赶紧给李校长打电话汇报，李校长同意再次对校舍进行环境治理后启用，也提醒开学在即要赶紧做好安置备案。我又给局长电话汇报，局长建议找个附近的学校做一个月的临时安置。不一会儿，局长联系了格林东郡幼儿园，说是可以拿一层楼四个教室来给我们使用。分管基建和设备的刘主任、程主任也行动起来，电话联系后我们连夜约在幼儿园见面。黄园长热情地接待了我们，带我们在幼儿园实地考察，又连夜让幼教老师们把作为寝室的教室腾空出来。真是添麻烦了！只有四个教室，幼儿园厕所不分男女，没有办公室、没有小学那种课桌椅、没有电子白板和黑板……我和林主任面对各种问题，脑子迅速地飞转、思考。一个安置的初步方案已经在心里形成。

凌晨时分，我们与局领导告别，再次回到十小办公室。文熙和老师们还等在那里，听从下一步安排。因为明天就是新生报名日，家长们都要来，老师们担心该如何跟他们解释。

我请老师们先回去休息，留下林翔和文熙。三个人讨论了安置的具体安排，然后起草了一份方案和家长会发言稿。我在脑海里理清思路，一句一句地口述，林翔打字记录，文熙随时补充。这份发言稿从保障学生身体健康的角度讲明了安置的缘由和初步安排，语重心长，有理有据。同时，罗老师在家里也写了一份班主任发言通稿，给同组老师共享。

商量，考察，再商量，统一思想，形成方案文稿。这一切忙完，已经是凌晨3点了。明天，我们三个人将在三个教室分别宣讲，希望家长能理解我们的苦衷与苦心。

教育感悟

关键词：善待儿童

·有了善待儿童的仁心，我们就会获得职业生命成长的新动力。

·当你开始善待儿童的时候，你就开始了一名教师真正的教育旅程。

·儿童的发展也有自己的时序，不同阶段施以不同的教育，儿童身心才能得以和谐发展。

·不可因为一件小事委屈了一个孩子，童年所受的责罚会影响一辈子。

·老师要与孩子对话，而不是对峙，可以遵循三个原则：跟从，承认他的感受；理解，重视他的行为；疏导，引导他的情绪。

·师者良知告诉我们，每一个孩子都应该受到呵护和尊重。

·当我们放弃孩子的时候，我们就放弃了未来。珍惜孩子的样子，成为孩子的样子。

·既尊重学生的童年价值，又引导教师"回归童年"，用理解的姿态和发展的眼光看待课程中的儿童，以期引导师生最终走向教育的本质。

· 我总觉得孩子的行为不要简单地判定对错，他们的犯错往往是在不合适的时候做了不合适的事情，这正好是学习社会性情感的大好时机。

· 孩子的调皮考验着教育者的耐心和智慧。

关键词：职业认知

· 教育要给人选择权，教会学生选择的个性化教育是未来教育的发展方向。

· 教育要面对人的差异性，如果我们的教育活动可供儿童选择，可以细腻到面对儿童的"具体生命"，一定很了不起！

· 学校的教育活动要注重孩子情感体验，注意分层设计，关注每一个孩子的情绪变化。

· 教育要遵从人内心的需求——人的精神成长的需求，让孩子成为他自己。

· 教师的职业很普通，但其特性是做培养人的工作，一言一行关涉到人的情感、语言、行为和内隐的价值判断。

· 凡是包容，凡是坚持，凡是仁爱，凡是认识了教师职业的完整性的老师，会努力朝着心中的目标走去，也会对得住自己的职业选择。

· 教育儿童的工作不只是一场辛苦的付出，更是一场精神的探险。

· 教育是为了使人成为人，是为了人的尊严和幸福，是为了让我们明白"我很重要""我被需要"。

PART 2

2017—2018 学年：『谷拾』初创，百事待兴

办学第一学年，我们的团队共有25人，平均年龄30岁。一个年级，6个班，196名学生。

"谷拾"初创，百事待兴。一次绿荫道上的迎新，一场走廊里的国歌比赛，一月有余的临时安置，团队凝聚力大增。

"谷拾"雅号结合校名谐音的趣味，通过挖掘"谷"和"拾"的字源内涵，构建符合教育规律，具有校本特点、独特格调的学校文化。"谷拾文化"基于对教育的基本认识，结合光谷区域实际，充分发掘"谷"与"拾"的内涵："谷"是两山中间狭长的水道，也是稻、谷子等作物的统称；"拾"是"十"的大写，"十"表示多、久，有达到顶点的意思，"拾"有"整理""拾取""拾级而上"的行动意味。

围绕"谷拾文化"理念，因地制宜地建立起了校长负责制、事务助理制、导师领衔制等一系列具有实效的管理机制。独创研发的"节气课程"立足中华传统文化教育，也力求寻找对光谷儿童现代生活的价值，成为建构"谷拾文化"的"推动器"。

2017年9月1日 / 周五 / 晴

没有开学的开学日

9月1日是开学日，我们的老师们在"搬家"。新学校刚准备开学怎么就搬家呢？原来，因为建设方交付延迟和环评问题，为了保障师生健康，我们决定开学之初在附近的幼儿园借场地过渡安置一个月。

瞧，廖赋老师叠抱着两个垃圾桶，里面塞满了小物品。朝霞老师右手拿着水盆、左手拿着撮箕和扫帚，背着双肩包笑眯眯地赶路。姚老师把私家车开来，帮助同事来回搬运办公用品。张主管找来了搬家公司，把200套桌椅搬去了安置点，还有电子白板和移动黑板。林主任守在安置点，指挥每一处设备安置到位。

一天之内，我们靠着23个人，完成了所有的教学设施搬迁和安置点布置，将六个班合到四个教室里。安置点没有办公室，黑黑的杂物间成了老师们备课和批改作业的小天地。狭窄的绿植小道上筹备着迎新活动。子琦租来了一只羊咩咩的卡通服饰，她装扮起来，迎接一年级小朋友。我问她为啥是一只羊，而不是其他动物？她说寓意很好，代表喜气洋洋。另外，最主要的是这套服饰比较便宜，性价比高。我在心里笑起来，觉得子琦认真且满脸孩子气地说这些话时很可爱。她是刚从大学毕业的学生，竟也知道节约公用经费，做事多考虑几个维度，不错不错。

没有开学的开学日，孩子们在家静静等待，老师们在安置点紧锣密鼓地筹备。24小时，一切就绪！我很为我的同事们骄傲，他们把临时安置带来的辛苦和困难自己扛，却把最有效的安排、最真诚的关心、最甜美的微笑献给了孩子们。

老师们喜欢叫光谷十小为"谷拾"，都称自己为"谷拾人"。"谷"为低洼之地，也是秋收的粮食。"拾"是人类最古老的符号之一，有满足、完美的意思。正如"谷拾"这两个字传递出来的含义：虚怀若谷、内修真功；汇聚成谷，追求卓越；春种夏耕，秋收拾谷。我眼中的23人创校团队，表现出的开创意识和能力、顽强意志和作风、鲜明个性和品质，让我感受到"谷拾文化"的创业精神和实干作风。

2017年9月4日 / 周一 / 晴 ☀

绿野小道上的开学迎新

这个周一，对"谷拾人"来说很特别。这次新校开学经历了不少波折，其中滋味，只有我们自己知晓！几经修改开学方案，几次召开家长会议，终于迎来了孩子们上学的这一天！

老师们心情格外激动，早早来到临时安置点格林东郡幼儿园。

临时安置点没有大气的舞台，没有隆重的典礼，老师们照样精心准备了迎新的活动。身着绿T恤的老师和小羊姐姐热情地欢迎每一个小朋友的到来……绿野小道上的气球格外醒目，引导着孩子们开心来到小校门。可谓绿意盎然，喜气洋洋！

接下来的新生入学教育体验活动，分为认识篇、安全篇、列队篇、午休篇、总结篇、颁证篇……学生发展部精心策划了全天的活动。一入绿野小道，小羊姐姐就给每一个孩子发了一张闯关卡，激励孩子们好好表现，顺利过关。进到班级，正副班主任亲自给孩子们贴上姓名贴，安排座位。小羊姐姐领着学校管理团队到各班问候，引起了一阵小小的高潮！孩子们纷纷猜测这几个大朋友在学校是干吗的。有的说是管清洁的，有的说是教跳舞的，有的说是管考试的，有的说是带着他们玩儿的，还有的问："你们管不管洗碗？扫不扫厕所？"哈哈，小朋友们真是脑洞大开啊！

各班按照安排有条不紊地开展活动，正副班主任不分分内分外，一齐上阵，事事躬亲。从带队上厕所，到细心接热水；从不厌其烦地强调组织纪律，到热情洋溢地夸赞学生。午餐餐具不足的小插曲也很快处理了，大家都以饱满的热情投入到班级管理事务中，事无巨细，安排妥帖！管理人员和后勤人员也是跑前跑后，查漏补缺，悉心服务。午休静悄悄，孩子们闭眼休息时老师们才喝上一口水，吃上一口饭。

经过反复训练，最后的放学路队堪称完美，逐班列队，依次而行。在接送点，正副班主任和家长一一对接，保障了每一个孩子的安全！家长对学校的管理和老师们的敬业赞不绝口！

为了更加安全地安排上下学，教师发展部林主任牵头带领管理团队三次巡查线路，积极和小区物业协调，争取开放了小区商业区1号门通道供学生上学时使用。该入口距离学校上楼入口仅50米，且与车行道交汇极少，更加安全。学校立刻调整了值勤安排和路线，明日起每10米设置一个值勤老师，引导学生安全进入校区。总校长李校长来校巡查，亲自指导了加做窗户安全护栏的工作，让学校安全防护工作无死角！

临近下班开了一个短会，李主任就今日工作和本周安排进行小结和说明，林主任补充了安全工作的要求。下班途中，大家再一次探访了上学线路，还开心地亮出T恤背后"我是小学生啦"的字样合影！累了一天，还是这样喜笑颜开、活力四射。光谷十小好样的！"谷拾人"好样的！

2017年9月7日 / 周四 / 晴

"上学不好玩"

周四，天气放晴，孩子们已经很清楚上学的线路，从小区入口排队有序进入。老师们热情地和孩子们打招呼，这也是以身作则地培养孩子们礼貌问好的习惯。

这两天有两个小姑娘说不愿意上学，一个劲儿哭鼻子，抱着家长不放手。我想，即使只有少数的孩子不适应小学生活，我们还是要关注，不能把她们当成异类，而要理解她们与众不同的感受。

　　小熙是个眼睛亮亮的小姑娘，站在走廊入口就是不愿意往里面走，张着嘴巴哇哇大哭。我走过去问她："怎么了？我可以帮你吗？"她吸了吸鼻涕，哭兮兮地说："上学不好玩！""哦，是这样哈。好玩的东西有啊，我带你去玩吧？"我一边顺着她的话说，一边想着在这个空间狭窄的临时安置地能有什么好玩的。突然想起每天要拿手摇铃提示上下课，这在孩子眼里不就是个玩具吗？我故作神秘地说："我的办公室有个好玩的东西，要不要去看看？"孩子就是孩子，一下子就被我的语气吸引了，连连点头。老师们的临时办公室在走廊的另一头，手牵手带着她走进了教学区。进到办公室，我拿出一个古铜色的手摇铃，问问她可认识，又要她猜猜用途。最后，请她去巡查教室和走廊，下课时间到了就使劲儿摇铃提醒大家休息。正好早读结束，摇铃声一响，孩子们都从教室里跑出来玩，看到小熙能代替校长摇铃，羡慕得不得了，围着她拍手欢呼，"摇铃公主、摇铃公主、摇铃公主……"哇，小熙一下子成了最受欢迎的小朋友。原来哭兮兮的小女生这下子兴奋得小脸红扑扑的。我答应她，明天只要按时上学，还可以在课间帮助校长摇铃。她开心地伸出小手与我拉钩约定。

　　另一位小姑娘叫小玉，妈妈已经破例将她送到了教室门口，她还是不愿意进教室。我蹲下身子和小朋友聊了很久，知道了她对妈妈的依恋和不舍，上学的分离造成了焦虑。如果耐心和孩子们聊天，会发现他们自述的不上学的理由大多数和"想妈妈"以及"小学不好玩"有关系。这也提醒我们，**学校的教育活动要注重孩子的情感体验，要注意分层设计，关注每一个孩子的情绪变化，研究幼小衔接的心理健康问题。**

　　第三节课走班巡堂听了四个教室的课，正好都是年轻的老师们在执教。从教具准备、课堂秩序、教学组织、教学语言等方面来看，老师们都能认真准备，也很注意习惯培养和鼓励孩子们。教室（3）的第四节课体育课是全校的第一次户外课，廖老师安排了报数训练和排列训练。为了学生安全，班主任潘老师和体育组长殷老师跟班随行。老师们形成合力开展教学活动，团队精神让人敬佩。

　　下午，林主任和李主任参加了全区新学期教育教学工作会，带来了好消息。教文体局领导在大会上表扬光谷十小开学工作和维稳工作做得很好，在开局很困难的情况下很细致地做好了家长工作，夸奖我们是实干的团队。领导的肯定更加鼓舞团队的精气神，我们"谷拾人"都是好样儿的！

　　下班后，建校单位中建三局项目部邀请老师们回到十小校区去合影。老师们围成一圈，手捧鲜花，微笑绽放，提前庆祝我们的节日——"谷拾"的第一个教师节。

2017年9月11日 / 周一 / 晴 　　　　☀

成长痕迹

　　周一，全校开展了第20届"推普周"启动活动，在"云对雨，雪对风，晚照对晴空"的童声中，声律启蒙诵读活动拉开了"推普周"的序幕。学校选取《声律启蒙》作为推普周活动的切入点，是因为这是训练儿童应对、掌握声韵格律的启蒙读物，声韵协调，朗朗上口，孩子们可以从中得到母语的语音、词汇、修辞的训练。

全天安全工作有序，保安值守和教师值勤到岗情况很好，到岗早，巡查勤。课间男生疯闹的现象还是很明显，教室（3）的情况尤其明显，值勤教师注意此岗点的巡查，正副班主任老师要进一步教孩子们课间游戏，引导他们玩文明有趣的游戏，否则疯闹现象很难禁止。

教学秩序良好，各科室内课安排进度正常，继续推进室外体育课的开展，两位体育老师在分步骤训练站队和报数。课间室内操是全校最活跃的时间，教室（2）的同学们在三位老师的陪伴下同学同做，做得格外带劲儿！教室（1）的孩子们纪律很好，不管是午餐还是上厕所，都能做到动作迅速有序。教室（3）和（4）的班级状况在逐步稳定和进步，班主任老师很努力，孩子们还要继续加油哦！

学生发展部在筹备"新生成长日记"系列德育作业，李文熙主任精心设计了一本"习惯养成"的日记本，沈子琦、岳新银、龚紫晴等老师来帮忙装订成册！大家忙碌着也开心着，期待新生培养有更好的抓手。因为条件所限，目前还只能黑白印刷，但是对新生良好习惯养成和适应校园生活大有益处，还能留下成长痕迹。一册小书，一段成长痕迹……

2017年9月14日 / 周四 / 晴

爱的能力

　　这一天的工作都被两起学生受伤事件牵扯，没时间去随堂听课。除了这两桩，手烫红了的，脸撞肿了的，几乎每天都有发生，不得不反思其中缘由。

　　当前为入学适应期，孩子们课间能自由活动非常开心，也感受到小学生活和幼儿园是不一样的。在越来越熟悉学校环境的情况下，小宝贝们的活动量和活动范围逐渐增大。如何监管并保证安全对我们来说具有挑战。家长对孩子的身心健康高度重视，巴不得老师们有火眼金睛，随时看到自己孩子的一举一动！然而个体需求和班级管理之间总是有差距的，老师们再尽职尽责也不能保证毫无监管盲点。安全事件发生后，若老师没有及时发现，或发现了后没有与家长及时沟通，就会引发家校矛盾。

　　就说近几天吧，我们连续处理了两名学生因在校受伤引起的事件，一个牙齿磕破了，一个肘关节脱臼了，都是回家后家长发现送去就医的。家长来找我陈述事情的时候，都有责备的话语，"老师怎么不及时和我说呢"。作为妈妈，我能理解他们的感受。换位思考，如果是自己的孩子上学时好好的，回家才发现受伤了，心里肯定很难受，甚至愤怒。因为没有人告诉自己孩子在校发生了什么！回家后，孩子的身体需要自己去检查，孩子的情况需要自己去发现，对学校和老师还有安全感和信任感吗？

家长反映情况后，行政人员花了很多时间去调查和还原事情的真相，但是为时已晚。孩子是未成年人，表述得并不清楚。监控录像也因设备问题调用不出来。如何受伤至今还是一个谜！

虽然在处理事情的过程中，我们通过诚心交流暂时化解了家校的矛盾。我想仅仅是暂时吧，还是有安全监管和家校矛盾的隐患。随着时间的推移，受伤原因已经不是最后必须探究的关键，关键是我们对孩子在校安全的监管还有盲点和死角。作为校长，我不禁要问：孩子课间自由活动期间值勤工作的效果怎么样？为何受伤没有人看到？为什么孩子受伤后不愿意第一时间跟老师说真话？老师们为什么没有能及时发现情况？发现情况后为什么不能正确判断情况的严重程度？为什么没有能马上思考对策并在第一时间与家长沟通？

我很想对年轻的老师们说，不是我们工作尽力了，家长就会赞赏。我们自己肯定自己的敬业是远远不够的，我们的努力还要有办法和智慧让教育对象——学生感受到，让家长感受到。就像我们去爱一个人，自己按照自己的方式去爱，是不会得到认可的。网上曾有段子说"学生虐我千百遍，我待学生如初恋"，虽然是调侃的话，其实说出了一个教育者要有真爱和仁慈，教育儿童要有对待初恋一样的痴心哦！爱人若说哪里不舒服，我们会只是问问就完事了吗？爱人若是受伤流血，我们会只是拿纸巾擦擦就好了吗？爱人运动后衣服汗湿了，我们会当没看到吗？

工作琐碎，初心不改。我们的"小爱人"这么多，更需要我们细心耐心，体贴周到，不是吗？学会了照顾这群小宝贝，如父如母，亦师亦友，我们"爱的能力"会大大提升吧，这也会促进我们的家庭幸福哦！

2017年9月18日 / 周一 / 晴

节气课程启动了

又是新的一周，一切有序平稳。"周启"，班主任组织了"新生成长日记"的分享活动，父母对孩子殷切的寄语和鼓励给了孩子们成长的动力。

上午教学秩序正常，行政管理人员召开校务会，对环境治理后返校安排进行了充分的讨论，列出项目清单，从本周开始就有条不紊地逐步做好准备。大家对节气课程、晨诵读本、暮省实效、师徒结对等话题也展开了讨论，对学校课程特色和教师培养进一步规划。校群里老师们发了几张课间照片，各班课间文明得到老师们的肯定。"道德与法治"课上学习了"网小鱼"的游戏，现在课间游戏孩子们能自主组织开展，其乐融融。

下午第一节课，节气课程启动了第一个教学内容《四季》，我在教室（2）执教，用生动的方式来分步学习"四季"的几个子概念：季节与太阳有关、季节是反映自然变化的时间段、四季各有特点、四季是循环的。一开课，我扮演太阳，模仿男孩子的声音逗得小朋友们咯咯笑。

"大家好，我是太阳哥哥。我是大家的好朋友。一年到头，我的脾气可不一样！我有时很温柔，不断发出温暖的光，让大家很舒服；有时很狂野，发出强烈的光芒，晒到你们身上很热很热；有时很和气，慢慢发出光，照着大地和小朋友们，帮你们取暖；有时很调皮，躲在云朵里面不出来，这一天就会有点阴冷，甚至会下雨或者下雪。

"小朋友们，你们都住在地球上，离我很远很远，但是可以感受到我的光和热！不仅仅是你们，地球上的动物、植物都能感受到我的光照有变化。地球上大自然的变化和我有关系，这些变化非常有趣。"

课堂总结的时候，我和孩子们一起读原创的儿歌："一年有四季，春夏秋冬去。春生、夏长、秋收、冬藏，循环循环不歇气。"加上简单有趣的动作，孩子们竟然乐此不疲，下课了还在吟诵。这节课在老师的引导下，学生普遍积极参与课堂学习活动，增强了我继续开发节气课程的信心。还有老师们自发地相互录课、观课，形成良好的自主研讨氛围。

第二节课，区教育文体局分管人事工作的陈局长和黄科长来校视察安置情况，同时看望师生。我汇报了相关工作和学校发展现状，陈局长细心了解了我校教师队伍的情况，并对学校下一步的新教师招聘工作提出了建议。安置点的环境布置、设施设备、教师工作和学生学习状态都得到了局领导的肯定。

下午同一时间，学生发展部李主任、学籍管理员龚老师和教务助理胡凡老师在十小校区接待家长，收取家长提交的学籍资料，并回答家长的咨询。本周的学籍工作任务繁重，需要龚老师非常仔细地核对、整理资料和录入学生信息。感谢正副班主任支持学校此工作，进一步协助做好部分家长的解释工作。

恰逢"9·18"纪念日，各班老师利用托管时间讲述了抗日战争的相关故事，然后练唱国歌，孩子们嘹亮的歌声一直持续到放学，边唱边走出了校门。

活动丰富，课程丰富，很棒的一天！

2017年9月21日／周四／阴

组织教学越来越顺手

教育教学秩序正常。学生发展部按上级要求安排了"绿色出行""禁毒教育""网球知识进校园"等多项专题教育活动。走班巡堂和随堂听课的情况较好，老师们组织教学越来越顺手，班级课堂习惯基本养成。

十小校区做了第二次环境治理以后的环评检测，邀请了家长参与监督。学校对9月安全工作进行了自查和梳理，就国庆节值班进行了安排，和班主任、配餐人员、保安签订了《安全承诺书》。下午分别接待了管委会领导、中建三局领导和区内兄弟学校领导来十小校区进行设施设备考察。

课间文明有待加强，听到摇上课铃后的疯闹尖叫现象很突出，发生了三起因跑动造成的冲撞事件，几个孩子的嘴巴磕破了。虽然班主任和值勤老师在课间很紧张地巡查和阻止疯闹，但是效果不明显。孩子们不活动是不可能的，就像体内有"洪荒之力"，堵也堵不住！我们要考虑像"大禹治水"一样疏导。怎么疏导？课间怎么玩？和谁玩？玩什么？在哪里玩合适？在目前临时安置点活动区域较局促的情况下，需要我们把工作做细一点，想实一点。建议集体备课时，将课间文明的问题也作为专题讨论一下，大家一起想出更好的办法！

路队情况越来越好，104班的效果尤其明显，帅气的路队长很有气场和号召力。孩子们上学和放学打招呼问候的情况明显好转，老师们反复教育的效果开始显现！我们的每一位老师都很重视学生的习惯培养，齐心合力往一处使劲，相信我们的学生终会成为彬彬有礼的文明人。

2017年9月25日 / 周一 / 晴

走廊上的国歌比赛

新的一周在嘹亮的国歌声中开启。

因为临时安置点只有一层楼可供使用，每周的"周启"活动只能采用录制视频的方式，老师们共享方案和资料，在各自教室里进行。这样的局促之地，可不可以开展一次集体活动呢？学生发展部的李主任和大队辅导员沈老师动了脑筋，开展了走廊上的国歌比赛。

孩子们身着绿色的文化衫，在走廊上列队，像一棵棵挺拔的小树苗。伴奏声起，各班小朋友依次亮出歌喉，嘹亮动听的童声响彻楼栋。"起来，不愿做奴隶的人们，把我们的血肉筑成我们新的长城……"没想到只经过两周的训练，孩子们就能这样吐词清晰地唱好国歌，真是令人刮目相看啊！围观的老师们不禁鼓起了掌，由衷地夸奖着孩子们。最辛苦的是沈子琦老师，她既是大队辅导员，又是音乐老师。除了上课教唱，连排路队时都在引导孩子们练习。此时她身着一件白衬衫，戴着红领巾，几乎是贴在廊窗边激情地指挥着。我循着嘹亮童声，贴着墙根从一个班穿行到另一个班。有两个班还准备了小国旗，随着歌声摇摆小手，孩子们明亮的眼睛和歌唱的嘴型让人印象深刻。分在两个教室上课的105班和106班同学，其实没有多少合排机会，竟然也能唱得如此好听。老师和孩子们真了不起啊！

上下学问候、课间文明游戏、排队打饭……这些老师们反复强调的文明礼仪慢慢潜入孩子们的小身体里，发生了奇妙的变化：甜甜的问好声多了，摇摇手说"老师再见"的笑脸多了，课间开心游戏不打不闹的多了……

就像绿衣服背后的那句话——"我是小学生啦！"今天看到这些绿绿的小背影，觉得这句话格外贴切。因为，我们"谷拾"的孩子开始有"学生样儿"啦！

2017年10月9日 / 周一 / 晴

空气中弥漫着一股小确幸的气息

十一长假后的第一天，师生们带着满满的正能量来上班上学啦！清早在小区门口值勤，孩子们问好的习惯已经养成，迟到的仅有一个小姑娘！我笑着说："捞到一条迟到小鱼，明天要早起哦！"我牵着她的手走进教学楼，她低下头羞涩地笑着，大概是心里觉得迟到太糗了吧。相信她明天会早到的。

这是我们安置期的最后一周，老师们都很开心，盼着能舒舒服服地坐到自己的办公桌前。"周启"时，各班在分享长假生活，托管班在进行第二次"新生成长日记"的记录活动。一整天，行政管理团队都在安排返校的各项事情，仿佛又开了一次学似的，各项工作再来一次。林主任和张主管把十小的教学环境和安全设施又排查了一遍，督促各方跟进。我们希望正式返校的第一天能有充满欣喜的仪式感，李主任在谋划返校教育活动和揭牌典礼的细节。为此，老师们又要辛苦地加班了。为了孩子们每一天的健康成长，我们付出的一切都无怨无悔。

很忙很忙又略显嘈杂的一天，但空气中弥漫着一股小确幸的气息！

2017年10月12日 / 周四 / 雨

为了孩子们，做好能做好的一切

周四，安置期的最后一天！我特意穿了一件红色的风衣，喜庆，吉祥，亮眼，宛如拨云见日般明朗的心境。虽然天公不作美，一天的雨，但丝毫不影响大家即将返校的喜悦心情。

一清早站在小区门口值勤，与小区保安师傅道谢并告别。师傅说："还舍不得你们呢！"我相信这是他的真心话，我们的师生给予他们的礼貌、尊重和感恩是真诚可感的。

搬家在即，各班如常，孩子们上课、做操、嬉戏……真是孩童不识愁滋味，老师们把一切都安排好了，孩子们显得格外开心！在班主任的带领下，孩子们抓紧练习律动操的认真劲儿让人感动。

李校长一早赶到十小来查看现场，对环境布置、安全措施、揭牌典礼等事项细心地提出了很多合理化建议。中午还和孩子们玩起了游戏，开心的笑声阵阵传来！林主任和李主任在十小现场协调，安排好了大小事情。武汉小学的司机杨师傅开着车帮忙在安置点和十小校区之间跑动，张主管忙前忙后地安排大家陆续搬家。像姚老师这样的"有车族"，帮着大家托运物品，私车公用毫不计较。手提、袋背、车载……不管哪种方式，都透着浓浓的伙伴关爱之情。

大厅的手绘墙开始绘制了，揭牌典礼的舞台设置现场敲定了，接待来宾的桌椅摆放好了，班级和体育馆设备调试到位了，新校纪念物快递到了……一切准备就绪！张主管为每人准备了一盆小绿植，心意满满。伙伴们太给力、太有爱了！

夜幕低垂，老师们陆续回到本校，继续加班进行班级电教设备的试运行和培训，布置教室精益求精。参加诗朗诵的老师们在排练，这些老师们都是自愿报名参加表演的，勇于担当的热情感染着我们。林翔、文熙、少敏和潘欢老师的孩子都尚小，但他们排练起来不抱怨，不嫌晚，一遍又一遍地琢磨诗句。胡凡和吴芬老师台词多，感情足，声音洪亮动人。我连忙提醒小伙伴要保护嗓子。笑声连连中，大家愉快地将排练的效果做到最好。

　　我主讲的家长会发言视频得到了大家的肯定，好几个老师对我说听了很感动！我心里知道不是我讲得好，是大家做得好，所以我写起发言稿一气呵成，做起PPT课件情动不止，录制视频一次过关，如有神助！我一遍又一遍看"安置回顾"的那一部分，一次次眼眶湿润。很喜欢和晓霞熬夜制作PPT的那个晚上，她从房间拖来了自己的小桌子，我们窝在公寓一起做。为了一个小效果，我们花了很多时间琢磨，共同学习和进步的经历让人难忘！

　　一切情境皆语境，我们不多说什么，为了孩子们，做好能做好的一切，就是最美的教育诗篇！

2017年10月16日 / 周一 / 雨

值得纪念的日子

　　今天是个值得纪念的日子！我们武汉市光谷第十小学（武汉小学光谷分校）正式开门纳学啦！我们在校门口举行了揭牌仪式，并在体育馆举行了隆重而简朴的揭牌典礼！区教育文体局、各职能部门、关东街道和相关社区的领导来观礼。

　　清晨，虽然雨下个不停，却丝毫不影响"谷拾人"的心情。老师们早早到岗，准备迎接孩子们上学，并欢迎各单位来参加典礼的来宾。孩子们踩着红毯走上台阶，高高兴兴地把写满祝福的纪念明信片投到邮筒里。家长朋友们也欣喜地看着烘托气氛的气球拱门，把孩子送到老师们身边。羊姐姐喜气洋洋地迎接着孩子们上学，成为最受十小孩子们喜欢的吉祥物。

杨局长、顾局长、李校长和吴书记走到校名墙下，共同将红绸子拉下来，露出了黑色的铁铸校名"武汉市光谷第十小学"。我和几位师生一起拉下了另一边的红绸，露出校名"武汉小学光谷分校"。摄影师定格了这珍贵的画面，半遮的红绸，撑起的红伞，人们的笑脸，一切都欣欣向荣。

也许只有"谷拾人"知道，如此祥和平安的开学局面实属来之不易。经过了一个多月的安置期，管理团队勇于担当、积极谋划、有序安排，老师们克难攻坚、坚决执行、凝心聚力，整个教师团队的作风和精神面貌安定了家长的心，使开学初期的安置平稳有序。老师们的良好素质和教育能力更得到了家长的认可和信任，孩子们经过一个月的培养也进步明显。这一切在揭牌典礼上得到了集中体现。

简短的揭牌典礼，我们的师生通过升旗仪式、原创诗朗诵、手绘作品展示、佩戴校徽和活力律动等环节，展示出师生们积极乐观、团结协作的校风校貌，来观礼的领导们连连夸赞：开学才一个月，孩子们能唱能跳能演，真了不起啊！李强校长的致辞更是鼓舞人心。他深情回顾了关于十小老师的故事，对老师们的付出表示了诚挚的谢意，也深刻解读了"谷拾"的含义，激励大家"心怀梦想，踏石留痕，砥砺前行，为每个光谷娃健康幸福的成长贡献力量！为光谷教育持续优质发展再立新功"！听完以后，身为"谷拾人"的那份教育责任感和使命感油然而生。

典礼后的这一天，各班教学秩序正常，午餐管理和放学工作有序。下班铃声响起，还有许多老师留下来整理教案、制作课件、印制练习试卷。天气寒冷，老师们工作的热情却如暖阳高照。真诚地道一声：辛苦了，我们的管理人员和老师们，有大家一起真好！

2017年10月19日 / 周四 / 阴

预检在前，做好餐室管理

风寒。深秋寒重的身体感受，要起床似乎变得更困难，迟到的学生总是有几个。老师们值勤到岗还不错，各负其责，尤其是紫晴老师，总是默默地提前到岗，值勤打卡非常及时，遵守考勤和值勤的打卡规定，不因忙碌而疏忽。打心眼儿里佩服她！这样的小事体现了一个人的规则意识和守纪素养，以及是否有执行力和坚持力。

李主任带着沈子琦和殷霁芬、廖赋布置展板，远看是一个大大的心形，近看明信片上写的内容真切感人，有家长的殷殷期盼，也有孩童的萌萌稚语。我忍不住踮起脚对着一张张明信片逐一拍照珍藏。

校长室牵头筹备明天党员大会的工作，召开了一个筹备会，将工作人员分工落实到位。张主管安排物业人员配合布置好了会议场所，又忙着学习食堂自主经营的会议和文件精神，同时积极联系并会同配餐公司处理好中餐管理中发现的食品安全问题。

返校后的中餐管理基本稳妥有序，但是鉴于近期餐室出现的问题，学校按照"预检在前，分发在后，每日巡查"的原则，提出以下几个改进措施，请各餐室教师严格执行：

（1）打饭菜教师必须在洗手后佩戴一次性手套和口罩；

（2）热汤盖子不要提前揭开，以免落进异物，将汤桶放到背对黑板的教室右角落，不要放在学生打饭的必经之路或门口，以免碰翻烫伤；

（3）饭菜入教室后，管饭主班教师进行食物预检，通过目测和试吃检验饭菜卫生和口味，合格后方可给学生食用；

（4）后勤主管每天巡查餐室至少一遍，抽查各班饭菜情况和管理情况，做好记录；

（5）当班行政管理人员每餐巡查至少两次，全面关注饭菜情况和餐室卫生、纪律，做好记录。

"预检在前"是反思问题后提出的一个新要求，多了一个环节就多了一层麻烦，只有不嫌"麻烦"才能更好地保障学生餐食品安全。

2017年10月23日／周一／霾

用最朴实的行动诠释

今日霜降，周一的天灰蒙蒙的，雾霾很明显。迟到的孩子较多，路途远的，起晚的，各种理由。冬天来了，天气不好，迟到现象日益明显，老师们需要想想办法遏制这种不好的苗头。记得小时候看的鲁迅在书桌上刻"早"字的故事，想想，孩子们也需要故事去引导行为吧！每日早到学校的老师们一定和我一样，能体会到"早起三光"的妙处。

第一次在体育馆开展"周启"活动，各班列队秩序正常，四位男老师的出旗动作漂亮，孩子们已经知道升国旗时奏国歌与唱国歌的区别，唱起国歌来十分嘹亮！吴芬老师做了"九九重阳节 浓浓敬老情"的主题发言，102班的一个男孩子还自告奋勇朗读了重阳节的古诗。周启后的行规训练让孩子们更加懂得了敬畏国旗和遵守纪律的重要性。

一年级数学组开始进行组内研究课，姚流明老师打响了第一炮，他非常注重一年级孩子的各项学习习惯培养，在组织课堂教学中总结学习规律，肯定孩子们的进步和思考。姚老师非常注重数学知识的前后联系和坡度推进，也关注知识与生活的联系，研究深度值得思考。

一年级语文组的集体备课围绕拼音复韵母教学，从教学内容和教学方法两个方面进行了充分的讨论，大家集思广益，想出了很多认读的方式，以此来提高学生学习的兴趣。

下午，社团课程筹备会召开，李主任对社团活动场地和主讲人员做了安排，征求了教师们的建议，指导执教者从课程内容、选课方式、教学物品等方面进一步进行细化安排。对放学和集会队列也进一步明确了要求。

后勤负责的设备交接、环境完善、食堂筹建等工作如期推进。

全天随时巡查，秩序都正常！哪怕是托管班，老师们也在认真讲授课外知识，或拓展学科辅导，"谷拾人"的敬业精神感动于心！

党员同志们利用双休时间撰写的关于十九大报告的心得体会全部按时上交，李婧娴老师做了细心整理，我一一拜读，感触良多。结合自身教育岗位和经历来撰写的老师很多，真正做到了原创和用心！胡凡、赵亚男和刘晓霞老师为党支部的工作或在外奔波联络，或加班撰写文稿，或反复雕琢新闻……"谷拾人"用最朴实的行动诠释着"向十九大献礼"！

2017年10月26日 / 周四 / 霾

工作重心放到了"内练真功"上

雾霾还是让人不舒服。生病的老师不少，但还是坚持在工作岗位，让人感动。大家一定要注意饮食和休息。

全天教育教学秩序正常。一清早，迎来了可爱的小朋友们，问好声不绝于耳，保安师傅也热情地向孩子们问好，开心的笑容浮现在每个人的脸上。和几个老师聊天，都说家长感觉自己的孩子进步很大，好几个调皮的学生更喜欢上学了，不会哭闹和捣蛋。我印象很深的是那个最好动顽皮的D姓小姑娘，以前从早到晚总是蓬头散发的，今天她来得早，而且梳着漂亮的麻花辫，上学的精神面貌完全不同了！我知道，老师们为此花了大量的心血。

党员同志在互相分享收看十九大的心得。徐朝霞老师把展板布置好以后，大家翻看得特别仔细，吸引其他教师也来拜读。

今天，106班班主任刘少敏老师出差了。起初，我不放心106班的小家伙们，一天跑去看了好几次。不看不知道，一看放心了。106班在数学姚老师和两位副班主任胡老师、谌老师的带领下，依然井然有序地学习着、活动着。放学时，三位老师都来带队，齐心合力组织好各项事情。姚老师本来是105班的副班主任，为了106班的稳定，主动承担了代班主任的工作。真是"老将"出马，稳如泰山！

下午，请区交通大队的领导来校门口现场办公，讨论了改善门前交通状况的措施，方便学校上学和放学的管理。交管部门非常重视我校校门交通安全的问题，提出增加标示牌和减速条的办法，并会在近期落实。

语数组在本周集体教研后，紧抓基础知识和技能的落实，在口算、听写、默写、背诵和书面答题等知识和技能上明显加强了培养。综合组的老师也在认真准备研究课。教研的氛围明显比安置期更浓了，大家把工作重心放到了"内练真功"上。学期中临近，我们是要以此节点做好小结和梳理，反思一下教学质量是否过硬。

2017年10月30日 / 周一 / 晴

一年过得好快啊

新的一周在"周启"活动中开始了。沈老师既主持又演讲，忙得不亦乐乎。不知道大家有没有觉得奇怪，主持人和发言人怎么都是沈老师呢？原来，罗莉老师原本是发言人，上周就写好了发言稿。但是持续发烧咳嗽几天后，嗓子实在不能说话。她拜托沈子琦老师替她做主题发言，101班的小朋友们在殷老师的指挥下，也很好地呈现了文明游戏的主题意图。

罗老师一直咳嗽，一晚上没睡，一大早还是赶来学校安排工作，说下午再去看病。看着她略显憔悴的脸色，我心里过意不去，把她"赶"去医院。罗老师，大家都很给力，你就好好休息吧！祝愿早日康复！近期感冒的老师有好几个，大家一定注意添衣保暖，保重身体，多喝温水，不舒服就赶紧去看医生，不要硬扛着。

两位陌生面孔的"小朋友"是省二师的实习生，要跟着罗老师和姚老师实习两个月。欢迎新来的小伙伴。兰丽美老师很快就熟悉了工作环境，接手罗老师的工作忙开了，发饭、送路队、接待家长都毫不含糊，很棒！

上午第一节课，术科两个教研组集中备课。林主任很详细地指导了集体备课及讲课的要求和程序，还就研究课准备的情况进行了指导。下午，语文组照常备课，潘欢老师主持，一方面细说教学设计，一方面提出教学困惑。参加的每一位老师都畅所欲言，研讨氛围很好。我就低年级语文教学提出具体建议，从有效示范、扎实训练、适度拓展三个方面举例说明，以第一课《秋天》为例，讲解预习课文的方法和训练要点。大家还讨论了课堂作业的设计和布置，决定不依赖市场上售卖的教辅，而是根据需要编制我们自己的练习纸。最近关注语数教学情况，感觉老师们还要进一步解读教材，"踩准"重点，突破难点，切记不能盲目拓展或拔高，丢掉基本知识、基本技能、基本方法和基本思维的根基。术科的研究课也在准备中,希望大家好好研读教材,固本培元,上好自己的第一节研究课。

我这两天上节气课特别带劲儿,课堂上与学生对话的效果不错,成了受欢迎的孩子王。106班的小齐同学迷上了节气课,来找了我N次,他说我是他的好朋友,来找我帮忙。原来,他觉得自己手笨,制作奥利奥月相图的作业完成不好,想要我陪着他做。对主动要求进步的同学我肯定没有理由拒绝啦!连忙把自己库存的奥利奥饼干拿出来给他"玩",扭一扭分开,用勺子刮去糖芯的一部分,挖成月相的形状,再贴到硬纸板上,加个彩笔描绘的标题。黑色饼干上衬托着白色糖芯,形似新月、峨眉月、弦月、凸月、满月……小齐同学对着自己的作品扮鬼脸,对自己的表现相当满意,还要我拍照留存纪念。哈哈,一节有趣的课就俘获了这个调皮鬼的"童心"。

上午开完校务会以后,林主任和我开始谋划明年的经费预算和招聘教师计划。一年过得好快啊,去年招聘的场景还历历在目,追着亚男打电话啊,和晓霞短信互动啊,潘欢坐着月子就来面试啊,廖赋最后险些错过啊,生怕姚老师不能成功调动啊……好多故事哦!几个月以后,新的伙伴就会加入,我们"谷拾"要准备着迎接新人啦!

2017年10月31日 / 周二 / 晴

把温暖的微笑送给他们

　　新的一天在小朋友们的问好声中开始了。进校问好已经成了师生和后勤员工的良好习惯。走进校园，如沐春风。

　　这是普通的一天，教育秩序如常，老师们井然有序地安排了各项工作。数学组组织了集体备课。学生发展部李主任出差一回到学校，就连忙投入工作，牵头策划亲子游艺会，筹备社团活动，体育组两位老师和大队辅导员沈老师积极配合。十月的示范班评比也在统计数据和评议过程中。林主任从教育装备展发来了图片，从各项展品中发现了学校教育设备可以改进的地方。张主管亲赴武汉小学考察学习食堂管理工作。胡凡老师请来了财务科王主任来校指导报销工作。我在准备本周支委会和主题党日的活动安排。龚医生在推进学生医保工作。各部门紧锣密鼓地按计划推进各项工作。工作千条线，万条线，都落在老师们身上，尤其是班主任老师事务很多，大家都辛苦了。有团队协作支持，学校才能日益发展。

　　今天还想说说那些同样在为学校奉献自己能量的人。每天清晨，我走进校园，最先遇到的是许师傅和左师傅，他们笔直地站在校门口值勤；然后是物业的清洁工师傅们，已经开始打扫卫生了。我会和他们寒暄几句，问问工作和生活的情况。我发现，清早见面，他们都会热情地向孩子们挥手示意或点头问好。当他们笔直地站立时，当他们趴在地上用力擦洗时，当他们在清扫拖地时，我们作为教师是感谢地给予目视、点头和微笑，还是目中无人地仰头走过去？问问自己，有没有从内心尊重，或努力告诉学生，应该感谢这些维护学校环境和平安的人们？这些朴实的人儿，非常珍惜现在的工作岗位，我们的校园氛围因此变得更和谐、更温暖。

明天，让我们把温暖的微笑送给他们，也送给我们身边的同伴。

2017年11月2日 / 周四 / 多云

平安才能幸福

今天心情不太好，一方面因为工作压力，另一方面因为今天发生的事。管理人员在巡查时说自己心情不好，大概我是第一个。但是，我不想粉饰太平。

近期市里发生了小学因水痘爆发而停课的事件，紧接着教育局通报有学生掉入窨井而溺亡的事件，弄得我这个安全责任第一人很是紧张。昨天就布置了加强晨检的工作，今天一上班就安排张主管联合建设方做了校园窨井的全面排查，要求建设方在窨井内加防护网。

正在担心校内设施是否有安全隐患，就发现班牌安装施工在教学时间和区域进行，施工用具和材料铺了一地，占据走廊通道。因为赶着去上课，没来得及完全制止，后来林主任和李主任出面解决了问题。我也提醒后勤部门以后要注意类似事情的安排，要注意错开教学时间和学生活动时间，并及时预告老师们知晓。

中午紧接着发生了女厕所门被损坏的事件，102班五个女生挤在一间隔断里面玩，造成厕所门被推倒，幸好没有砸伤小朋友。我和两位主任连中饭都没吃，就去处理这件事，调查清楚以后请班主任加强安全和文明教育。吴老师立刻展开调查，并请家委会代表到校查看现场情况，并配合教育学生。这件事警醒我们，孩子们还很幼稚，学校任何空间都可能成为他们游戏的场所，而且一玩起来就不会去注意周边环境的问题。厕所、饮水机、楼道、教室门后面、绿植角落等地方，我们都要有发现的眼睛，发现安全隐患，发现不文明行为。以前我也看到过两个小女生挤在一个隔断上厕所的情况，当面制止后，也没有引起充分重视，并没有及时提醒老师们关注这种现象。没想到今天竟然发生了五个小女生挤在一起上厕所的情况。这是孩子们好玩的心理，也是安置期集体上厕所带来的后遗症吧。男厕所的小便池也常常有不文明的画面，厕所门大开，几个小男孩就光着屁股尿尿，路过的老师和同学们都可以看到。孩子们年龄还小，性别意识初步建立，还不甚懂事。即便如此，还是要从根本上解决问题，一方面各班教师要加强如厕文明的教育，另一方面学校要改进设施，加一道帘子隔断，不让厕所内的景象曝光。以后出现一点点小苗头，不管是涉及安全还是文明，我们都要注意防微杜渐啊！尤其是安全工作，要求我们人人眼里有排查，人人心里有预防。

平安才能稳定，平安才能发展，平安才能幸福。恳请大家和我一起，为建设"平安校园"而努力！

2017年11月6日 / 周一 / 多云转阴

想说的话很多

又是周一，爱堵车的日子，老师们都惦记着早起早到。坐公交偶遇几位老师，一起说笑走进校门。

周启的主题是消防安全，由胡凡老师主讲。胡老师从学校消防警报与逃生、家庭失火求救与报警、消防栓正确使用三个方面讲解了小孩子能听懂的消防知识。他举起灭火器示范的时候，学生们听得格外认真。

沈子琦老师宣布了"七有"示范班的评比结果，103班进步很大，夺得了七面锦旗。潘欢老师为首的正副班主任和103班同学们受到了极大的鼓舞，全校师生为他们鼓掌。101班和106班也名列前茅，罗莉老师和刘少敏老师带领的班级也值得夸赞和自豪。这三位班主任受邀上前为各班学生代表颁奖并留影纪念。我知道，锦旗暂时落后的班级心情有点沮丧。虽然这一次没有获得更多锦旗而不开心，但是我们要在反思中意识到，班级是一个动态发展的过程，每个月的评比就是一面镜子，折射出班级发展的优点，也反映出班级管理的问题。

103班的变化就是一个正能量的例子，记得刚开学的时候，最喜欢捣乱、爱出事的就是103班的孩子，上课时也是闹哄哄的，潘老师为此很头疼。最近去103班上课，发现孩子们不仅精神面貌很好，参与活动也守规矩，有秩序，积极上进。任课老师们也纷纷说孩子们进步明显。这和班主任的用心带班以及智慧管理是分不开的。潘老师是个好学上进的年轻人，总是话不多，见人微微笑，静静花开的样子。她主动参加听课评课，主动请教特殊学生的教育方法，连续多次认真主讲集体备课内容。这些我看在眼里，感动在心里。其他老师也非常努力，特别是几位班主任，想了很多办法管理班级，有些已经见效，有些还有待改进，只是我们需要更多耐心来静待孩子们的成长。不要着急，我们一定会陪着大家面对所有的教育问题，我们也期待每一个班级的拔节生长。

术科集体备课以后，紧接着是三节课的校务会，行政人员商量了很多事情，关于秋季防疫、食堂筹备、食品安全、社团启动、学生活动安排和期中教学质量分析等，每一项仿佛都迫在眉睫，都很重要。龚医生参与保健卫生工作的讨论，提出了秋季预防流行病的具体建议。李婧娴老师列席记录，整理了工作日程和思路。这么多事，心里有点火烧火燎的紧迫感，不觉已经到了中午，赶紧平复一下浮躁的情绪。中午三位行政人员和很多老师顾不得休息，开始落实各项工作。

下午收到紧急通知，我赶去光谷四小参加课题研究活动。从晓霞发来的照片里看到，各党小组按要求照常开展了活动。李主任组织班主任开展了秋季保健知识培训，龚医生讲了晨检操作流程和学生呕吐物处理办法。李主任强调了秋季预防疾病的重要性，并给予班主任有针对性的具体操作事项的提示。关于社团选课和启动等活动要求，也进一步向班主任明确说明。各托管班上了消防安全班会课。

两位主任代我值勤，发现任何问题都第一时间在微信与我沟通，主动提出解决办法。还有婧娴，中午明明在管饭，还匆匆跑来拿手提电脑，在班上边看管学生午休边修改周安排，抢着做好能做的事。朝霞老师也是一样，双休写好了学习十九大精神的方案和主题党日两份文稿，我劝她分给另一位党员写一篇，她却说支部第一次主题党日，还是自己亲自写稿宣传为好，不厌其烦地反复修改好才给我看，生怕给我添一点麻烦。特别感谢晓霞的细心，知道我下午不在，却要写今天的巡查日志，主动精选了活动照片传给我，以备我需。大家都很体谅行政人员工作的繁忙和辛苦，努力分担了很多很多……虽然我人不在学校，却能依托各位伙伴处理好学校的大事小情，我们这个团队的战斗力越来越强了。

今天确实累了，本来想着少写几句，一开始写巡查手记，想说的话却很多，观察、记录、讲述竟然不知不觉成了习惯……其实还有很多我没亲眼看到的美好场景……

2017年11月9日 / 周四 / 晴

家长身正，孩子才影正

依然艳阳高照，天气竟然像初秋一样燥热。立冬过后的20多天，南方将是暖和的"小阳春"。我们武汉这不南不北的地界，燥起来真不比任何一个城市逊色。老师们近期自查和调整常规工作，加上筹备社团活动和亲子游艺会，工作节奏快而繁忙，要注意多喝水饮茶，多吃润肺清热的蔬果和食品。顺应节气饮食是老祖宗师法自然的智慧，值得推崇。

一清早，学校就进行了"119"消防安全逃生演习。首先，班主任在各班讲解逃生的知识和安全逃生的要点。消防警报拉响了，各班学生按指定线路撤离教室，用毛巾捂住口鼻，依次弯腰前行。全年级在2分钟之内撤离到庭院，第一次演练就这样有秩序、有效率，老师和同学们真了不起。

早上胡凡老师上了研究课，空堂的老师积极参与，有的老师是特意换了课去听研究课的。

学生发展部还在进一步筹备社团活动，为此行政人员又一次开会商议细节。教师发展部完成了春季征订教材、经费管理与使用、人事表格报送等一系列的工作。后勤部门筹备食堂设备，进入关键采购环节。李校长为了食堂顺利筹建，下午也赶来了学校，与有关人员接洽，提出重要的指导性意见。学校楼梯间的地胶铺设也在有序推进。常规教育工作和学校相关工程的收尾工作都在有序推进。

就校门口的放学秩序，我进行了几天的观察。发现有少数家长偷懒，多走几步路都不愿意。不预先在校门内班级指定地点等候，而是堵在校门口或站在伸缩门外，一旦孩子出现在门口空地，就立马挤进校门来，拉起孩子就走，进进出出，使校门越发显得拥挤。今天我抓住典型，当场批评了104班的两位妈妈，家长表示以后会注意。在此，我提出几条改进放学管理的建议，请各班和值勤教师遵照执行：

（1）保安师傅按时间和规定放家长入校，一人在校门外引导，一人守住校门；

（2）行政人员指挥地点前移到校门口进门处，及时引导家长

进校在指定地点等候, 发现不良现象及时指出;

（3）104班路队向校门口行进时（约16:50）, 保安师傅要把好校门关, 校门只许出不许进, 迟到或故意逗留在校门外的家长绝不允许进校门, 就地在校门外等候。迟到或故意逗留在校门外的家长, 其孩子等路队全部放完, 由班主任送到校门口与家长对接。

这样严格管理是为了帮助家长养成遵守放学规则的习惯, 也提醒他们要以身作则, 给孩子做榜样。

还有一个现象要注意, 放学时攀爬校门的情况也日渐增多, 今天至少发现三例, 还都是女生。孩子爬在伸缩门上, 家长站在旁边就像是没看到一样。我指出以后, 家长只是笑一笑, 对孩子的不良行为完全不当回事。这样的家庭教养和素质令人担心。**家长身正, 孩子才影正, 有样学样, 家长的身教非常重要！** 请管理人员和老师们一起想办法, 引导家长们重视良好的言传身教, 让孩子们有一个更好的成长氛围和环境。

2017年11月18日 / 周四 / 晴

立冬亲子游艺会

周四, 期待已久的 "谷拾" 立冬亲子游艺会开幕啦！孩子们兴高采烈地和父母一起走进校园, 男孩子身着帅气的迷彩服, 女孩子穿着粉嫩的形体服, 脸上浮现开心的笑容。

升旗仪式上，孩子们嘹亮的国歌声格外悦耳，开幕式简洁而精彩。李主任身着大红色的运动服，站在体育馆中间主持。在校长致辞环节，我从立冬后的中华传统文化视角，介绍了古代消寒会的习俗，鼓励家长和孩子们在寒冷的冬季欢聚迎春，我说："我们的游艺会既是一次消寒会，也是一次亲子节。在这个寒冷初到的时节，我们欢聚在这里，一起运动起来，一起游戏起来，我们一起赶走冬天的寒冷，感受亲情的温暖。"孩子们不由自主地应和着我诵读着四季的儿歌，此时我的内心充盈着感动，是啊，"谷拾"的节气课程和节气文化已经慢慢渗透在学生活动中，传递到学生家庭里。

师生代表朗诵的原创诗歌《谷拾，梦开始的地方》又一次亮相，展示给家长们欣赏。因为忙碌，本来有点记不住词了。可一上台，那些词句就像是刻在骨血里一样，汩汩冒出来，发自肺腑，和着配乐，格外深情！林主任朗诵高潮的一句，掌声雷动！

殷老师和廖老师编排的形体秀和体能秀登场了！小女生像一群小天鹅翩翩飞入，伸脖、展臂、弯腰、绷脚……都优雅从容；小男生像一队小老虎，跃跃欲试、虎虎生威，蹦跳投掷都有模有样！前期准备阶段，一直是两位体育老师在张罗比赛项目设计、裁判规则、场地安排等，中间还忙着上了研究课，没想到还像变魔法似的排练出这么精彩的课程秀，他们对工作精益求精的态度和卓越超群的能力让老师们叹服。这一刻感动得好想哭啊！我和婧娴等几个人在场边欢跃鼓掌，不知谁说了一句，好想哭啊！我一回头，几个人眼里已经满含泪水！这是激动的泪水，开心的泪水！殷老师一下场，我们给了她大大的拥抱。

游艺会的四个项目依次有序进行！"温暖的脊背""同心协

力""上阵一家亲""爱的交接"等，每一项游戏的名字都蕴含着亲子之爱、师生之爱的含义。最难忘的一幕发生时，我竟忘了拍照！103班一个小姑娘实在爬不动，哭了！爸爸抬着她的脚手足无措地跟着，全场都看着这对父女。李主任和林主任跑上前扶着她的臂膀。小姑娘挺起身子用力爬着，终于……爬到……终点！体育总教头殷老师用话筒大声地激动地说："我们鼓励这种体育精神！"最后一项游戏是每班正副班主任、三对家庭共同完成的，家长和孩子共同完成背靠背行进和赶球的任务，然后和老师一起抬着孩子送到"小山"上，将孩子交到老师手上。老师陪着孩子翻过"小山"，滚过"草地"，跳跃着冲向终点。加油声此起彼伏，气氛非常热烈，每报出一项班级成绩的时候，都是一阵欢呼……

各班在单项比赛中都有所斩获，领奖台上的孩子们格外自豪，伴随着班旗的升起，武汉小学的校歌响起……"我是一叶小荷，才露小角尖尖"……祝贺106班、104班和102班分别获得团体冠、亚、季军！

下午，全体老师到物外书店开展"立冬读书会"活动。林主任推荐了《时间简史》《二十四节气志》等几本书，也按李校长建议推荐了林清玄的散文集。大家难得有这样的慢时光，在书丛中流连，选购自己喜欢的书籍；在台阶上席地而坐，书香弥漫，漫谈书评，意蕴悠长。

立冬时节，是适合读书修心的季节，也是适合运动养生的季节。我们在几场热闹的活动之后，应该慢下来、静下来，内练真功、涵养心灵。

2017年11月22日 / 周三 / 晴 ☀

小雪时节议节气课程 ．

　　一直在北京参加全国中华传统文化高端论坛，这是我本周唯一在校的时间。昨天一下火车没吃中餐就赶去学校，转了一圈，大家各在其位，各班课堂秩序正常，有序平稳。我心里很欣慰，这说明我们"谷拾人"的敬业心和自律性达到了较好的程度，学校日常工作不依靠校长亲自管，而是像一部运行顺畅的机器一样，自动化啦！

　　今天早上值勤，孩子们大声叫我，个个喜笑颜开的样子。李主任陪我站在连廊迎接孩子们，我们感慨孩子们进校近三个多月的变化，从呆呆的不懂礼貌到友好地向人问候，老师们的细心调教功不可没。孩子们喜欢上学是对我们最好的肯定。

　　这两天，大家都在关注中华传统文化教育，我把北京活动的"热风"也带回武汉。一回来就跟雨浓老师讨论了后面几次节气课的内容。我还拜托班主任和婧娴老师征集了几位家长和老师表达的对学校开展节气课程的感受。陈雨浓和杜小琴老师主动交稿。大家写得很认真，也很有文采和见识。尤其是家长们谈到的对节气文化的认识，促进了我的深入思考。正好李校长请我简要总结一下开展节气课程的思考，我写了800字左右，主要是谈在小学开展节气课程的意义和对儿童发展的价值。我们刚起步进行了一点尝试，研课在先，课程先行。接着还要构建"谷拾"节气文化的整体框架和实施途径。我很想带动大家一起思考，都来关注这个研究专题，从"全人教育"的视角在学科教学和学生活动中进行统整设计，使之自然渗透。

下午，晓霞上了关于鼠标应用的研究课，机房开放以来，她为学生行为规范的训练想了很多办法。今日一听，发现孩子们能较好地遵守机房的课堂规则，保障了教学流程有序推进。一下课，林主任就抓住契机，和术科教师们围站在走廊上议课。对于教学目标的设定和达成，青年教师还是要加强研究，找准课堂教学的重难点。

家委会的成员们已经开始来校布置"拼音帐篷节"的场地了，细节先不透露，期待周五的精彩活动。

和支委徐朝霞老师商量了近期党务工作，开始准备12月的主题党日活动。徐老师牵头召开了党小组长会，布置具体任务。局党委发放了十九大学习材料和党章等，党员同志抽空阅读自学。

我和林主任、张主管筹备食堂工作，忙了半天，我们很重视食堂建设，希望给老师们一个更好的就餐环境和卫生健康的餐食。继续努力中……

2017年11月27日 / 周一 / 晴

对教师队伍培养的展望

好久没有写这项"作业"哦！上上周、上周都忙着出差，李主任和林主任代我值了几次勤，非常感谢！我在外地，通过巡查记录了解学校发生的故事，越来越觉得它必不可少！

今天虽然很寻常，心情还不错！一是回到学校，心里更踏实；二是各项工作有序推进；三是遇到的问题在协调安排中；四是收到徒弟寄来的感恩花束。

上午程警官来校拜访，了解了学校近期的治安和安全工作，也把社区近期的情况和我们进行了交流。我们邀请他下周一校会来参加周启活动，聘请他为法制副校长并拉开法制宣传活动的序幕。上午的校务会就本周工作安排、下周活动准备进行了讨论和部署。下午语文组积极准备研究课，开展教研活动。

党支部按上级要求进行年终的总结和新一年计划的制定。党务工作我本人也在学习过程中，幸得宣传委员徐朝霞老师的积极合作，将支部成立以来的资料进行了整理和归档。这些工作还得到了武汉小学吴海英书记和党办曾黎主任的点拨，他们有问必答，真的非常感谢。

李婧娴老师主动写好了11月的安全总结和自查表，我在出差途中就收到初稿，看着翔实的内容，感动于她能这么全面关注学校工作，处处留心，也肯思考。谌圣杰老师又完成了几项工作，每做好一样，她都请教分管领导和身边的内行老师，她的谦虚好学得到了人事科领导的肯定。教学上也是这样，只要是有课听，必定能看到她的身影。她们是"谷拾人"勤奋上进的缩影。

由此，我想到了当初提出"事务助理制"的思考。事务助理制是基于光谷分校年轻教师多的情况提出来的，让年轻的老师担任助理岗位，既不影响专业教学又能管理事务，像当家人和责任人那样思考问题、解决问题。**我对教师队伍的培养有两点展望：一是顺应学生核心素养的培养，发展全科教师；二是适应扁平化管理的现代化学校结构，培育双岗教师。**教学岗和管理岗都能胜任，上讲台能上好课，下讲台能管好人和事。这样的管理机制，这样的梯队培养，会让我们"谷拾"的年轻人有发展平台和动力。其实，这是武汉小学老一辈校领导培养我这一代教师的时候就有的传统，那时候我不知缘由，只知道领导要求严格，即使我身兼行政和教学双重工作岗位，也不允许我对教学科研有任何懈怠。由此，武汉小学近十年培养出了6位特级教师和2位功勋班主任。

学校好几次活动是自愿参加，自主报名的，有诗歌朗诵、班会设计、感言征集……今天群里又发布了两项征集班会的通知。你参加过一次吗？以后打算参加吗？人家都拿回奖证了，你还在等什么？活动没有强制人人参加，其中深意是何？人的发展，始终还是靠自主动力吧！

我去北京上课，人家说校长还能上课，真不简单！我觉得这是对行政管理者的偏见，我们武汉小学培养的管理人员个个都会上课，能上课。我们林主任这几天不就代表武汉市出去上展示课了吗？上课也好，管事也罢，只要求上进、想发展，我们每个人一定能在学校这个平台找到机会，甚至可以代表学校和区域展现才华。

"谷拾"的青年人，加油吧！"40+"的我也像大家一样，积极生活、心态年轻！

2017年11月28日 / 周二 / 晴

必须尊重老师们的感受

一日教育教学常规工作较好。

上午，应我校主动要求，李主任和李婧娴老师随教发院领导和教研员去光谷八小观摩学习，全程了解下校督导检查的方式和标准，为12月底迎检做好准备。我去教育局参加了关于绩效考核管理方案的调研会，区局就评价学校整体工作的原则、标准和方式征求了校长们的意见和建议。学期过半，绩效考核工作也在谋划之中。如何公正地评价学校办学质量和教师业绩是一个永远需要与时俱进的研讨话题。

这两天在校，发现两个现象请大家一同思考：

第一，不午睡的学生人数明显增多了，是因为天气冷了午睡不适，还是午休习惯问题？冬季还要不要勉强学生午睡？还是组织活动比较合适？

第二，工作忙碌的情况下，教师们感觉力不从心，很累。下午上班时还在躺椅上午睡的情况我发现了至少两例，还有老师提出能不能减少某项工作。我不会简单地认为这是懒惰或懈怠。开学以来，我们确实铆足了劲儿，全速前进。三个月了，没有松过一口气，此时累了倦了也是人之常情！大家的感受和疲累我完全可以理解，甚至感同身受！

正因为我们围绕"立足光谷，打造谷拾"的核心目标一起努力，才能在短期内取得工作实效，也得到了家长的充分信任。而当前面临下校督导检查，我们的常规工作还有需要改进之处，努力不能停滞。现阶段，学校预安排的活动大多是教学活动，可以理解为是"内练真功"的必经阶段，若不进行或延后，会影响后面的工作安排和效果。此时怎么调整工作节奏，又保障教育质量？是取消原工作安排，还是将工作进行整合处理？或是有其他更智慧的办法解决？

处理这些问题，我有学校管理者的立场和坚持，也会有一个中年教育者对教育理想的执着和追求。但是，执着不是一个人的"夸父追日"，追求不是一个人的"精卫填海"！

学校管理者一定也必须尊重老师们的感受。如果这几天，我去找你聊，不要含蓄，请告诉我你的思考和见解……

2017年11月30日 / 周四 / 阴雨

教育质量从来就不是一蹴而就的事

早晨起来依然像在半夜，天阴沉沉的，没有笑脸。孩子们穿上了厚厚的棉袄，还是笑嘻嘻地问好，好习惯是多么美好！

上午有两节语文研究课，杜小琴和吴芬老师同课异构《影子》。两位老师非常重视这次研究任务，反复试教了好几次，不厌其烦地与师傅研究教学方案。从课堂环节的设计来看，两位老师一个体现集中识字，一个注重随文识字，设计亮点多多。不仅注重了低年段语文教学的趣味性、活动性和实践性，还在教学节奏掌控和关注学情反馈两个方面有明显进步，在激发学生学习兴趣方面也很有办法。课后，两位老师主动找我聊课，我肯定了她们的进步，也结合期中拼音测查数据反映出来的问题提出改进日常教学的建议。我们围绕"扎实"两字展开话题，思考在识字、写字教学中怎样教与学才能提高效益，实现教学目标。

　　林主任出差一回来，就详细制定了教学质量月开放日的方案。我建议不论是教学活动，还是学生活动，我们都采用探讨先行、方案导向、合作完成的方式来执行，这样老师们准备能充分一点，明确要求的感受好一点，办事效率会不会高一点？管理人员和教师在对接信息、发布消息、收发资料等方面，要找到最合适的方式，我们需要改进和磨合。

　　下午我去武汉小学参加会议。下班后询问了一下学校的情况，李主任说老师们都在认真准备研究课或开放日展示课，下班后办公室里一片灯光。其实武汉小学也一样，我离开时，天已经很黑了，教导处的几位主任还在加班，他们还在为明天的开放日活动做精心的准备。瑞景小学的老师们也都在为现代化学校评估排练节目、磨炼教艺。每个校区都在打造自己的文化和亮点。

　　教育质量从来就不是一蹴而就的事，我们才起步……

2017年12月5日 / 周二 / 阴

我们一起慢慢来

周二，空气还是很不好。办公室的空气净化器几乎都亮起红灯。把门打开以后，略好一点，蓝灯闪烁。看来虽然空气质量堪忧，保持空气适度流通还是很重要的。好几个老师都病了，新银老师咳嗽一直没有好，亚男老师病了好多时，圣杰老师也发烧了。大家还是坚持在岗位不敢请假，怕耽误工作。我心里很矛盾，一方面工作必须完成，一方面不忍心老师们这么辛苦。每个人都在拼命地工作以维持学校的运转，但是该休息的时候不能去休息，这不应该是一个长期的工作状态。年末到了，我们自己的教育教学活动抓得紧，上级布置的任务也很多，明显觉得大家有点吃力了。办成一所家长信赖的学校，成为学生喜欢的教师，都不容易。

又是满满当当的一天。上午武汉小学的数学主任李凯老师、教研组长张健老师和市赛课一等奖获得者李想老师，在李校长的带领下来开展教研活动。李想老师执教了一年级教材《解决问题》一课。课后大家一起研讨，从教材解读、教学方式、学生活动等方面给予了高度评价。李校长的见解让人印象格外深刻，让我这个"文科脑袋"茅塞顿开。校长强调了几点，会让所有学科的低年段教学受益，我理解如下：

（1）关注具体细致的教学活动设计，低年级学生要从数一数、画一画等具体活动中体验学习过程；

（2）创设问题情境，注重教学环节的自然衔接；

（3）开放教学时间和空间，教师不要控制话语权，抓住孩子们想学的时机让孩子们表达和演示；

（4）孩子们的原生想法很可贵，要珍惜这些想法，哪怕是错误的答案也可以转化为教学资源。非常充实而有效的活动，相信我们的数学老师们也颇受启发。

下午，局工会龚主席和严主任来校指导工作。龚主席指导了成立工会的工作流程，严主任指导了文明创建的工作。两位领导在巡视校园的过程中，与管理人员和教师代表边走边聊，进一步了解了我校办学的情况，也对下一步工作提出宝贵建议。紧接着，党支部开了支委会，商量了12月主题党日的活动方案。会后，我和林主任会同婧娴和圣杰两位老师商量绩效考核、师德迎检的工作，进行了分工安排。李主任巡查了各班和术科教师的软板主题布置，提出改进建议。教师高校专场招聘、校家委会启动和校服自愿征订等工作正在筹备之中。

下班后，好几位老师还在准备开放日的展示课，教案修改和课件制作仍然在继续。这一次开放日的活动主题是"内炼真功，落实课堂有效性"，对年轻教师而言，制定好科学、适度、准确的教学目标是重中之重。仅就目前的情况来看，我们每上一节课，要知道自己教什么，更要知道学生学什么。

课堂教学的扎实和精彩不是打磨一节课就能达成的。不着急，我们一起慢慢来。

2017年12月7日 / 周四 / 阴

教学质量月家长开放日

　　周四，本周最忙碌的一天，也是值得欣慰的一天。我们顺利完成了本学年第一次家长开放日活动，工作受到了家长们的充分肯定，大家辛苦了！

　　上午开展了教学质量月家长开放日活动。老师们早早到了学校，热情迎接家长们的到来。每班邀请了10名家长，共60名家长来校参加活动。学校按照课表和作息安排全面开放了一年级各班课堂，老师们共执教了19节展示课，涉及语文、数学、体育（形体和体能）、美术、音乐、道德与法治（节气课）、英语7个学科。家长们也参与到教学活动的某些环节，教室里其乐融融。

　　孩子们精神抖擞地做操和学习。尤其是上下操列队和楼道右行做得非常好。103班队伍行进管理的经验值得推广，遇到进楼道时，领队队长就用右行口诀提示全班，避免在楼道上出现安全问题。

　　三节课以后，家长填写了《反馈表》。从反馈的信息看，家长们对学校办学水平、课程特色、环境布置、教师敬业态度和广博师爱等方面给予了高度评价，对开放日活动效果大加赞赏。家长同时也提出了建议，如抓紧操场建设、增加户外活动安排、关注教室空气质量、培养青年教师成长等，为学校今后推进工作提供思路。

　　第四节课，李主任在会议室召开了第一次校家委会会议。我作为执行校长，就家委会成立的意义和价值做了发言，感谢家长朋友们对学校工作的支持。李主任组织委员们讨论了《家委会章程》和成员分工，也就下一步的工作提出了邀约。

下午开展了12月主题党日活动，活动由我主持，学习委员徐朝霞老师摘要解读了《党章》的总纲部分。随后，各党小组在组长的带领下，以主题演讲和齐诵十九大报告（或党章）节选的形式，展示了学习十九大的心得体会。尤其是李婧娴、胡凡和沈子琦三位党员同志的演讲给我们很深的感触。他们都是今年新进的老师，也都是年轻的党员，结合自身工作体会，从教师职业精神、做好老师、教育梦想三个角度讲述了研读十九大报告后的深刻感受。党员同志们积极点赞，热情鼓掌，并给欣赏的小组"投票"，每一朵金灿灿的葵花就是一次真诚而郑重的肯定！

明天下午，学校将迎接区师德师风建设绩效考核检查。李婧娴老师积极配合管理人员全面整理了相关资料，我们以良好的精神面貌做好充分的迎检准备。

需要提示两点：一是，学生遇到来宾要主动问好。二是，我们自己也要注意上课不迟到、不罚站学生、不大声呵斥学生、不在上课接听电话等师德基本要求。爱学生，从一言一行做起。工作累了，身体倦了，也不要忘了"因爱而学，因人而美"的学校发展愿景。

2017年12月11日 / 周一 / 晴

用好心态来做事

　　周一, 又是新的一周! 难得的冬日暖阳, 没有雾霾的蓝天真是让人心情开朗。临近中午, 雨浓老师带着孩子们来到庭院, 在阳光下手拉手游戏, 坐在路牙边上晒太阳。看得出来, 孩子们享受这简单、开心的时刻。

　　9点, 校务会如常进行, 管理人员商量了周安排和迎接下校督导检查的方案。教学常规中很多细致的工作还需要改进和推进。林主任拟定了迎检的资料清单和方案, 准备和教研组长合议后发布。10点, 李校长和中建三局项目部的领导及设计师如约而至。李校长还邀请了园林专家和学校花匠韩师傅, 一起商量校园绿化方案。大家先是在会议室对照设计图商议, 然后在校园里边巡视边讨论, 逐步达成初步共识。

　　下午语文组集体教研活动, 进一步讨论和明确了教学常规的各项要求, 将教案、作业等资料细化。明天数学和术科组也要紧接着推进此项工作。

　　下午, 圣杰老师初步完成了社保账户的建立工作, 张主管在推进食堂自主经营的事项, 食品经营许可证等申办暂时遇到了困难, 正在想办法解决。

　　党支部近期的工作任务也很多, 徐朝霞老师从上周四开始, 采集了党员信息, 今天完成任务, 提前上交局党委。我在全面整理党支部年终检查资料，周三前要完成党建资料目录、党建创新项目申报方案和汇报材料、"红色引擎"特色项目申报和汇报材料、十九大学习贯彻宣传工作方案等各项资料的整理。这些资料都要汇编成册，不敢马虎。李主任主动承担了其中一项方案的撰写，婧娴看就剩我一个人在加班，主动留下来陪我。临近9点，正准备回家的时候，党务QQ群闪烁起来，又收到新的工作通知！年末各项工作"扎堆"，对光谷地区的做法、经验和习惯，我们还欠缺整体了解。没有参考、没有指导，只能主动求教他人和自己摸索。对于新学校和新支部，遇到这些事情，很难得地心里没有烦躁之感，有兄弟学校先进经验的分享，有伙伴们的陪伴和支持，我们慢慢做，会越来越好的。

　　想起林主任完成了手头工作，临走时说明天要用新买的茶壶煮新鲜奶茶给我们喝，我还真有点期待上班了呢！记得闲聊时，大家说人生要是有钱、有闲、有趣就完美了，前两样暂时没有，那么有趣起来也不错！哈哈……接纳生活的不完美，以好心态来做紧急的事、烦琐的事、压力山大的事，也不失为"革命乐观主义"。

　　明天继续……

2017年12月14日／周四／阴

我们都要健康

　　周四，降温了，真切感受到刺骨的寒冷。孩子们裹着厚厚的棉袄跑进校门，冻得只叫冷。一袭红衣的龚医生早早候在校门口，用体温枪给孩子们量体温，一个一个仔细晨检。今天还有新增发烧病例，让人担心会不会有继续停班的可能性。几个家长在校门口关切地询问我停课隔离的情况，对自家孩子是否会传染病毒很焦虑。我解释并安抚了妈妈们，也很理解她们的心情。

确实，两个班停课了，学校显得冷清不少。再加上有三位老师发烧，还有两三个咳嗽的，真的担心这个病情的发展趋势！一边叮嘱物业配合好开窗通风和消毒，一边到教师办公室询问老师们的情况。还好，大家都坚持在岗位忙碌着，两位实习老师也在顶班代课。

下午，李主任召开了第三次家委会，商议校服选款事宜。厂家提供的样式洋气大方，大家总体满意。

上午发生的一件事让我有感触。那是第三节课前，我在走廊，看到潘欢老师弯着腰走过来，很难受的样子。我赶紧询问，原来她一早上起来就觉得腰间非常疼痛，但是想到工作还是忍着痛来到学校。看着她紧锁的眉头和弯腰驼背的样子，我不放心，赶紧请胡凡老师帮忙开车送去医院看急诊，朝霞老师看到了连忙扶着她下楼。别看胡凡年轻，还是非常细心的，到了医院，隔一段时间就向我汇报一下看病的情况。前前后后在医院陪伴了近一天，来来回回接送了两次，终于把看完病的潘老师送回家安顿好。病情得到确诊，虽然起病急，但也没有大碍，我松了一口气。

我们这些家在外地、一个人在武汉打拼的老师，真的很不容易。平时一心扑在工作上，总是连续工作一整天，很少休息，病了也没有家人照顾。还有姚老师和罗老师，身为父母，自己病得难受极了，还要照顾孩子吃饭和学习。不知道姚老师今天好些没有。还有千子和小琴，估计在家也是忙着在班级群反馈吧！有一天，和罗老师闲聊，她说："现在真是不敢病，一病了孩子没人管！"当妈妈的我听了，心里很难过，说不出一句话。我知道一个人带孩子的辛苦，我知道离家外出工作的不易，我知道大家为新校建设付出太多。现在学期过大半，加上天气原因，身体都有些不堪重负。自己作为校长能为大家做的实在很少，反过来还要依赖大家的支持和理解。唯有力所能及地关心和永怀真情地感恩。

姚老师、千子、小琴，还有潘欢，你们好好休息，快点好起来！伙伴们，凛冬已至，添衣御寒，多喝热茶，多加保重。为了自己、家人和学生，我们都要健康！

2017年12月18日 / 周一 / 晴

不存侥幸心理，踏实做好实事

又是一个周一，校园里冷清清，显得更寒冷。三个班还在隔离期，孩子们没有到校上课。尽管教室和走廊采取了消毒措施，也注意通风换气，还是没有遏制疾病的发展趋势。103班好几个孩子发烧没来，晨检查出一例，午检又发现一例。只能上报社区管片医生，下达了通知，隔离停课了！听说附近几所学校也是这样，医院里儿科患者爆满。上周发烧的三个老师才好一点，雨浓又发起烧来，不得不去打针。

这个冬天病毒肆虐，孩子和老师们的身体受苦了！区教发院下发了紧急通知，请各校派保健医生参加相关培训。赶紧想办法遏制这个可恶的病魔才好！老师们外出一定要注意保暖，少去公共场所，适当喝点板蓝根冲剂，多喝热茶。

为了避免交叉感染，上午周启活动在各班进行，雨浓撰稿写了冬至节的习俗和文化，因为生病没有办法亲自讲述，子琦帮着读了稿子。按上级要求，第一节课就安排了党员集中学习习总书记关于"四风"的重要讲话，并初步对年终的党建资料清理和党员评议做了安排和说明。接着是术科集体教研活动，大家互相查看了教案本和教师发展手册，管理人员细心指导，发现问题立刻举例讲解，提出改进意见。和上周比，整体情况有进步。大部分教师资料规整，少数老师还要继续改进。希望各位教研组长正视组内薄弱环节，继续跟进落实教学常规工作，保证不让一个人掉链子。下午语文组商议参加区班主任德育技能大赛事宜。

再一次进行了常规工作自查。面对下校视导的时间临近和停课班级增加的矛盾，我们还是要继续准备好视导课和常规资料，不存侥幸心理，踏实做好实事。

2017年12月21日 / 周四 / 晴

形成正气浩然的学校生态

今天四班和五班正常复课。我和龚医生一大早就在门口晨检，给学生一个一个量体温。随后巡查班级，两个班级的孩子们情绪很好，朗读的劲头很足。

上午，省市装备处领导来校调研，巡查各专用教室设备，尤其是器材室的设备，开柜一一核对清单并查看质量。接着专业人士对装备情况进行了了解和反馈。

全天教学秩序正常。党员同志在抓紧时间完成年末的几项工作，填写《志愿服务表》，完成星级争创自评，开展党员民主评议工作。我到各教研组提醒老师们，不管是自评还是互评都要客观公正，树立校园正气和教育正气。填评议表时，有的老师没有多想就一顺溜给全体党员勾了个"优秀"，也有老师说大家真的都很优秀。是的，我也觉得我们的团队很优秀，我更希望每一个都优秀。然而事实是，一个团队并不会也不可能齐头并进一般人人优秀。我们的工作岗位、工作态度、工作方法和工作效率有差异、有区别，这再正常不过了。我觉得，优秀不是有个好人样儿，也不是个人脾气和善，更不是大家面上一团和气。客观地说，我们有的党员教师批改作业本较随意，有的上班玩手机或打瞌睡，有的做事拖延，说轻了好像都是小毛病，说重了这些都是工作作风问题、工作态度问题、思想意识问题。

评议的客观公正有利于党风、教风的形成，有利于党员改进不足，有利于我们形成正气浩然的学校生态。

2017年12月27日 / 周三 / 阴转晴

30秒，讲个办学的故事

消寒图填了7日，转眼冬至后一周了。检查过后平实的一天，103班复课了，孩子们很开心的样子。晨读时，教室里竟然站了三位老师，数学赵老师、实习兰老师、班主任潘老师。潘老师病未痊愈，也撑着腰来了。对103班后期工作做了整体安排后，管理人员又就元旦庆祝活动、安全值班、新闻发布等工作做了安排。晓霞在校群里热情地邀请大家去录制新年祝福视频，期待看到最后的作品。

李校长在准备向市局汇报的讲稿，在微信群发来信息，讨论怎么样讲光谷分校创业的故事。30秒，讲一个特别的开学季，讲一个集体，实在是太难了。李主任提议写24小时内安置搬家开学的故事，我提议写走廊上唱国歌的故事。选出走廊唱国歌的一张照片看看，小国旗、绿衫衫、亮眼睛……看到照片的时候，所有回忆都涌出来了。我和李校长趁着讨论的热乎劲儿，各写了一个版本。文理学科的脑袋，思维方式真的不一样。我的记录是这样的："时间回到2017年8月16日，光谷分校终于交付使用，通水通电。这时候离开学只有15天！8月30日，做好所有开学准备后，突然得到环评单位通知，环评存在轻微问题。为了师生健康，连夜寻找安置点，通宵达旦调整开学方案。31日，召开家长会，告知环评结果和安置方案。9月1日，武汉市中小学正式上课，我们搬迁设备，布置教室……9月3日，安置点召开家长会，宣讲安置期教育教学安排。4日，新生入学体验。六个班学生只能在4间教室，走廊是学生唯一的活动场地。改造不分性别的班级厕所，杂物间批改作业，走廊上举行唱国歌比赛！一路走来我们始终陪着孩子们，看着这张照片上孩子们的样子，我为它起名'投入'。"我的这个版本念起来时长肯定超过了30秒，越想抒发感情就越啰唆，不行不行。

　　李校长在此基础上删繁就简，用"竺可桢式"的日记方式，简笔勾勒了开学前后的日子——

　　"时间：2017年9月

地点：金地格林东郡幼儿园

主人公：'谷拾'师生

主题：光谷分校开学季，2017年9月25日，学生参加唱国歌比赛

故事内容：三楼走廊，这是学生唯一的活动场地。9月25日，武汉小学光谷分校在走廊上举行国歌比赛。为什么是在走廊上呢？时间回到2017年8月20日，光谷分校家长开放日；29日，接待新生登记；30日，整理教室，正准备开学，得知环评有问题；31日，召开家长会，告知环评结果，决定去安置点。9月1日，武汉市中小学正式上课，学校设备设施开始搬家……9月3日，家长参观安置点；4日，新生入学体验，6个班学生挤进4间教室……一路走来'谷拾人'始终陪着孩子们，看着这张照片上孩子们的样子，我为它起名

'认真'。"

胡凡老师也发给我两段记述，在某个点上反映了老师们的心情。这些素材也算是从不同侧面记下了安置期的种种，但是还不能充分表达其中事的波折与人的精神。

正好武汉小学专著《行走在儿童的世界》出版，这是集结"校园分享"精品文章的一本书，李校长亲自编著，已经送到了各教研组。大家翻看一定会有触动。我们本学期的教育叙事已经完成了一篇，建议老师们发到微校平台分享。然后看看这本书，继续思考怎么讲好"谷拾"办学的故事。

2017年12月28日 / 周四 / 雨

提前祝大家新年快乐

周四，雨下得不小，上班路上车流缓慢。

上午听潘朝和兰丽美两位实习老师的汇报课，从课堂效果和学生情态看，两位老师的实习成效明显，进步较大，两位导师辛苦了。发展部整体策划活动方案，布置好了大厅的路演场地。各班也在积极布置教室，准备明天的庆祝会。晓霞和术科组的老师们都在帮忙录制视频，晓霞培训结束又赶回学校剪辑视频，又在加班。最近活动很多，处处需要晓霞参与，唯一的信息技术老师，辛苦了！许多家长也来参与活动准备，众人拾柴火焰高，"谷拾"的第一个新年活动必将温馨而有趣！

婧娴最近负责的安全总结工作也很多，每天不是写总结就是自查汇报。年末安全工作不能松懈，学生活动要有安全预案，节前要有安全排查。

提前祝大家开心过节，新年快乐！

2018年1月4日／周四／雪

可有银装素裹的天地欣赏

起床探窗，室外黑蒙蒙，未见雪白。一早就有人在朋友圈感叹——哎，雪迟迟未到！

下午临近放学时分，子琦路过办公室说，下雪了！下雪了！我连忙跑去窗边看，细盐一样，落地化水，不禁摇摇手说："嗯，这个不行啊！"我认真研究探看的样子把子琦逗笑了，她学着我的样子也摇头叹息。朋友圈已经一片沸腾，老师们发的都是孩子们欢悦的场景。盼了两日的雪终于来了，城区里的雪不甚大，颗颗饱满地打在伞面上，扑扑簌簌地微响，也别有一番意思。

放学时分，我怕雨雪造成阻碍，提前下去查看。看到各班孩子们在乖乖地排队，等走到长廊时也安安静静地等着家长来接。我们的孩子们怎么就没有为下雪嬉笑欢腾呢？宝宝们是不是太乖、太含蓄了？

想到老师们平时也说过，大部分学生上台发言或展示都不够自信，总是含蓄着收敛着的样子，少有明朗张扬之态，态度自信、仪态大方、乐于交流、情感丰富等方面还需要我们共同努力来培养，多给孩子们展示的平台和机会。

一天的常规工作很不错，有几点值得赞赏：

（1）保安师傅在雨雪天为孩子们撑伞，来回接送，耐心引导，防止拥堵和地滑摔跤。

（2）老师们早操随班准时到体育场，参与锻炼习惯好。冬天动一动，全年少生病。

（3）家长进校遵守学校规定，不抢不急不挤，按顺序依次进长廊接孩子放学。

今天开了支委会，讨论了1月主题党日的活动内容，汇总民主评议的情况。食堂筹备进入实质性关键阶段，学校争取早日办好手续，开通燃气，希望在学期末试运行早餐供应。现实困难还是有的，张主管辛苦了，继续加油哦。

寒天冻地的，早上能吃一碗热乎乎的早餐该有多好啊！由此想到冬至的饺子，想到办公室悬挂的九九消寒图已经描画到了"二九"，想到老师们见面谈节气、谈九九，这节气文化逐渐渗透我们的校园生活，走过小雪、大雪的料峭，跨过冬至，一年中最苦寒的时节——小寒如期而至。此时，北风凉，雨雪霏，梅花凌寒独自开。小寒，一个"小"字，似乎将隆冬的寒气化解了许多。但其实，小寒才是一年中最冷的时节。俗话说"冷在三九"，小寒恰在三九前后，所以自古流传着"小寒胜大寒，常见不稀罕"。大家保重身体，保暖添衣，食温补阳，健康明朗。

明晨起来，可有银装素裹的天地欣赏？

2018年1月15日 / 周一 / 晴

新教师初印象

周一，新的一周！一清早，孩子们依然欢快地跑进校园，准备展开一天的学习。这是本学期最后一次"周启"，姚老师主讲了关于复习小窍门的内容，孩子们一听到是姚老师主讲，眼神就亮起来，身子微微向前倾着，听得格外认真。经过安置期的教学，姚老师可是每个孩子都认识的"数学男神"哦！两次去巡查，教学秩序很好，课堂积极性高。

两位新签约的语文老师张越和聂少颖老师来校见习几天，争取早一点熟悉学校工作。这两位老师在高校招聘面试中就给我留下深刻印象。张老师青春靓丽，口齿伶俐，无学生讲课时声情并茂地讲述，仿佛就在课堂现场一样。喜欢她青涩中有一分难得的自信。聂老师笑起来憨态可爱，说话轻声细语，语调沉稳，好像说啥都能从你耳朵眼儿钻进去似的。还有一位肖惠中老师，也是语文学科的，总是笑眯眯的，格外沉静。虽然话不多，眼神中有一分坚毅，感觉特别踏实可靠。三位新老师性格各不相同，初印象都很美好，预感这三位老师会受到小朋友的欢迎。

下午教师考核小组开了考核会。圣杰老师整理了在职教师和骨干教师交来的表格。考核小组成员在了解教师填表情况的基础上，认真评议了教师们入职半年以来的工作情况，从骨干教师和在职教师两个维度推选出优秀人选。

跟着张主管查看了一遍食堂，设备齐全，制度上墙，清洁工作就绪。亮闪闪的不锈钢器具仿佛召唤着大厨快一点来上岗。燃气开通还有最后一个关口，张主管在尽力协调推进。明天上午局领导将来调研食堂工作，期待能为筹备开张加速。

2018年1月18日 / 周四 / 阴

教育问题可以转化为教育资源

周四，秩序井然的一天。谋划联欢节目、安排明天的采访、准备报送考核资料、进组检查教学常规资料、准备区局工会活动、参加区班主任育人艺术论坛、准备课题开题、手风琴社团排练……还有食堂、食堂、食堂，亟待完善手续。各部门和教研组工作节奏如铿锵的鼓点，哒哒哒、咚咚咚……快快快……完全停不下来！

今天最开心的时刻是观摩音乐学院鲁教授授课，她来指导手风琴社团上课。在老师的指导下，孩子们背起小小巴扬手风琴，个个都像小小音乐家。孩子们开心地问："鲁老师，你什么时候再来啊？""王校长，你也来一首！"哎呀呀，我已经羡慕不已了。这些孩子们真幸福啊，从小就有这样的音乐教授指导，起点高，进步大。课后，我们不禁畅想起将来的音乐会……

最不开心的时刻是午餐时发现每个班都有那么几张桌子脏兮兮的，满是各色笔迹，伤痕累累。孩子们趴在这样的桌子上吃饭，看着很难受！关于这一现象，老师们有什么发现？有什么思考？还记得开学时桌子新崭崭的样子吗？半年不到，桌子就被糟蹋成这样，我们可以听之任之吗？

学期末的交流会上，我们要针对观察到的教育现象和学生行为来个头脑风暴式的讨论。**我相信，教育问题都可以转化为教育资源，更应该成为教育管理变革的动机。**

2018年1月23日 / 周一 / 晴

食堂开张了

周一，新的一周，孩子们在校的最后一周。有两个喜讯：一是食堂终于开始试运营了；二是《长江日报》报道了学校的节气课程。

食堂餐厅左墙边儿，一排闪亮的不锈钢操作台，台面上嵌着五六个四方形不锈钢食盒，里面是蒸包子、炸油条、煮玉米……台面上还放着一个红盖红底的豆浆机，像个戴着红帽子、穿着红靴子的俊俏小姑娘。来一碗现磨豆浆，品尝锅里现下的酱香热干面，早餐虽然还不丰盛，但是热乎乎的很好吃。大家第一次聚在一起吃早餐，格外开心。

《长江日报》"超级课堂"版块以"跟着节气过日子"为主题整版宣传我校办学的课程成果，激发了师生的爱校自豪感。

2018年2月26日 / 周一 / 晴

添丁是福，人和为旺

2月26日，开学第一天，晴朗的天气衬托开心的笑容。早上在校门口值勤，孩子们热情地跑到我身边招手问好："王老师早上好！老师们早上好！""保安叔叔早上好！"这样清脆愉悦的童声，真好！

上午的开学典礼以"做一个幸福的奋斗者"为主题，我的发言稿一气呵成，灵感来源于习近平总书记的春节团拜会发言和李校长在全校大会上的发言。"幸福是奋斗出来的"这一说法和我们"谷拾"的创业办学经历太吻合了，感觉就是总书记送给我们的激励之语。发言的过程中，师生精神饱满，眼神充满期待，我又即兴发挥讲了一些话。总之，给大家鼓劲儿吧。

上午10点左右，东湖新技术开发区局办赵华军主任带队，检查组一行五人莅临我校，指导2018年春季开学工作。领导们参观了校园食堂、大厅、教室、楼道、报告厅等场所，对学校开学以来各项常规工作进行了全面、深入的了解。听取了各位管理人员的汇报后，对我校的"七有示范班级"评比、微校平台使用和"谷拾"内涵的提出等做法表示赞赏，还饶有兴趣地深入询问了解，并鼓励学校围绕办学特色进一步发展。前期，婧娴将开学的工作梳理总结好，经反复修改定稿，给检查组了解学校提供了很好的文字材料，今天又加班撰写了新闻稿，感谢她的真诚付出。

　　今天是食堂第一天供应学生餐，心里有点小担心，跑去食堂N次，生怕哪个环节出问题。估计张主管也一样紧张，一直泡在食堂操作间巡视督促。11:30左右，餐车就装着一盒盒饭菜干干净净地亮相了。其实完全不用担心，很多细节食堂都考虑到了，一切都很顺利。我走进餐室询问孩子们："菜好吃吗？这是我们自己的食堂做的饭菜，有什么想法跟老师说说。"孩子们只顾着埋头大吃，嗯嗯地回应着，含糊说出"好吃"两个字。一个嘴角黏着饭粒的男生跑到讲台前大声说："我还要添一碗！"然后开心地冲我笑开了花。有的孩子说有点辣，林主任赶紧夹了一点菜尝了尝，是的，土豆烧排骨胡椒味重了一点，以后改进。我们在走廊上与张主管交流送餐服务的一些细节，讨论改进的措施。餐厅里，开学工作检查组的领导们也在就餐，对饭菜的评价也不错。相信经过一段时间的运营，食堂会越办越好的！

　　这学期伊始，我们"谷拾"大家庭增添了一员干将——事务保障部的叶波主任。前天一开工上班，他就迅速进入工作岗位。无论是对安保工作的细节要求，还是收费牌的紧急制作，还有接待领导的贴心安排，都显示了一个教育工作者的实干精神和服务师生的主动意识。学校明天还将迎来盼望已久的党支部副书记周蕾老师，添丁是福，人和为旺，期盼我们"谷拾"的教育事业越来越兴旺！

2018年3月3日 / 周五 / 晴

春天果然来了

昨日轻雷隐隐，今日杨柳风急，惊蛰到了，春天果然来了。虽然穿着棉袄，却明显感觉燥热起来，春天果然来了。

清晨在门口迎接学生到来，好几个小朋友惊奇地看着校园，仰起头问我："王老师，花坛里要干吗啊？""为什么把泥土翻起来啊？"我笑着解答，惊蛰是农村里春耕的时候，正适合栽花种树，校园要绿起来啦！

本周的"周启"由廖赋老师主讲了"学雷锋"的话题，将雷锋精神和志愿服务精神结合起来，赋予新的含义和价值。"学雷锋周"系列活动也由此拉开了序幕。

上午的校务会讨论了近期各部门的各项工作，密密排满了好多事，又该是忙碌充实的一周。学生发展部李主任策划的学雷锋活动正在实施，下周的植树节活动又临近了，方案还在细化。工会组织参与的"武汉教育朗读者"活动和妇女节活动都在李主任的牵头下策划完成，制定了方案并积极实施。李主任忙得水都没时间喝，思考的"频道"转换非常快，这工作强度已经不是"辛苦"二字所能定义的了。教师发展部林主任将党员干部蹲点进组备课进行了安排。今天体艺组的集体备课有三名管理人员参加，学校可谓相当重视。体艺组研究主题的研讨和确立，为4月的体卫艺下校调研打下工作基础。事务保障部叶主任一早一晚都主动守候在校门，随时发现安全问题，及时调整改进。

下午周书记从教育局回校办公，管理人员又开了个短会，碰头商量工作分工，确定好各自职责。我带着大家巡看了三楼的教室和办公室，谋划新学年教学场所和办公区域，配齐相关设施设备。我们要求物业工作人员每天保障三楼的场所通风透气，提前为新学年的合格环境做出努力。

今天我巡查的晨读、午休、习字、课堂等各个时间段，教育教学秩序都很好，老师们常规工作抓得很实在。语文老师请注意晨读的内容安排和实效，多带领学生诵读经典，少用来处理作业。数学的口算练习也要常抓不懈。

明天开始做室外操，请体育组老师严要求、细指导，引导学生动作到位，精神饱满。也需要考虑如何更有效地安排"谷拾"特色的大课间活动，以迎接体卫艺下校检查为契机，让各项工作水平更上一个台阶。

节气课从本周开始要推进实施了，雨浓一天往我这里跑几次，我们积极探讨近期的教学设计，吸引周书记也来参与话题。春天是全新的开始，明天关于春季的节气课会不会吸引孩子们呢？

2018年3月14日 / 周三 / 雨

课好非一日之功

周三，雷雨没有如预报那样来临，拉开窗帘，一轮橙黄的太阳贴在云层里，露出半边脸。本来担心下雨对工人种树有影响，老天这样给力，真是太好啦！

想到周二晚一阵急雨，变天了。晚上8点多钟绿化工人才离开校园，他们一直借着路灯，顶着雨水继续种植，仿佛跟时间赛跑。一清早7点左右，绿化工人已经来了，两辆大车驾临，一辆吊装着大树，一辆装着两棵大树，吸引着孩子们跑去车尾摸树叶。我赶紧提醒学生不要靠近施工区域，像赶鸭子一样赶着他们上楼去。没办法，好奇心重是孩子的天性，为了安全，大人有时真的很扫兴哦！转头看到叶主任的背影，他已经早早围着校园巡查了。

晨读时各班学习劲头足，琅琅书声格外好听。在走廊遇到周书记和李主任分别在教室巡查，周书记细心地观察到卫生间的地面返潮湿滑，要我们提醒孩子们注意行走安全。紧接着的做操秩序很好，上下楼行进的规矩也特别好。

上午，各位行政管理人员分头随堂听课。从课堂情况看，老师们备课认真，教态亲切。学生遵守纪律，互动有序。青年教师在课堂组织方面有很明显的进步。我个人认为青年教师在两个方面还要下足功夫：一是对教材和学科特点的整体把握要加强，研读教材要反复咀嚼，查阅资料要求真务实，对知识"真相"不要想当然、差不多或估大概；二是突破重难点的环节要做到精细化设计，要更加有层次，要给学生搭建合适的"学习支架"，凸显由浅入深的学习台阶。

我在和雨浓老师讨论节气课的时候，就感动于她的认真和坚持，几乎每天都会拿一份新教案来和我讨论，对一节课的修改设计不厌其烦，琢磨又琢磨。今天上午听了雨浓上的"惊蛰"一课以后，我又和她讨论一番细节。下午我也去上了一节，自我感觉在重点突出和习俗讲解的层次性上有了进步。今天还听了少敏的课，她也表示在议课中得到的帮助和启发让她受益良多。是的，上课遇到问题和困惑就要敢于说出来和大家讨论。哪一个优秀的教师没有经过这样的磨砺呢？**教学是来不得半点假、也偷不得半点懒的真功夫。会上课、会教书是每一个老师必须具备的本事，要不然愧对"老师"两个字。课好非一日之功，共勉之！**

下午，林主任和李主任陪着武汉市著名的儿童阅读推广人田老师巡看场地，开始策划即将共同开展的读书节活动。整合有益的校外资源，拓宽办学的思路和格局，是我们在思考和尝试的。李校长也为"谷拾"的成长提供了很多思路和资源。

一所学校、一间教室、一堂课、一个人都可以吸纳更多元的资源，都可以放飞更美好的愿望。

2018年3月19日 / 周一 / 雨

问题解决好了是财富

二月二龙抬头的第二天，哇，太冷了！好多孩子是缩着脖子走进校门的。经历了前几天的燥热，突然降温，身体还真受不了。巡查各班教室，还好，生病的宝宝只有一个。老师倒是病了几个，感冒和咳嗽的，身体明显不适。好好休息，早点好起来。

上午校务会和下午的值周校长筹备会如期进行，大家商量了近期工作，事情真的很多，依然繁忙。幸好各部门主任思路清晰，安排工作井井有条。叶主任尤其强调了上周五区安全会议的精神，就校门口的交通安全提出可行建议。

工会安排了今年的第一场电影《厉害了，我的国》，今明两天下午分两场组织教职工观看，关于此片的好评早就如雷贯耳，相信大家会有切身感受。

全天教学秩序正常，晨读效果良好，诵读起来童声朗朗、声情并茂的班级越来越多。虽然天气恶劣，路队的秩序依然很好，家长们也非常配合学校工作。

课间疯闹的情况依然存在！105班三名男生一直在走廊上嬉笑着跑来跑去，从办公室区域跑到教室区域，影响面很大，冲撞明显。我制止了三次都不听劝，其中一人手拿直尺奔跑，非常危险。还有一人穿着后跟有轮滑的鞋子。这样的鞋子有安全隐患，上学不允许穿，最好也建议家长不要购买。后来又发现三名105班学生疯跑。对105班的这六名学生提出严厉批评。班主任小琴看到严厉批评，千万不要着急上火，大家一起想办法。事发当时，副班主任姚老师在班上管理学生，走廊上两个值勤点都没看到值勤老师。针对近期情况，在此提出以下建议：

（1）值勤老师一定要按时到岗，在走廊显眼处，在学生活动密集的地方走动巡查，走动管理。

（2）请分管安全的叶主任牵头，带动大家学习兄弟学校推行的"首遇责任制"，结合校情制定本校细则，并积极推广。我理解的"首遇"即"首问""首教""首导"，遇到学生的任何问题，第一个遇到的教职工就要积极处理、牵头解决、有效教育。不能因为不是本班学生，不是值勤老师，就视而不见，见而不管。

（3）请学生发展部李主任牵头，尽快落实上周五讨论中碰撞出来的有效措施，形成课间文明管理长效机制。

有问题不可怕，只要不空谈，问题解决好了是财富！

2018年3月26日／周一／多云

"钉钉子"一般落实职责

还未进校门，已经看到一群"红背心"大妈在忙碌了，校园里种花草的师傅依然早到。教学楼背后的几棵树开花了，让人想起那句"可爱深红爱浅红"。本周是值周校长上任的第一周，胡凡校长身着黑西服, 精神抖擞地在校门口迎接孩子们上学, 我特意给他拍了几张照片, 记录这个 "历史时刻"。

"周启" 上, 叶主任就安全的问题主讲发言, 孩子们精神饱满, 认真聆听。接下来体艺组就4月3日周三的下校视导工作积极讨论, 安排了本周试教和当天的活动细节。建议空堂的老师也参与其中, 术科和数学教师请将班级门口的展板更换, 具体工作请林主任布置。

校务会上, 管理人员就春季研学、谷雨读书节等主题活动展开讨论, 定出时间表和具体方案; 就地下空间建设、行政办公室隔断、图书馆整理并开放等几项工作提出具体推进措施。会后, 管理人员进图书室实地查看儿童图书的分布情况。因为图书分类不太适合儿童阅读和取阅, 我们必须整理出一排矮书柜摆放儿童图书, 以便于中午开放供学生阅读。

下午语文组除了常规备课以外, 很快响应了学校的号召, 挑选出了一排书柜的读物。接下来请叶主任联系大学生志愿者来校帮忙, 把图书分类上架摆放。

下午巡查发现眼保健操管理的问题, 语文老师在集体备课中, 各班没有老师看管, 纪律很差, 仅106班学生自主管理的效果很好。术科教师候课情况不太好, 眼保健操快结束才去, 101班还用这个时间站队去美术教室。根据这个现状, 提出两个改进建议:

(1) 上下午的眼保健操由下节课的任课教师提前候课管理, 班主任适时巡查督促;

(2) 去专用场馆请在课间列队前往, 眼保健操在专用场馆做。

值周校长本周工作项目：财务制度管理和培训。胡凡校长将在本周五下午进行相关培训。请于本周落实食堂账户的管理操作，与食堂张主管对接，完成3月的食堂进出账上线并付款结账。

我们的团队越来越大，"看事做事"是必备技能，这四个字很锻炼我们发现问题的眼光和落实细节的能力。看事要有逻辑和格局，做事要有细节和定力。3月将过，重温一下雷锋说的"钉子精神"很有必要，让我们像"钉钉子"一般去逐一落实自己的职责，共勉！

2018年4月2日 / 周一 / 雨

不可因为一件小事委屈了一个孩子

清明的一周来到。晨起微雨，到学校已是朝阳灿烂。开车经过一条没有走过的绿道，原来离家不远的地方，还有未曾欣赏的风景。走一条新路，也许会有不一样的惊喜。

今天的"周启"，李婧娴老师讲了清明的传统文化和缅怀先人的感恩价值。值周校长潘欢老师向全校师生宣讲了自己的工作项目，表达了"寻找最美笑脸"的愿望。

接下来的校务会依然议程满满，好多事情需要讨论细节，特别是4月要进行的大型活动，安全细节更要仔细研究，防微杜渐。潘欢老师很细心地先行观察，从餐室值班教师的角度发现问题、解决问题，提出了食堂送餐工作和课间文明管理需要改进的细节。期待本周值周校长的细腻视角和细节处理。

中午餐室管理办法和午休纪律有待改进，感觉一部分孩子还是不能安静，很想动一动。这也是春天来了以后孩子们的自然生理反应，童心萌发，好动活泼。有的班级采取一人犯错、全班罚站的办法，这样连带惩罚有失公允，有点封建社会"株连九族"的意思，明显感到孩子们心里有怨气，看我一进教室就连声申诉自己没有错。老师们，此办法坚决要改，奖惩分明为班级管理之根本，不可因为一件小事委屈了一个孩子，童年所受的惩罚会影响人一辈子。

下午巡查各班，教学秩序正常，放学秩序也很好，各班路队管理的办法很有效。

建议明日早晨走进校园时，大家带着孩子们赏赏盛开的杜鹃花，诵一首写杜鹃的诗，开始美好的一天……

2018年4月9日 / 周一 / 晴

寻找103班李同学

真是一个忙碌而不平静的周一。

今早去区政务服务中心开会，会议还没有开始，我就接到信息，说103班的一名小女生上学路上走失了，没有按时到校。我和周书记连忙在微信上商量处理办法，学校这边已经同时行动，叶主任、李主任带着几个老师一边在周边寻找，一边和我们的法制副校长对接调看路边监控。周书记紧急处理，统筹协调，建立"寻找103班李同学"临时QQ群，及时通报进展和消息。10点多钟，顺着马路监控呈现的信息，大家群策群力，终于找到了！孩子因为独自坐公交车坐过站，借电话联络家长后，又等不及爸爸来接，就自己坐车回家了。

一个孩子牵动一群人的心，虽然是虚惊一场，学校也没有什么责任，其中的安全隐患还是令人深思。一是家长的安全教育意识和水平需要提高，这么小的孩子独自乘坐公交车实在不妥；二是晨检考勤要严格，值勤行政人员、班主任和校医在巡查过程中都要加强清点学生到校人数，及时发现缺勤学生，更要及时联系家长问明不到校的缘由；三是教师每节课上课前要扫视全班，并核对黑板考勤记录，做到对学生人数心里有数；四是语数学科教师不要在术科课堂叫学生去办公室辅导；五是去专用教室上课的班级，防止学生不跟队进教室；六是餐室管理要严格，学生上厕所要提出口头报告后，再允许结伴去。这些学生管理细节都是从安全角度出发，防止有孩子不按时到校或偷偷溜到校园角落玩耍发生意外安全事故。安全无小事，请大家认真落实安全管理细节。

下午，和张主管就膳食委员会成立大会筹备和食堂管理的几件事情一一商议和落实。叶主任牵头，李主任配合，就图书室午间开放班级阅读的事宜，对家长志愿者进行培训。党支部开始部署和准备迎接党建工作检查的资料。

2018年4月11日 / 周三 / 雨

24小时解决

　　云层厚重的早晨，阳光没有前两天那么犀利，走动起来还微微燥热。孩子们欢快地跑进校园，问好声依旧。晨读的教室里童声清脆，各班老师们认真带读，诵读氛围很好。全天的教育教学秩序良好。

　　上午，行政管理人员都在各处忙碌。线上，发起讨论，就学校工作的几个重要事项，大家随时网上互动。周书记也不断发回学习和参观的照片与心得。线下，几位行政管理人员就改建和加建的几个小项目现场办公，会同装修单位商量方案。

　　中午，轮到102班午间阅读。12:35分左右，我走到图书室门口，里面安安静静的，心想：孩子们还没有来吧。等我走进去一看，哇，一切井然有序，孩子们已经坐在地垫上认真阅读了，代书板使用也规范有序。看来经过昨天的培训和方法试用，已经运行得很不错了！但一部分孩子换书频繁，还不会选书，也不知道读什么。后一步的阅读指导和阅读分享活动很有必要。

　　下午，区教委文体局和财政局领导一行来校调研，李校长和管理团队陪同，边走边就学校发展的情况做了口头汇报。另外，李主任带领龚老师去社区对接新生摸底工作。林主任进一步细化读书节活动和党员进社区活动方案。叶主任在报告厅组织了全体教职工和学生的消防安全知识培训。孩子们第一次进报告厅开展活动，很兴奋、很开心，叽叽喳喳地参与话题讨论，完全停不下来。老师们以后安排座位时要注意，正副班主任要挨着本班学生就座，方便随时管理。

发展性评价项目申报、校服选款、春游事项、新生入学摸底、读书节安排、党建检查等等，一件一件事务纷至沓来。好在我们的各部门负责人积极回应，不断修正，大胆提议，都在不分彼此地换位思考和合力实践中推进工作。昨天提议的事情，今天就有回应，部门工作的效率不断提高。比如，昨天提议食堂和餐厅配备胶皮门帘，今天中午已经落实到位；昨天下午局里布置新生入学工作，24小时内已经完成与社区的对接；昨天说要落实读书节对社区开放的安全细节，今天下午主办方和协办方就联合实地考察，设计场地精细分区和规划动线；昨天提出体育馆音控间设备没有隔断不安全，今天就初步出台解决方案；昨天发现午间阅读有问题，今天就立马想出办法解决。24小时，仿佛成了我们"谷拾人"信奉的一个干事文化和高效标准。

一天下来，感觉头脑不停地转换频道，工作头绪实在很多很多，身体也很累很累。但是团队的高效率还是很强烈地感染着我。"谷拾"，真的每天不一样！

2018年4月23日 / 周一 / 雨

坚守课堂的身影让我看到希望

突然变天，凄风冷雨，让人仿佛又回到冬季！因为体育馆的中央空调施工，"周启"在教室内进行，面对动画效果的升旗仪式，师生依然庄严肃穆。

李主任在"周启"上为孩子们读了一首诗，作为"世界读书日"的礼物，现代诗人海子的《面朝大海，春暖花开》——

从明天起，做一个幸福的人
喂马，劈柴，周游世界
从明天起，关心粮食和蔬菜
我有一所房子，面朝大海，春暖花开

从明天起，和每一个亲人通信
告诉他们我的幸福
那幸福的闪电告诉我的
我将告诉每一个人
给每一条河每一座山取一个温暖的名字
陌生人，我也为你祝福
愿你有一个灿烂的前程
愿你有情人终成眷属

愿你在尘世获得幸福

我也愿面朝大海，春暖花开

孩子们懵懵懂懂的，也许并不太明白其中含义。海子的命运并不美好，"从明天起……"是对未来的期许，也是对现实的不满！诗人想要做一个幸福的人。尘世难以获得幸福，前程也未必灿烂，但是人对生活总要抱着一点希望，去追寻自由安然的日子。

如诗所愿，我们的教育生活幸福吗？一项接一项的检查，一件又一件做不完的事情。就算我们尽全力了，也难免会有失误或被误解。我们没有停下来，我们还在不松懈地坚持日常的高标准、活动的高标准……接下来还有党建检查和安全检查，还有城管革命、文明创建等需要长期坚持的工作。教育教学以外的事情真不少，偏偏每一项都涉及绩效评奖和利益分配。办学的价值到底体现在哪里？教育教学中心工作好好坚持下来怎么越来越难了？我有点困惑了！

临睡，想起一幕幕：明天姚老师要上研究课，语文组的研究课也拉开了序幕，少敏为家长课堂录制而忙碌，雨浓挺着大肚子还要坚持上研究课，李主任也在备着送教的课。但愿我的困惑没有带来负能量。大家坚守课堂的身影和行动，让我看到了希望。我们这群人，根要扎在课堂上，扎在学生中间。

2018年5月7日 / 周一 / 晴

校风初步形成

周一，很“烧脑”的一天。

"周启"的讲话《学会表达爱》真好，周书记演讲真用心了。有问有答，有故事有道理，有互动有观影，丰富了"周启"讲话的形式。点赞！

"周启"快结束时，我回头看到一个男孩子邋遢的头顶，突然感触很多，不吐不快，就直接冲上去拿过话筒即兴讲话。孩子们估计也惊讶了。哎呀，王老师怎么啦？这么好玩呢！我讲道，男孩子要每个月剪头发，帅气干净；女孩子长头发就要梳好头发，扎辫子，美丽健康。一起清清爽爽过夏天。孩子们笑欢了，说说笑笑好不热闹。有几个男孩子摸摸脑袋，向我示意是才剪的发型。我竖起大拇指，帅气！

第一节课，我和雨浓备节气课"立夏与饮食"，周书记也加入进来，我们围绕立夏的习俗、立夏的饮食说开了，甚至为食品名称"立夏粿"还是"立夏稞"还是"立夏guo""争"了半天，真是被"北大校长错字事件"深深触动了啊！说着说着，灵感来了，我想到开展"节气汉字"活动是很好的一个点子。古文和古文字里面包含的传统文化大有深意。我脑子里又想着开题的事情，琢磨着这是个学术活动，可否同时又是个节气文化活动呢？

想到做到，行动才有意义。开会啦！我叫几个老师来商量开题活动接待细节。咱年轻教师们脑洞够大，头脑风暴氛围自然形成。参加讨论的人越来越多，因为我们不断"召唤"新人加入……我发现，老师们很有想法，也很有参与的兴趣，立马决定用项目式的方法来运营这次活动。按会议需求来分工，组成四个项目小组：环艺组、食艺组、接待组、媒体组。老师们自愿申请担任组长，自主邀请其他教师作为组员，合作完成任务。管理人员做项目组顾问，各自指导，统筹协调！下午，各项目组安排出了"事务推进时间表"，在下班前又碰撞了一次，将问题及时解决。伙伴们这么能干，我就把精力放在课题方案的修改上，开题报告和现场宣讲就放心地交给我吧！

接下来开党政联席会议，我就近期关于学校发展方面的思考进行了分享，提出共事、共情、共学、共荣这四个层级的发展特点。也就"问津"一词的哲学意味提出话题，思考学校发展的"陆路"和"水路"，以及学校的精神气质应该是怎样的。我觉得，世界确实有恶存在，教育界也有阴暗和波澜存在。**看问题的角度对了，发展的节奏对了，干事的态度对了，一切都会美好！**真善美永远是给我们气质、气韵、气度、气节的东西。

依然是快节奏的各种忙。教育秩序井然，放学亦如此。夜幕低垂，我在办公室修改开题报告，又不停地有事接打电话。10点离开学校的时候，还有四位老师在加班。10点了啊，还不想回家。我们这是怎么了？

因爱而美，因人而学，感觉"谷拾"的校风初步形成。

2018年5月14日 / 周一 / 晴 ☀

我们"谷拾人"的教育理想又是什么呢？

周一，迎来新的一周！一大早就看到叶主任忙前忙后准备防震减灾逃生演练。我在校门口值勤，和来校参加活动的交通安全副校长、法制副校长、消防安全副校长交流综治问题。8点一到，钟声响起，我到各教室巡查，发现孩子们还有嘻嘻哈哈的行为，"糊嗒嗒"的样子，没有意识到演练的重要性。老师们倒是很认真地指挥着现场。警报声响起，大家按预安排的顺序依次下楼"逃生"，整个时间是1分31秒。逃生线路方面没有问题，逃生秩序方面、庭院集合方面还有明显问题。我做了《汶川十年·珍惜今天》的主题讲话，以十年前汶川地震逃生的例子教育孩子们，遇到自然灾害要冷静沉着，自护自救，不依赖他人，听老师指挥。写这个讲话稿的时候，我正好看到日本作家村上春树的《海边的卡夫卡》，他在书里说："我们领教了世界是何等凶顽，同时又得知世界也可以变得温存和美好。"一读到这句，就觉得跟这次的讲话主题很贴切，就将它讲给师生听——是的，地震、疾风、暴雨、冰雹……大自然发起威来很可怕。学习逃生知识，提高逃生意识和逃生能力，是面对大自然的"凶顽"最有效的对抗办法。有了逃生能力和自救能力，我们的生命才多一分保障。逃生必须练，育人才全面。演练后，我们给各位副校长颁发聘书，感谢他们对学校工作的关心和支持。

接下来，我们开了综治联席会议，重点商量了增设交通安全设施和上学放学的安全问题。陈警官回到交通大队以后，迅速和秩序科的同事商量解决方案，回复我们具体措施。后期，我们还要专题讨论校门口上下学的交通安全问题。

会后，我和周书记赶往区局参加会议。因为新生入学涉及民生和维稳问题，去年的经历告诉我们其中的复杂性，学校要在局里的统一部署下逐步推进工作。老师们周六上午就在为招生资料审核工作加班，紫晴老师近期的学籍管理工作压力比较大。会议持续到近1点钟，我们又匆匆赶到了沌口。受武汉人艺冷院长之邀，师生代表走近木偶剧排练的现场，感受"台上一分钟，台下十年功"的真谛。冷院长是儿童剧和木偶剧的著名导演，是全国响当当的艺术家。和她交友倍感荣幸。看到她嘶哑着嗓子，依然认真指导青年演员表演，感叹艺术家的执着……想做好任何一件事都不容易啊！木偶剧《少年孔丘》是传扬中华优秀传统文化的新编大剧，穿插着诵读和歌舞，故事跌宕起伏，很有艺术美感。孩子们从小能受此熏陶实在幸运。

剧中歌咏了《诗经》名篇《蒹葭》。我问冷院长，为什么选取《蒹葭》这首诗来表演。冷院长说，诗句"溯洄从之，道阻且长。溯游从之，宛在水中央"，这伊人不仅仅指意中人，也是毕生想追寻的梦想！

那么，我们"谷拾人"的教育理想又是什么呢？最近学校里有些人和事使我思考：会教书就是好老师吗？我们对教师职业的底线认识清晰吗？从教育理念到教育行为之间到底有多远？

2018年5月21日 / 周日 / 雨

不求完美，小满知足

周一又至，今日小满。小满是最具中国智慧的节气。"周启"，潘欢老师讲了关于小满的节气文化，孩子们也许不大明白其中深意。节气里有小暑、大暑，小寒、大寒，小雪、大雪，偏偏小满之后无大满！这意味着中国人自古就讲究"半"的意境和"留白"的美感。人生不要过于追求完美，小满知足，芒种为辅，人生就会从容信步，步步莲花。

清晨坐邻居的顺风车，开车的小伙子开心地讲起所在企业的故事，这么开心是因为单位要组织外出游玩。光谷是"90后"聚集的地方，听他的描述，我也不禁向往这样的同事相伴之旅。细想想，和同事待在一起的时间比和家人在一起的时间还长。同事之谊是不容忽视的重要社会关系，需要用心呵护。校园的人际关系也影响着大家做事的心情和动力。适时开展一些户外活动，有利于同事之间增进了解和感情。其实这个想法我和周书记讨论了几次，但是限于上级对组织活动的严格要求和经费使用规定，总是很难顺畅成行。不过，我们还在努力想办法把开展团队活动的想法变为现实。

今天依然是忙碌的一天。罗老师是本周值周校长，就提高晨读质量对全校提出建议。上午的校务会又是议事的"峰会"，主要具体就新生入队仪式、"谷拾"券设计和芒种艺术节活动方案展开讨论。在学校的安排下，罗老师牵头创编了一个经典诵读的节目，将原《对韵歌》的节目进行扩充和改编，报名参加光谷"国韵国风"诵读大赛的展演。一年级的小萌娃们能上台表演节目实属不易，罗老师带着语文老师们倾注了很多心血，本周还要紧锣密鼓地加紧排练。手风琴社团的沈老师和校外指导老师们也在加紧排练节目，期望在"六一"活动中以饱满的热情将美妙的乐曲献给大家。

近期各部门的工作安排都很密集。林主任连续完成了学校信息化工作和师德教育工作的总结。李主任在工会活动和"六一"活动的筹备工作中费心尽力。叶主任开始按下学期的办学规模准备设施设备，同时有序地整理绩效考核的资料。在这样的压力下，大家还主动承担了生病老师的课时。

今天脑海中最美的身影是——姚老师扛着一摞本子走来；罗老师站在校门口用手机记录放学的场景；叶主任在马路边紧盯接学生的校车是否违规；新银发来夏季书签的初稿；朝霞用心记录值周校长一周的日志……

每一个看似普通的画面刻印在心里，行政人员的责任担当、名师的踏实肯干、青年教师的工作热情汇成了"谷拾"之歌。无法用篇幅去一一描述大家的投入和敬业，唯有珍惜与爱。

不求完美，小满知足！

2018年5月28日 / 周一 / 晴转阵雨

好好反思

周一，凉爽的早晨。保安许师傅在校门口大声地向每一个同学问好，孩子们回礼。另两位新来的师傅在熟悉过程中，工作热情度还不够明显，往往静静看着家长的车，不会去主动拉车门帮孩子背好书包进校门。以前左师傅很主动地做了类似"警校通"的工作，让校门畅通无阻。许师傅不当班的时候，会远远观察保安值班情况。自从任本校保安队长以来，许师傅干事的劲头更足，工作主动性加强了。有一个岗位，担一分职责，和几位保安师傅打交道，发现他们虽然薪酬微薄，依然希望得到职业尊重，他们用朴实的言行实现着自己的劳动价值。希望老师们每天进校门的时候，也可以和保安师傅、物业师傅们打打招呼，给他们归属感。

我们将于本周迎来儿童节，学生发展部忙碌非常。"周启"上，沈子琦老师进一步做了队前教育，孩子们的队歌唱得嘹亮动听，真不错啊！校务会上，大家又就入队仪式和"六一"活动商量了细节，还对新进教师考核、实习生汇报课、党风廉政宣教月、文明创建检查等工作进行了安排。为了营造"六一"活动的氛围，周书记制作了电子版邀请函，又抓紧时间带领大家加班整理文明创建迎检资料。夜幕低垂，周书记、李主任、龚紫晴、刘少敏、刘晓霞、沈子琦、岳新银、殷霁芬等老师都在加班赶活儿。

其实，我很不愿意让大家这样加班加点的辛苦。虽然每个部门的工作布置下来头绪繁多，但这不应该是工作常态。这也反映出我们平时某些工作中整理资料的过程意识还不强，有时是某个岗位或某个人的拖延和工作效率低带来了压力。其中反映出的工作岗位人员缺失和工作责任感不强的问题，需要作为校长的我好好反思和改进。

一天天，一件件，学校面临许多现实的问题，常常思考酝酿，还是赶不上规划的进度，总在查漏补缺中，总是被杂事打乱节奏。今天的工作状态令自己不甚满意。

全天巡查了五次，上课、午餐、托管和放学秩序正常。值周校长子琦老师工作时的美丽身影让我不禁拍了几张照，这是"谷拾"发展的青春力量。本学期的最后一任值周校长，儿童节来临之际，祝愿美好收官。

2018年6月4日 / 周一 / 晴 ☀

"谷拾"问津，百事待兴

本周进入芒种，夏月农忙时节，天气竟然如此凉爽。

从这周开始，进入复习季和考试季。想起"六一"那天，到管委会开了全省教育三个节点重要工作视频会议，厅长强调了考试季、毕业季、招生季的重要工作，从考试安排、师德建设、暑期安全、秋季开学等方面进行了工作部署。正好，"周启"时，岳新银老师以"争做课堂小主人"为题指导孩子们进入更好的复习状态。我随机和几位老师聊天，了解教学进度，大家都开始进入复习阶段了。请术科教师注意合适的考查方式和评价效益，语数学科教师注意梳理知识体系，归类复习，避免题海，提高效率。

上午巡堂，秩序正常。下午，全体支委去了中共五大会址和廉政文化公园参观，边走边议，聊廉政建设，聊党的发展历史，聊新党员的发展……

近两周的检查和活动较多。下周四将迎来年度最重要的检查——第三方机构的绩效考核检查。一整天的时间，考评组会驻校进行资料查阅、观课巡课、各方座谈、质量检测等，以此来评价我校2017—2018学年度的教育教学工作，并给出评分。管理人员按考评细则全面整理资料，各位老师本周要整理好各项常规资料，同时教研组重点研课，共同准备好周四的随堂课。我们以此为契机，全面整理工作资料，以卓越的品质、细致的安排、饱满的热情准备好迎检的各项事宜。

还有各位教师在准备参与各项活动：殷霁芬老师将参加区体育教师技能比赛，罗莉老师将作为小学代表参加区班主任育人艺术论坛并发言，沈子琦老师将参加大队辅导员知识竞赛，吴芬老师将参加工会的演讲比赛。还有"国文国风"诵演比赛节目在根据要求重新构思排练，党风廉政视频制作素材也在搜集中，师德演讲的稿件也正在征集。下午突然接到局里几项通知，推荐我们接待外地学校来参观。月底中考需要老师参与工作，是否派人参加全国教师培训……一件件、一桩桩，真是应接不暇。一个小小的团队，方方面面的工作都要参加，方方面面的业绩都要展现。"发展速度和发展规律怎么契合"的命题很快摆到桌面上来。我们想静下心来内练真功，领导的关爱、集团的支持、社会资源与外力的整合却推着我们不得不快速发展。我们怎样把控这个节奏，实现个人发展与学校发展的同频共振？

"谷拾"问津，百事待兴！

2018年6月11日 / 周一 / 晴

宣扬我们信仰的教育哲学

芒种后的周一，天气还算凉爽。站在校门口值勤，上学的孩子们身着校服，精神百倍地走进校园。

突然，林主任叫我上楼去，说小代同学的妈妈来了。我心里一紧，以为这个小调皮又闹出什么事。一看李主任发的信息，哦，原来是小代妈妈来送锦旗。因为我值勤不好脱岗，李主任请小代妈妈下楼来见面。看到小代妈妈一身连衣裙，好像特意打扮了一下，显得格外神采奕奕。她握着我的手说，小代同学这一年来给老师们添了麻烦，最近进步很大，谢谢班主任杜老师和数学姚老师非常包容孩子的缺点，一直不放弃，一直在鼓励。孩子现在学习的劲头很足。说着说着眼泪汪汪，弄得我也鼻子酸酸的，很感动。我知道教育的美好境界是理解与包容，杜老师和姚老师对这个孩子一直不放弃，一直在寻求教育的契机和方法，**一点一滴的师爱，一言一行**

的春风化雨，汇聚成了教育的勇气和力量，化作了成长的执着与期待。这面红红的锦旗，这"师恩难忘、爱生如子"八个字，是对我们"谷拾"教师的肯定与鼓励。周书记看到锦旗，不禁在校微信群里说："早上在食堂碰到杜老师，跟她说起小代妈妈来送锦旗的事情，杜老师很不好意思，也有点不知所措。我想，杜老师在做学生工作的时候一定不会想到家长会来送锦旗，我们每一位老师都在做与杜老师同样的事，有些也许做得更好，但绝大多数的老师也许一辈子也碰不到一位家长来送锦旗。我想说的是，在鲜花掌声不常有的日子里，我们老师默默付出着，未求理解，但求心安，因为本来也并不冲着鲜花和掌声。但偶有锦旗肯定，我们也应该宣扬，至少这面锦旗见证着老师的付出，这不是杜老师一个人的荣誉，是属于'谷拾'的每一个人的。"上周主题党日，杜老师分享了她和小代同学的故事，罗老师加以提炼润色，撰写了杜老师的师德故事。这个故事是"谷拾人""因爱而学，因人而美"的最好注脚。我们讲述这样的故事，就是宣扬我们信仰的教育哲学：与时携行，护卫童真，这是尊重生命时序的教育智慧。

下午在校门口偶然碰到了小代同学，她高声呼唤我，问我收到锦旗了吗？开心吗？看到她一脸的开心，我怎么会不开心呢？

绩效检查的筹备工作有序进行，各位管理人员整理的资料基本就绪，全面反映学校办学情况的自评报告还在打磨中。我只是希望我能文字传情，写好总结，对得起大家一年来的付出和努力。

圣杰在"周启"的端午节主题发言开启了新的一周。周五下午，餐厅将有端午节制作传统节日美食活动，我们期待这个好日子！

2018年6月25日 / 周一 / 晴

向着身心颐养的美好暑假迈进

周一，迎来最后一个教学周。孩子们身穿校服，精神抖擞地走进校园。

即将面临暑期的休假，老师们多了一分期待，孩子们多了一分开心。本学期的最后一次"周启"以安全为主题，赵亚男老师宣讲了防溺水、防交通事故、防用电危险等方面的内容。这个主题讲话很及时，近期武汉市发生了几起溺水事故，我们要不厌其烦地反复教育孩子们，注意假期安全。

校务会上，管理人员就结束工作安排、新学期准备工作、教师暑假前培训、新生入学工作等进行了充分讨论。今天发布了校聘教师公告，辖区服务范围扩大以后，我们还需要一批新的伙伴加入。大家可以积极推荐合适的教师人选报名！

全天教学秩序正常，但孩子们课间疯跑的情况还是存在，可能是学业负担加重，在课间自由活动时释放情绪。明天将进行期末考试，孩子们经过近期的密集复习，有些倦怠了，老师们也辛苦了。各项上交资料和复习备课、作业批改的收尾工作，确实让人疲累。尽管如此，语数老师们还是兢兢业业地上好本学期最后一节课，改好最后一本作业。

下午管理人员抽查了每班四套作业本，看到了一些班级的进步，也发现了批改和答题规范、书写中存在的一些问题。后面会与老师们一对一面谈交换意见，下学期我们再进一步探讨作业布置和批改的规律，一起为提高作业批改效率而努力。

期末结束安排已经发布，阅卷、分析、填写手册等等诸多事情还在进行。请老师们按照每日安排，有计划地做好学期末各项工作。面对期末的压力，我们要不急不躁，调整心态，向着身心颐养的美好暑假迈进……

教育感悟

·······························

关键词：教育初心

·教育者要有真爱和仁慈，工作琐碎，初心不改。

·为了孩子们每一天的健康成长，教师的付出需要精细而平实，真诚而关爱。

·为了孩子们，做好能做好的一切，就是最美的教育诗篇。

·也许，回归童年，是探寻儿童教育秘密的最佳途径。

·我们为了教育所花费的时间、精力和智慧，是为了儿童校园生活的安全、自在和欢喜。

·"与时偕行 护卫童真"就是我们的教育价值观，践行顺应生命时序发展的育人观，就是呵护人性中童真美好的愿景。

·有团结教师的真诚合作，有关爱学生的质朴师爱，有不拘一格的智慧创见，教育的土壤上就会绽放出春的花蕾。

·校长的教育理想常常表现为办学过程中的"执着"和"追求"。执着不是一个人的"夸父追日"，追求不是一个人的"精卫填海"。学校管理者一定也必须尊重老师们的感受。

·学校要为每一位爱孩子、爱教育的老师树立师德形象，维护职业尊严。

关键词：教育质量

·教育质量从来就不是一蹴而就、以分取胜的事。如果仅仅把考取好成绩作为育人质量目标，那就是把人异化为无情机器。

·不论是落实国家课程，还是研发校本课程，我们都是启蒙之师，尽心尽力所做的就是为孩子们人生奠基。

·为教学质量忙碌是内练真功的必经之路，也是教师的本分之责。没有不流汗的耕耘，没有不吃苦的收获。

·课程的开发和实施一旦真实发生，团体带动个体，个体激发群体，课程开发的自主性就会得到激活。

·课程评价是一种价值判断活动，其结论必然受到评价者的教育价值观的影响。

·德育评价就是让孩子们在实践中去体会"评价标准"怎样转化为"美好行为"。争创的过程，就是行为进步的过程，是建立美好荣光的过程。

·学无止境、教无止境、研无止境。紧抓备课组建设，发挥团队协作力量，向内求取，向上生长。

PART 3

2018—2019 学年：办尊重生命时序的教育

办学第二学年，"谷拾"家族47人，平均年龄29岁。两个年级，14个班，618名学生。

潜心打磨顶层设计，精心淬炼"谷拾文化"。依托节气课程的研究，从"万物皆有时"的农耕智慧中受到启发，提出了"与时偕行，护卫童真，办尊重生命时序的教育"这一办学思想。我们研究光谷家庭和光谷孩子的特质，希望师生们一起牵着光阴的手，按照儿童成长节律，找到童年的独特价值，探究儿童生命成长的真谛。

用核心课程带动国家课程校本化实施，推进校本课程的丰富性和可选择性，增加多门选修课程，基本完成儿童可选择课程的架构。开始设计并建设"谷拾之心""谷拾之源""谷拾之家"三大课程学习空间。完成"七有德育"的实施框架和评价细则，研究《学生成长手册》的分龄设计。

提出"创业敢担当、敬业守规矩、精业有作为、乐业愿奋斗"的干事精神。教师的发展也有自己的时序，通过师徒结对、发展规划、主题活动等方式促进教师团队迅速发展。

"谷拾"同津，寻一处渡口，建一艘船，齐心合力划桨渡河。树影婆娑，水波荡漾，留下一路高歌。"谷拾"雅号及学校文化内涵伴随着时间的跨越，变得越来越有趣，越来越丰富，越来越深沉。

2018年9月3日 / 周一 / 晴

维护教师职业尊严

清早的校园还很宁静，保安师傅早早就位，等待学生的到来。校门口的上学秩序较前几天好了很多。

我校的办学规模只有两个年级，A栋一直空着。六小因校舍扩建缺教室，局里安排临时安置借用我校A栋。两个学校加起来有36个班的低年级学生，安全管理压力还是很大的。

今天值勤关注的重点是"放学安全"。学校大门前就是马路，放学时没有空地设置家长等候区。我校学生从正门离校，六小学生从侧门离校。为了不让两校家长都聚集在马路牙子上，通知我校家长在街对面"居然之家"的空地上等待。前两天都是过马路放学，举校合力，步步艰难，非常紧张。看到家长抢孩子似的，一拥而上，真是担心有学生被误伤或踩踏。而家人没有按时接的孩子还要被带回校园来，师生又要在车流里来回一次，甚是危险。我提出在校园里划定区域让家长等候放学的方案。法制副校长程警官一早到学校来，我和叶主任拉着他实地考察，商议新的方案，一致觉得校园内放学更为安全。校务会大家一致同意新的放学方案，王婷和刘晓霞老师配合叶主任做了绘图、通知等工作，叶主任布置了等候区现场。保证新方案在放学前一小时通知到家长。从下午放学实施的情况看，效果较好。还有几点需要改进：一是正、副班主任带路队要密切配合，特别是家长一拥而上接孩子的时候，要盯紧学生，避免走失。二是各班提前站队，提前候场。天气较热，家长等候时间长了会不耐烦，应做好相应工作。三是家长志愿者及时到岗，协助学校维持秩序。

上午的校务会安排得满满当当，尤其是对近期评职评先和教师激励等方面进行了充分的讨论。也希望在教师节来临之际，加强师德教育，肯定教师群体。下午，我参加了二年级语文组备课，严格按照学校推行的"五步集体备课法"组织，主题突出，效果实在。罗莉和杨千子老师为了即将承办的教材教法报告和说课认真进行准备。李主任参加了一年级语文组的备课，侧重班级常规管理的讨论，为班级初步建立凝聚智慧。叶主任和基础建设单位进一步对接，讨论方案，推进楼顶工程项目。学籍异动、食堂工作、餐室管理等方方面面，各部门、各组都在尽心尽力地启动新学期工作。

放学后，一位新生家长特意来校，就排座位的事情与班主任当面沟通。我听说在教室里大声吵闹，就赶去调解。这位家长质问老师，自己孩子个子矮小，为什么坐在最后一排；还说班主任收了其他家长的礼物，所以排座位厚此薄彼。他意见很大，对着班主任一顿吐槽。我走进教室的时候，这位家长依然毫无依据地从负面揣测老师行事。交谈肯定是不愉快的。我们的班主任老师不急不躁，很耐心地听着家长抱怨，也忍耐着对方无理的指责。等家长说完了，班主任老师一再说明，因为是新生入学，暂时依据学号顺序安排座位，以后会每周轮换座位。班主任老师不卑不亢、有理有据，真是一个有担当和气度的年轻人。我也指出家长希望教师公平的愿望可以理解，但是没有依据地主观猜测，又不好好沟通，还胡乱指责老师，实在没有道理。这位家长见校长出面了，气焰也不再嚣张，明知道自己不对，一时又不好意思承认错误，嘀嘀咕咕地说，现在社会风气就是这样，啥都要找关系、送人情。我说，社会确实有这样的现象，但是我保证我们学校是不允许这样的，我们公平对待每一个学生，也请家长信任我们的老师。

由此我想到，**教师的职业很普通，但它是培养人的工作，人际关系复杂，一言一行关涉人的情感、语言、行为和内隐的价值判断**。我们的做法，家长不一定都能理解，甚至会误解，但只要我们坚持正确的教育观念和教育行为，就有底气面对家长的质疑。今天，几位管理人员和年级组教师自觉参与了这次家校沟通，引导家长正确认识孩子、认识班级管理的办法。我们"谷拾"团队会为每一位爱孩子、爱教育的老师树立师德形象，维护职业尊严。

2018年9月10日 / 周一 / 晴

做一个有智慧的教师

9月10日，第34个教师节，鲜花簇拥的一天。

纪念

走进大厅，三角钢琴摆满了粉嫩的满天星，红的、紫的、蓝的。钢琴脚下是两个照片的边框，上面的两句话我斟酌了良久：一句是"我的爱教给你"，这是对学生的表白；一句是"教出我风格"，这是对自己的激励。这个拍照纪念的仪式是我周日悄悄准备的，为了给大家惊喜和开心。女老师们大多将鲜花捧在胸前，羞涩地微笑。几个男老师摆出酷酷的姿势。"开心果"陈琛更是有创意，拿着心形的框子单膝跪下，做出崇拜女老师的样子，逗得旁边的人哈哈大笑。"谷拾"的年轻人皮一下，真是有趣，很开心！

接下来，在体育馆举行的教师节主题"周启"也很有意义。最温馨的环节是孩子们给老师们献花，创校的"元老"级教师上台领奖，获得了全场的掌声。

荣耀

我和李校长、姚老师、少敏赶着去参加全区教师节庆祝大会。我们的李强校长获得了"突出贡献奖"，姚流明老师入选"百优教师"，刘少敏老师获得"百优班主任"称号。真是可喜可贺！会上，几位获奖的校长和老师的发言很感人，特别是实验中学的马国新校长的发言引人思考，他从哲学层面思考了教育的本质，他说："教育是为了使人成为人，是为了人的尊严和幸福，是为了让我们明白我很重要、我被需要。""教育只能用爱开路。面带微笑，和风细雨，前面是责任，后面是担当，中间是不断成长和奉献的我们。"东湖高新区管委会常务副主任陈平出席会议并讲话。她代表东湖高新区党工委、管委会，代表168万光谷人，向教师致以诚挚的节日问候。这是一次催人奋进的大会，让人感到作为光谷教师的骄傲。

偶遇

中午，一年级发生学生上厕所后"失踪"事件，下午，在二年级巡堂时听到了号啕大哭的声音从教室传来。"闹事"的两个学生都是男生。一年级萌宝说："我不想进教室。"二年级孩子说："我不要上学！"两个孩子自身多少都有些问题，调皮好动，对环境不适应，人际关系不和睦，对学校或班级没有归属感，对老师不信任……老师们也在努力教育，但似乎对这样的孩子有点束手无策，管教收效甚微。我与两个孩子都聊了一会，我问了一些问题：不进教室在外面干什么？外面有什么好玩的东西？上学有什么让你讨厌的地方？假如不上学，去跟谁玩？怎么学习？孩子竟然对答如流，完全表达自己的真实想法。一个说教室外面可以溜达，更好玩。一个说上课坐不好，字写不好，没有人喜欢自己。

其实男生教育一直是个世界性问题，大班教学、静态读写的学校教育方式扼杀了很多男生的学习兴趣，造出一些"异化"的男孩。要么男生的女性化倾向明显，乖巧听话；要么从小被集体排斥，成为遭人嫌弃的"差生"。虽然这两个男生只是个别的，我还是察觉到我们教育方式中存在的问题，特别是包括我在内的女老师身上普遍存在的问题：一不小心就会忽略男生特点、同化男性特质、漠视男生表现，实施无性别差异的教育。用女性的成长经历来理解所教男生，的确是很困难的事。

我在与一年级组语文老师备课时说到了今天偶遇的故事，我建议**老师要与孩子对话，而不是对峙，遵循三个原则：跟从，承认他的感受；理解，重视他的行为；疏导，引导他的情绪。**若能做到这三点，后面的教育才能生效，师者的专业性就体现在这里。面对熊孩子，如果只会大发雷霆，只会打电话向家长告状，只会罚站罚抄，那至少说明，教师的专业性还很不够，仁爱之心还很欠缺。

做一个有智慧的教师，和孩子友爱相处，和家长和谐相处，不气急败坏，不满腹牢骚，不焦虑不安，每天都是教师节。与大家共勉！

2018年9月17日 / 周一 / 晴

还有漫长艰难的路要走

晨起天色略阴，风起微凉。白露时节到，气候特点显现，秋天真的伴着凉风和露水来了！校门口的警校家志愿者有序地指挥着门前秩序，孩子们清脆的童声问好悦耳。和两周前相比，孩子们更有小学生的样子啦！

"周启"是推普周主题的活动。蔡菁老师结合一年级组老师的语文教学，分享了推广普通话和规范字的感受。101班的小朋友上学才两周，就站在了学校的"舞台"上，有板有眼地诵读儿歌，真是了不起啊！"周启"即将结束的时候，蔡老师像变魔术一样，拿出十四幅书法作品，每一幅上都写着几个大字"说好普通话，写好规范字"，送给各班小朋友。为了激发同学们学习母语的兴趣，蔡老师真是心思精巧，用心良苦。

上午校务会前，管理人员都去听了一节随堂课。校务会上，大家重点讨论了教学计划中提到的教学管理制度，特别是听课制度和方式，走班听课、跟班听课、调研听课、测评听课等，需要我们研制一系列听课量表和工具，更加科学地观课议课，也学习用数据来进行归因分析。这将是本学期推动教学研究的重要手段。

下午，语文组教师排练打磨周三即将展示的集体备课的流程和内容。老师们在台上精神饱满，淡淡地微笑，展现出对自己所讲内容的学术自信。罗老师和我在台下随机点评，及时提炼更加鲜明的观点。接下来，参加"国文国风"诵演比赛的同学们认真排练起来。两场排练，排练的过程就是讨论提升的过程。

下班后与一位家长深聊，了解到一个班级的故事。这个故事并不令人愉快。其中有学生之间的冲突，有家校沟通的隔阂，也有教育方式的不妥。无论谁是谁非，均应以孩子为重。如果孩子从学校回家就嚷嚷说怕老师，不想上学，这时候去判断家长和老师的是非已无意义。师者良知早就告诉我们，每一个孩子都应该受到呵护和尊重。与时偕行，护卫童真——办学理念落实为教育行为，还有漫长艰难的路要走。

2018年10月8日 / 周一 / 晴

和伙伴们一起创造美

十月的第一个周一。没有之前那般闷热了。沁人的凉爽中还微微夹杂着一丝寒意，让人忍不住搓搓手臂，缩缩脖子。今儿个已经寒露了。

巡查发现，缺席的孩子不少，大多因为生病，感冒嗓哑的老师也有几个。降温在即，大家注意温补饮食和充足的休息，保重身体。

校门口的童声问好依然美好，仔细观察，我们"谷拾"的孩子问好更加主动，这是老师们日常注重行为习惯养成的结果。

各班教学秩序正常，不管是晨读还是午写，抑或是随机的一堂课，老师们投入的上课状态和孩子们良好的学习状态都令人欣慰。"周启"的主题发言让人印象深刻，筱茜和胡凡老师的朗诵可谓天作之合，女声深沉，男声浑厚，丝丝入扣、层层递进地表现了爱国情怀。王婷老师随后对祖国近年来的成就娓娓道来，如数家珍，并结合孩子的生活循循善诱，令低年级的孩子也感知到热爱祖国要从身边小事做起。

上午的校务会商量了目标责任奖发放方案的细节，讨论了10月各部门的"要事"，也对10月的职业规划启动和月底的外事活动做好谋划。

下午两个语文组集体备课，数学组外出参加教研活动。大家在为教学常规工作努力着。学校近期也会对9月的常规工作进行检查和反馈，大家尽快把教案、作业、反思、发展手册、正副班主任记录等资料整理好备查。

为了迎接外事活动，也为了推进地下无边界学习空间的使用，我带着新银、梦依两位美术教师和婧娴去到完工的地下空间实地策划。大家灵感闪现，商量着如何在这里布展和装扮，也很期待在这里举行的第一个开幕活动是有艺术特质的活动。**艺术绝不是美术学科的专利，它是世界通用的"语言"，也是和教育本质相通的美好**

方式。就拿我来说吧，没有专业学过艺术，但是从小有爱美、尚美的美好心愿，觉得爱好艺术是一件很美很酷的事情。我很愿意和老师们一起学习艺术、实践艺术，借由学校的无边界学习空间的建造，通过开展富有创造力的艺术活动，用设计点亮想象，用头脑实现梦想。

2018年10月23日 / 周二 / 晴

霜降碧天静，秋事促西风

周二，霜降。

清晨，车行，雾气蒙蒙的天边，一轮橘黄的朝阳，让人想起一句"霜降碧天静，秋事促西风"。风寒霜起，仿佛一夜之间草木萧瑟，天地也在稀疏的枝叶间辽阔起来。

早晨值勤遇到了一年级的洋洋妈妈，她目送行走不便的儿子，温柔地看着儿子的背影。我关切地询问几句，她讲起儿子脑瘫治疗康复和夫妻奋斗创业的故事。讲到动情处，眼泪流下来，我也含泪看着她，感受着这个家庭为孩子付出的不同寻常的努力。

岳新银和熊梦依老师带着许宁、顾恒瑞、吴晓璐、赵筱茜等老师在布置节气墙。我在校群号召大家来帮忙布置，一会儿工夫，几位老师翩翩而来，大厅立刻生动起来。岳新银老师几经琢磨、慧心设计的"霜降"主题的布展方案，我唯有满心钦佩与欣赏。暖黄色灯带勾勒的大牛造型神气十足，居中的节气习俗注解素雅简洁，右边的小牛盘饰更是独具匠心。小朋友们的创意实在是令人惊喜！老师们一边布置一边品评，找出了自己心目中的最爱，大花牛、表情牛、科技牛、结婚牛、情侣牛……嬉笑着合影留念，迎接秋天的最后一个节气——霜降。

一整天是"问诊"一样的解决问题和推进工作。大家都在努力工作。组长们按方案进行教师常规工作月度评价，初步试行，各种讨论，且行且思吧。

下午，李校长赶来再次确认外事活动的细节，尤其关注菜谱，因为外宾中有素食者。**一个追求卓越的领导者总是从不同角度去关照他人的感受。**这正是我需要学习的。

华灯已灿，各部门还在加班筹备外事活动、翻译文稿、设计画册、准备茶歇、撰写主持稿、制作PPT……不胜枚举！相信我们的精心筹备会让来宾满意舒心。

2018年10月25日 / 周四 / 晴 ☀

英国朋友来访

清晨，伴随着孩子们动听的手风琴演奏，我校迎来了英国纽卡斯尔市校长代表团。我欣喜地发现，团长盖瑞校长是李校长和我的老朋友，他曾多次到武汉小学访问交流，我们建立了深厚的友谊。英国来宾先是欣赏孩子们的演奏，后来走到同学们后面和着琴声击掌合奏。看得出来，英国教育者对儿童是发自内心的尊重。

记得几年前盖瑞校长第一次到访武汉小学。我那时候正好分管外事，中餐安排去学校旁边的绿茵阁西餐厅就餐。盖瑞校长和同行成员连连说，这太丰盛了。我们感到很诧异，这类西餐厅中国人也很喜欢去，还以为英国外宾只是客气而已。没想到他很认真地说："我们中餐一般只吃三明治。"过了两年，我有机会去英国纽卡斯尔回访，去到盖瑞的学校待了好几天。午餐果然是三明治和一堆面包。全校老师挤在一个休息室里面喝咖啡、喝英国红茶、吃面包，随意走动和交谈，并没有因为我们是来访者，就格外关照接待。中西方文化确实存在差异。还有一位女士拿出一个保鲜盒，揭开盖子给我看，里面是她从家里带来的自制沙拉。盖瑞幽默地说，爱美的女老师连三明治和面包都不吃，就吃这些，说完还吐吐舌头。这是多年前的趣事了。

此次英国代表团来汉是参加"中英校际连线"项目的又一次访问，2018年总结会及签约仪式在我校举行。出席会议的有武汉市教育局国际合作与交流处处长董亦频、武汉东湖新技术开发区教育文化体育局局长杨志霞、副局长顾绍山及局相关部门负责人。

为迎接远道而来的朋友们，老师们做了精心的准备，带领外宾参观了富有英伦建筑风格的校园，二年级的小小解说员一路陪同，用英文向来宾介绍我们的"谷拾文化"。大厅里，小朋友的巧手在钢琴键盘上舞蹈，盖瑞校长抑制不住自己激动的心情，也给我们演奏了一段婉转悠扬的旋律。在场的领导及师生听得如痴如醉、意犹未尽。在节气墙前，我校教师向外宾们讲解了节气文化，以及孩子们制作的表达祝福的秋牛图。一路欣赏着孩子们画作，英方校长进入"谷拾"报告厅就座参会。

会议开始之前，与会人员欣赏了我校获得全区"国文国风"诵读比赛的节目《夏日好读书》。孩子们那稚嫩的童音吟诵，优美的舞蹈，让在座的嘉宾们感受到了"谷拾学堂"的学风和诗意。

会议开始，动听的旋律在大厅上空飘扬，屏幕上一张张中英学校交流照片，让来宾们重温了这一周珍贵而难忘的瞬间。

随后，参与活动的10所学校以及英国纽卡斯尔市校长代表共分成四组，分别从社团活动开展、艺体课程开设、足球特色教育、国际理解教育等方面进行了交流。

我校参与的第四组交流讨论，以"国际理解教育"为主题，将会议推向了高潮。在盖瑞校长的带动下，英方校长纷纷走向舞台，分享了精心制作的记录着这一周精彩瞬间的PPT，并现场讲述了他们内心的真实感受。李强校长在谈到与英方交流的感受时说道：**"理解是站在不同立场感受他人，影响自己**，英方的PPT选择用红色做底色，表达了他们对中国的理解。**理解可以让我们学会改变，改变让我们学会成长，直至长成！**让我们的内心始终和这个世界紧紧地拥抱在一起，世界因为相互理解变得更美好。"我提及访问纽市的经历，提到盖瑞校长所领导的学校给我最大的感受有三点，和我们中国的教育观念是相通的：**一是允许学生的学习方式有差异，即孔子所提倡的"因材施教"。二是允许学业水平有差异，有专门的老师辅导新移民和学困生，即中国倡导的"有教无类"。三是允许学生的思维方式、广度、深度、速度有差异，更注重学习的过程，即《论语》提到的"不愤不启"。**我希望通过交流，让光谷十小"因爱而学，因人而美"的校园文化走向世界。我校与盖瑞校长所在的西杰斯蒙德小学结为友好学校。盖瑞校长特别送给我校一本崭新的具有纽卡斯尔特色的日历本，希望我们"谷拾人"书写自己的教育故事，倾注了友好学校对我们这所新校的美好期许。

最后市区教育局领导杨志霞局长和董亦频处长分别发表了热情洋溢的讲话，希望在中英"黄金时代"新机遇下，双方借助"中英校际连线"活动，实现校际交流的合作共赢。

此次活动承办以来，我们采用项目制的方式，让年轻教师参与活动筹备，这一周，分工明确、协作无间；会场上，随机生成、灵活应变；这一程，活动历练、越练越强。老师们在活动中充分展示主动性和创造力，用卓越的执行力为活动助力。

2018年10月29日 / 周一 / 晴

好团队当如此

周一，因为秋冬作息时间的调整，时间显得从容。老师们和孩子们来得还是早，8点不到，校门口已经人车稀少了。对面来了一群青春活力的美少女，看到她们胸前挂着的名牌，朝气蓬勃的样子，真是羡慕。她们是省二师的实习老师，下午带队的万老师也赶来巡查一番，千叮万咛，无比关爱。

校务会上，管理团队就下校视导的工作安排细节和推进情况又展开了讨论。王婷老师利用双休时间，就电子教案撰写和智慧课堂安排做了进一步部署。李文熙主任也接到德育工作同时下校调研的通知，准备整理资料。

各组教师全力准备，一起打磨研究课，精益求精。我和李主任分别参加了两个语文组的备课，大家认真地讨论了详细课案，就低年级段教学重点问题研究再三，很有实效。周书记跟进道法课的试教，和胡笑老师一起研课。科学、英语、数学等学科也在安排备课和试教。大家精心研课、学术求真的态度令人欣慰。

下午获悉周四局领导要来校开展"管理校校行"检查，并安排十一小领导和老师来观摩。我想，几趟锣鼓一起敲也很好，虽然对我们的综合实力提出了更高要求，但也减轻了学校多次迎检的"负担"。我们集中精力充满信心地迎接这次检查，相信我们平时的努力会有好的呈现效果。

在此提醒大家注意几点细节：

（1）整理好班级内外的板报，多加一些图钉，避免纸面卷角。门口软板必须有正确的课表和新作息时间表。

（2）各班教学进度要协调，课时相差不宜太远，试教和说课要反复研究，最好主动请有经验的行政人员和组长把关。

（3）教案、作业等各项资料要整理归档，可以随时调用查看。

（4）做好办公室清洁，整理桌面摆放物品，营造办公室文化氛围。

（5）课堂教学和班级管理注意合理使用信息技术手段，突出教育云使用，有"智慧课堂"特色为佳。课件制作要精良，画面美观。

（6）各班准备3张空余板凳给听课者使用。

（7）课后主动找教研员或专家沟通，认真听取评课意见。

一、二年级的老师们对新的作息时间提出改进建议，管理团队立刻商议解决。**团队以学校事务为己任，有超强的执行力和辨析的思考力，让任何一个决策落地生花，踏石留痕。好团队当如此！**

2018年11月5日 / 周一 / 晴

随处发现美好与温暖

进入立冬的一周开始了。寒风彻骨，明显降温了，好冷啊！好冷啊！好多孩子捂紧衣服跑进校园，穿上棉袄的还真不少。寒意挡不住问好的热情，进门问候已经成为光谷十小的一道温暖风景。

上午的"周启"由胡凡老师主讲，消防安全的常识和问答顺利进行，孩子们应对胡老师提问的样子真叫人惊喜，积极参与，自信发言。本周是消防安全教育周，各班还可以利用"暮省"时间进一步教育，为周五的消防安全演练做好准备。接下来颁发"七有"示范班的锦旗，李主任点评各维度情况，好几个方面有进步，孩子们是愿意力争上游、为班级争光的。

午休巡查，所有班级情况良好。天气渐冷，二年级孩子有不愿意午休的倾向，有的老师问能不能开灯做作业。这个问题可以征求老师和家长意见。我个人认为闭眼午休一下，对孩子缓解视力疲劳会有帮助。低年级总是安排午休时做作业或看电视也不妥，应尽量让孩子们休息一下。

下午第二节课巡查发现，某班体育课后回班，没有老师监管，当时离下课还有几分钟，孩子们在四处自由活动。此举存在安全隐患，也不符合课堂管理要求，请相关体育教师注意不要留任何管理漏洞。全体教师也要注意，操场上空的吊塔运行的时候，应格外注意不要组织学生去操场靠近围墙区活动，体育课应在临近教学楼处组织教学。

随处巡查，随处发现美好与温暖……魏芳老师哑着嗓子和大家讨论明天的研究课，生病的罗莉老师下班了还在和家长交流，宋双琪发烧烧红了小脸还在坚持上课，周书记孕期不适兼有重感冒还在办公……好多老师身体有恙，还在兢兢业业工作，心疼且感动。老师们辛苦了，降温添衣，保重身体。

2018年11月12日 / 周一 / 晴 ☀

教艺研磨月

又是一周开启，校门口井然有序，家长志愿者早早到岗，荧光色的背心看着格外温暖。冬季寒意袭来，孩子们穿上棉袄，还有许多孩子依然穿着校服毛衫，"谷拾"学生娃的气质立刻彰显。喜欢看着孩子们带着领结或红领巾进门问好的样子，萌哒哒的，对着保安师傅"叔叔""伯伯""爷爷"胡乱称呼，让我忍俊不禁。保安师傅笑呵呵地迎接每一个孩子的到来。我站在许师傅的身边，感到他的声音都变得明亮温柔起来。

204班汪俊逸同学在校门口拾到100元人民币，他爷爷立刻带着他到我跟前，将纸币交给了我。李主任知道后，手写了一封表扬信，亲手交到他手里，还给他拍照留念。真是一个拾金不昧的好孩子。爷爷的教育引导也很及时正确，为这对爷孙点赞。

"周启"由徐玉贞老师带着孩子们介绍立冬节气习俗，画面上热腾腾的饺子让人感受到寒冬里的一丝暖意。

各部门对10月月度评价进行最后的检查和汇总。中午我将某些组的教学资料翻看了一遍，情况参差不齐。教学态度和水平差异明显：认真的老师字字清楚、撰写翔实；不认真的几位，字迹潦草，记录不全。分别询问三位教研组长月度评价的情况，他们都肯定了老师们的进步，说10月的教学常规情况较9月有进步之处，我听了心里很高兴。对于我发现的一些问题，也委托组长反馈给相关老师，希望在11月这个"教艺研磨月"，老师们的备课和记录情况有所改进。

全天课堂管理、课间管理和餐室管理秩序正常。提醒一点：值勤教师到岗后要在微校平台打卡，并提醒当天值勤的行政人员查看。一天值勤工作结束后，值勤组长应向行政人员提交当天到岗情况。

2018年11月20日 / 周二 / 晴 ☀

每天看到孩子真开心

　　冬阳和煦，一扫前几日的雨雾和阴霾。校门口保安师傅的笑容真诚。他说："每天看到孩子真开心！"我心里默赞这心声——"每天看到孩子真开心！"

　　孩子的世界是好奇心和各种奇奇怪怪的行为组成的——早晨迟到了，藏在教室的角落和值勤老师玩"躲猫猫"。"周启"看到大屏幕上的火鸡，顾不得发言老师的情绪和班主任的提醒，大声说："这个我吃过！"课间飞奔去上厕所，看到老师，一个急刹车，吐吐舌头，装作慢吞吞的样子。蹲在小便池的角落，闻着厕所的气味，不厌其烦地看下水的漩涡。课堂后排的桌斗里，偷偷用小手撕出一把纸屑，也比听讲有意思。大人的世界是责任心和各种焦虑组成的——"周启"时，和着音乐做感恩的手语操，刚有点兴致就打住了，因为要讲道理了。校务会上，一群大人严肃地讨论行为规范和习惯养成的问题，不厌其烦地想办法、想办法、想办法……课堂上，一个扩音喇叭让原本响亮的讲课声更响亮，"这道题要选择……记住没有！一定要记住！""这个讲了很多遍……"孩子还是茫然地听着，"不明觉厉"。集体备课时，另一群大人严肃地反思考试成绩和教学问题。

　　放学时，队伍还没有站稳，爷爷奶奶们就迫不及待地"扑"上来"抓"人。孩子的世界大人不懂，大人的世界孩子也不懂。

今天听到最触动内心的一句话：哪怕他这个样子，我也没有放弃！

是的，**当我们放弃孩子的时候，我们就放弃了未来。珍惜孩子的样子，成为孩子的样子**。

2018年11月26日 / 周一 / 晴

有序的常态便是最美

跳跃的阳光为初冬的早晨带来活力。在校门口一直站到8:20，在家长志愿者的协助下，车流顺畅，入校秩序井然。迟到的孩子较多，可以想象，大部队已经排队上楼参加"周启"了，叶主任一定又是扫楼一般沿途"收编"落下的"散兵游勇"。

想起个别年轻人上班有晚到或迟到的现象，又想到那些总是早到的教师，真的感觉守时的人太可爱了，具有基本的社会规则意识，和不给他人添麻烦的行为。这样的寒冬，离开温暖的被子，能坚持不迟到，不那么简单，是需要毅力的。**加强惜时守时的教育，其实就是教会孩子守信，磨砺孩子的意志**。

上午和王婷、罗莉老师外出参加教研活动。没有能参加"周启"，看学校公众号新闻能感受到聂少颖老师和孩子们的对话很有意思。小雪时节，冬藏的意味更深了，不失为围炉读书的好时节。听说，"周启"上值周校长做了很好的交接仪式。千子的值周校长巡查日志写得很详细，对课前准备充分和安全值勤的老师们进行了表扬，也对不好的现象进行了分析。我发现值勤到岗情况明显好转，打卡值勤、走动值勤、首遇管理形成良好氛围。走廊上若有孩子疯跑，立刻会有路过的老师管理。

校务会上就家长开放日、接待杭州代表团考察、工会年终迎检等工作进行了讨论，几件事都涉及接待开放或接待检查工作。从学校发展来看，开放办学呈必然发展趋势，对家长开放也好，对教育同仁开放也好，接待考察团的次数明显增加，这是教育局的厚望，也是学校发展得到认可的体现。正如李校长所期待的，学校管理规范和教风学风端正是常态，不管谁来参观考察或检查工作，我们都照常工作，可谓"功夫在平时"，有序的常态是最平实美好的教育生活。

姚老师在指导亚男参加区说课比赛，赛前研磨细节，亲自示范。晓霞老师中午管饭，还在和亚男一起修改课件。能这样精益求精地打磨，不管结果怎样，这个过程就很值得。

今天的中餐、托管、课堂等巡查一切有序，美好！

2018年11月30日 / 周五 / 晴

大家一起走，可以走得很远

早上穿过撒满金黄色银杏树叶的庭院，来到校门口。迎接我的是孩子们一张张可爱的笑脸和一声声"早上好"的问候。充实、忙碌而又快乐的一天开始了。

铃声响之前，孩子们早已进入学习状态，在小干部的组织下开始了早读。103班、101班、104班、201班孩子们的读书声特别悦耳。昨天和今天值勤老师的到岗情况非常好，自上周的"周周讲"活动学习了武汉小学教育集团《教师行为公约》后，老师们在教育教学行为上渐渐有了很多细节上的改变。我今天着重观察了班主任送课与术科老师课后送孩子回班的情况，张越、肖慧中、宋双琪、聂少颖几位老师认真组织孩子去专用教室上课，熊梦依、刘晓霞、顾恒瑞、殷霁芬几位老师送孩子回班路队有序，今天的情况较昨天相比要好很多，给我们的老师点赞。

下午，二年级的孩子利用社团时间去报告厅参加了一场动漫科技讲座，孩子们参与活动积极性高，表现力强，得到了上课老师的夸赞。在班主任带领二年级参加讲座的时间，一年级的孩子上社团课，课后有一批党员老师要出去参加党员活动，各班又要留一名老师组织放学，活动的交叉、老师岗位的变动，让周五下午的工作安排变得有点复杂。我和书记统筹安排好后，老师们协调、交接得非常顺利。周五的下午忙而不乱，说明老师们配合度还是非常高的。

社团课结束后，周书记主持了二年级校级家委会换届选举会议，各位家委们表示会做好学校和家长之间沟通，愿意尽自己所能为孩子和学校服务。通过这次会议，家委们也对学校的发展更有信心。今天最开心的事情莫过于亚男老师在数学低年级段立体说课比赛中获区级一等奖了。回想起她的比赛历程，这个成绩的获得，除了有她自己的努力之外，还离不开李校长和马老师的悉心指导，师傅姚老师手把手地教，晓霞牺牲自己的周末时间进行的电教工作协助。

这个学期我们的老师屡屡在区级比赛中获一等奖，这些成绩的取得都离不开团队的支持和帮助。一个人走，会走得很快；大家一起走，可以走得很远。

2018年12月3日 / 周一 / 多云

安全感和归属感从何而来

12月的第一个周一，雾霾横行近一周以后，依然不减威力，清晨出门鼻眼明显不适。冷雨来袭，降温明显，生病的孩子更多了。龚医生和班主任严格晨检，随时监测病情发展，特别是发烧人数较多的班级。明天继续跟进晨检，采取措施管控。

"周启"上五星红旗飘起来，一幅幅生动的照片，帮助孩子们理解《国旗法》的精髓。李兰兰老师和本班孩子主讲的宪法宣传切入点很好，通俗易懂，声情并茂。结尾播放的歌曲《国旗国旗我爱你》让人意犹未尽。

各备课组都在为明天的家长开放日精心准备。这次活动的准备更加显现各组的主观能动性，教学设计尊重老师们原生态的设计，避免作秀和表演，还原常规课堂的本来样态。

王婷老师在组织管理的流程和细节上认真构想、变革立意，用一些仪式感的物品来显现活动的价值，哪怕是一份小小的邀请函和反馈单也显出"谷拾"的邀约诚意和办学品质。

校务会依然是内容满满，有工会迎检的准备、文明创建的工作、月度评价的开展、施工项目的跟进、食堂运营的问题等等，一件件都要在年底"催促"跟进和收尾。

全天巡查四次，各项工作秩序正常。遇到个别孩子的问题，立刻处理，和班主任随机聊聊，感到我们的老师对孩子真是足够耐心，让人放心。

放学在即，晓霞早早下到一楼岗点看天气情况，电话提醒我地面湿滑，询问家长是否进校放学，然后跑前跑后地张罗通知。天阴楼道较暗，朝霞老师默默守候在拐角岗点，防止踩踏事件。

学校的运转真不是一件简单的事！幸好大家齐心协力，倒也不让人过分担心和惧怕困难。正是老师们有这样的责任感，让每一个工作环节都一一落实，校园安全感和归属感才会像种子一样落地生根。

2018年12月10日 / 周一 / 雪

惊险瞬间

盼了几天的雪姗姗来迟，化为几粒"砂糖"蹦跶到伞面上啪啪作响。

天气恶劣，说实在的真不愿意早起，估计孩子们也是克服了极大的惰性爬起来上学。迟到的真不少，几位管理人员"收编"了几波，带到体育馆去。一位男孩子哭哭啼啼地跑到校门口说要回家，待我细问，原来是教室里黑灯瞎火的没有人，以为老师和同学们都失踪了，吓得跑到校门口找值勤老师，吵着要回家去。我带他上楼，他一路紧拉着我的手，一刻不敢放松，真是胆小得可爱。

一早的校门不止有这趣闻，还有更多的惊险瞬间，想想都让人后怕。一辆汽车紧挨着一辆电动车，把从电动车上下来的孩子蹭到了。当时孩子的爷爷和孩子本人都吓傻了，话都说不清楚。我怕孩子有伤，叫龚医生陪同去医院看看，幸好有惊无险，孩子并没有受伤。肇事的司机是学生家长，这位妈妈连连道歉，表示以后一定会注意交通安全。

无独有偶，另一位妈妈打电话来倾诉早晨的遭遇，我请她发了一条短信，短信中说："王校长，您好！我是106班小玥的妈妈，今天早上在学校门口附近，有一台车突然打开车门，把孩子和爷爷撞倒了。这种不观察路况直接开门的行为非常危险，恳请校长通过微校平台、请老师讲解安全知识，要求家长和孩子都提高安全意识。谢谢！"这位妈妈提出的上学交通安全的问题确实触到"痛点"。上学秩序关涉每一个孩子的生命安全，但家长中还是有我行我素者，完全不顾其他，只管自己方便。校务会上我和大家商量了上学交通管理的改进措施细节，叶主任和许宁老师将送学车辆分区暂停的通知和要求细节发到了微校平台和微校群，恳请班主任也跟进加强家长的教育，引导家长注意以下几点：

（1）送学机动车即停即走，不能长时间停留在校门口；

（2）机动车司机和乘客不要直接开门，需要观察路况后再开门下车，避免撞到行人；

（3）机动车和电动自行车按学校规定分区暂停，不要堵塞校门口；

（4）车辆之间保持正常车距，不要紧挨，以免误伤行人；

（5）电动自行车不要在机动车中间穿行；

（6）电动自行车不要承载多名乘客。

恶劣天气下，校门交通状况的管理力度还需要加强。

"周启"因为收编迟到者没有赶上，听说108班的孩子朗诵的关于大雪节气的诗歌甚是动听。这一天听了两节研究课兼评课，商量了财务管理的问题，和音乐学院教授商量手风琴音乐会活动方案，主讲了语文组专题议课，去校外考察了职工书屋建设方案。事情满满当当，一会儿都没有停下来，真是喝水的时间都没有。年末到了，学校事务头绪确实很多，但愿尽力安排、有条不紊。

抽空巡查了教学情况和午餐情况，总体秩序良好。不过天冷了，孩子们午睡不踏实，不愿意睡觉的人多起来。午间秩序情况良好，各班自主管理、自行运转的常态让人安心。老师们管理班级纪律辛苦了。天气不好，生病的孩子和老师较多，大家保重，饮寝自安，防寒添衣。

2018年12月17日 / 周一 / 晴

年终有所归宿

家长志愿者早早到校值勤，校门口立了三个蓝底白字的交通指示牌以后，机动车和非机动车停靠送学的秩序好很多。违反学校规定的大多是骑电动自行车的爷爷，一个逆行停靠，就足够让人担心。还有一位妈妈骑车，前后各带着一个孩子，真是杂耍一般"惊险"。我赶上去说"这是拿孩子生命开玩笑"，她讪讪地笑笑，真不知道她明白了其中的危害没有。

"周启"时，聂璐老师给孩子们讲了冬至节气的习俗。冬至是节气中的大日子，也是传统节日。古时有"冬至一阳生"的讲法，也就是说从冬至这天开始，阳气慢慢开始回升，下一个循环开始了，为"大吉之日"。孩子们对节气的感知越来越浓厚，我们从"节气与美食"入手，开启了孩子们的"中式"味觉体验。

上午，党员在为上墙的宣传板拍摄正装照，徐朝霞老师安排得很细致，工作人员服务很热情，老师们愉快地拍摄。本周研究课安排较多，老师们积极准备，时时看到试教和研讨的身影。实习老师们也开启了研究课的展示，省二师的指导老师来校听课，对我校紧抓教学质量的常规工作连连赞赏。

下午召集校聘教师插空开了个短会，我代表学校对他们的工作进行了总结和肯定。接着和叶主任、李主任接待了校园文化设计师和施工方经理，推进职工书屋建设等项目。

全天教学秩序正常，值勤老师打卡到岗情况良好，课间列队去专用场地上课秩序井然。课间疯闹的情况不多，若有喧闹问题，首遇教师能及时制止。学期末来临，各科注意教学进度和复习安排，不要单纯为了提高成绩而过重增加学生学习负担。

古时候，漂在外地的人到了冬至时节都要回家过冬节，所谓"年终有所归宿"。这学期的工作进入收尾阶段，回首自己的付出和实绩，希望我们都能"年终有所归宿"。

2018年12月24日 / 周一 / 晴

竟然有了无力感

清晨值守校门口，孩子们问好声此起彼伏，看到一张张可爱的笑脸格外开心。寒冬的俏皮都体现在这萌宝们的帽子和围巾上，粉嫩的、炫酷的、毛茸茸的，看着忍不住乐。

"周启"上，李婧娴老师带着孩子们回顾了冬至美食日的画面，孩子们看到自己或同伴的照片出现在大屏幕上，欢呼雀跃。接着，道德讲堂讲了"惜时"的话题，引导学生思考时间的价值，提出管理时间的建议。

恰逢圣诞节来临，我们给英国纽卡斯尔市的西杰斯蒙德小学送去圣诞礼物。那是手风琴社团和二年级学生代表表演的《铃儿响叮当》，欢快的乐曲让人心情愉悦。一个月前，盖瑞校长发来邮件，肯定了我们接待的热情和工作的勤奋，邀请我校师生有机会去回访。

上午的校务会商量了学期末的各项工作。复习和考试在即，学业负担容易加大，语数学科老师们注意控制作业总量。因为学期工作综合汇总在即，月度评价延迟到1月中旬一起进行。每学期"校园分享"的教育叙事内容还没有老师上传，也要注意抓紧。

中午值班和两三个孩子交谈，孩子们希望午休管理可以更开放，不要统一要求他们都睡午觉，有个男孩子希望去体育馆打球，还有两个女生希望去图书馆看书。下午接待了家长来访，正好家长也谈到午休管理的问题，说天气冷了，最好不要睡觉，请老师统一布置作业。深感家长的教育方式和孩子成长诉求有差异，学校还无法满足个性化教育或做到因材施教。整齐划一的课程和午休管理对自主发展意识强的孩子并不适用。

尽管知道"有选择的教育才是好的教育"，面对孩子和家长的不同想法，竟然有了无力感，也知道一时解决不了。而我们的儿童教育观念、家校沟通的话术和班级分层安排都需要学习和提升。

2018年12月26日 / 周三 / 雨

回归教育生活的常态

周三，冷雨扑面而来，近几天又降温了。在校门口值守，发现上学高峰越来越迟了，临近8点，门口还冷清，大部分学生没有到校。看来，大冬天的，孩子们要早起是很困难的哦。保安师傅说有迟到的孩子8:30以后才来。

晨读和上下午巡查，班级管理和教学秩序较好。学生发展部沈子琦老师在按李主任的安排准备小寒迎新会的活动。今天没有什么大活动，老师们的研究课也完成了，没有会议和外来访客。我也难得这么静心，安安静静地看着老师们撰写的个人发展规划，一边感受老师们发展的诉求和期待，一边思考教师发展的问题。抽空听了一节校长远程培训的网课，内容涉及学校发展规划的问题，觉得有所收获。我想老师们大概也喜欢这样能静心教学、有空学习的生活吧。很多活动和外来任务容易让人浮躁，回归教育生活的常态很美好。

圣杰接来了今年高校招聘的第二位新老师，又忙着汇总师德考核的资料。人事工作总不间断，永远这么多，幸好圣杰做事清爽利索，分担了不少。婧娴收到上级关于电视问政的通知，立马拟好思路，力求全员参与，完成这项任务。晓霞永远是放学工作的排头兵，一看天气是否有雨，二提醒行政发布放学方式。今天分别和亚男、千子、筱茜交流，感受到她们对学生的细心观察和关爱。学校有了这些工作主动、积极思考的年轻人，显得格外朝气蓬勃。

我想，一定还有很多我值勤巡查未遇到的人和景，那里一样充满师爱和责任。

2019年1月8日 / 周二 / 雪

笑对本学期最后的忙碌

周一的巡查记录赖到周二深夜才写，懒病犯了。

印象中这一天最美的是魏芳老师，画着淡妆的笑脸，小丁字步端站着。"周启"主讲期末复习，温柔地娓娓道来，完全没有一点考前紧张气氛。孩子们"糊哒哒"的，大概也没意识到考试和自己有啥重要关系。

回想昨天的校园，感觉所到之处都是卷子——出卷子、印卷子、讲卷子、订正卷子。语数老师们扎在班上实行"盯人战术"，辅导学困生进入冲刺阶段。

办公室里热火朝天，商量排演年会节目的老师们一边策划一边笑翻天，戏精模式开启，真有趣。突然，微校群一大波通知袭来，学期末这么多工作要完成啊。没时间嬉笑，赶紧各自忙起来吧。

期末时，氛围最好的还是食堂，食物总是可以舒缓生活的节奏。

归心似箭的日子近了，笑对本学期最后的忙碌吧。尽管我偶尔也想犯懒，最后还是会和大家一样，不敢懈怠。

2019年1月14日 / 周一 / 晴

学学身边敬业的同伴

本学期最后一个上课日，清晨校门口的问候依然温暖。经过目测和询问，发现了两例还在生病就来上学的孩子，劝家长赶紧带去就医了。

"周启"上陈威老师关于寒假安全教育的主题讲话条理清晰，估计孩子们能听懂一二。散学典礼时各班还要再强调讲解，安全教育要不厌其烦地讲。

上下午分别开了校务会和支委会，商量了绩效工资考核分配方案的初稿和1月主题党日安排。午休、午写，课间马不停蹄地转悠，各班教学秩序井然，语数老师大多扎在班上批改作业，一对一辅导学困生。老师们的责任心很强，总希望孩子们能用较理想的成绩圆满完成本学期的学习任务。

下午去二年级语文组查看作业，一摞摞一本本整齐摆放着，翻开欣赏，不禁为老师们的敬业和精业点赞。经过期中的作业巡查和反馈，作业质量又上台阶，有两个班保持较好水准，两个班书写质量明显提高。201班的作业尤其赏心悦目，老师坚持的当堂写话训练成果明显。小作家们的规范书写和童趣语言很有意思。查看某些学科的教案，发现笔迹潦草，问题明显。非考试学科，照样要紧抓备课质量和上课效率，绝不能手软。我们备课马虎，就会导致上课随意，误人子弟。个别年轻教师要警醒了，学学身边敬业的同伴吧。各组月度评价要落实要求，及时发现问题。

好的，不好的，工作中的缺漏和失误，我们都正确面对，有则改之，无则加勉。

2019年2月25日 / 周一 / 阴

不堕信心，不失希望

2月的最后一个周一，天气阴沉，幸好没有下雨。立春以后，天气也不那么寒冷了。孩子们按时到校的情况好一些，校门口依然是有序的。

"周启"上校医龚紫晴老师主讲了春季流行性疾病的预防知识，配合小视频，让孩子们对开窗通风、勤洗手等良好卫生习惯有一些认知。

全天巡查各班三次，整体秩序良好，老师们组织有序。下午两个语文组备课日常进行。中餐管理和午休情况也很不错。翻看上周的各项记录，大多数班级是A，可见新学期工作很快步入正轨。当然，巡查还是发现了一些问题，有如下三个方面比较突出：

（1）各班教室门口荣誉栏展板布置参差不齐，有些班级无课表，无作息时间，两张表张贴的位置也各不相同。学校规定是放在展板右下角，请班主任调整为规范格式。

（2）午间休息时，我上下楼走动了三轮，发现二楼最喧闹，男生疯跑的尤其多。106班几乎有一半的人在走廊跑，"逮"住后教育了两波。

（3）"暮省"时，两位班主任未到班，大部分班主任在讲作业，专题教育内容没有落实。作息中的"暮省"环节是核算短课时的，但是没有得到很好的落实。我将带着学生发展部继续深究原因，到底是作息时间设置的问题，还是班主任不重视的问题。

今天抽空听校长远程培训的课，讲到学校管理的三重境界：文化、制度、盯人。不禁反省我们的学校管理,制度是有的，文化也在萌芽，但是有些事总免不了要去盯着才能推动。部分教师的执行力和对学校决策的尊重不够啊。比如，对校务会讨论并决定了的事，有的人不立刻执行；对明显存在问题的教育行为，不诚心改进。上级反复做工作后，仍还不情愿、不接受。把个人利益置于学校利益之上，把个人习惯置于学校决策之上，这样合适吗？时间和生命是用来创造的，不是用来消耗彼此的。

我说这些现象，是希望学校靠团队合力，做起事来不要内耗，使大家干事的动力多一点，阻碍少一点，揣测和抱怨少一点，磨叽和拖延少一点。毕竟大家都希望学校越办越好，一起分享其发展的"红利"。李校长总说问题是常态，办法总比问题多。我很认可这一办学态度。欣然接纳生活的真实模样，接纳工作的本来面貌。在此基础上，不堕信心，不失希望。这是我喜欢的"谷拾"！

2019年3月4日 / 周一 / 晴

赢得社会口碑靠自己

　　三月的第一个周一，阳光羞答答地露出脸来。校门口的问好声格外悦耳。

　　"周启"上杜小琴老师带着两名学生主讲了"学雷锋"专题教育，讲到雷锋的故事时，孩子们聚精会神，格外安静地聆听。看来，讲故事是最具魅力的教育手段。

　　本学期第一位值周校长蔡菁老师参加了上午的校务会。大家就上周随堂听课情况、节气课题年度展示活动、"七有"德育项目推进、学习空间环境布置、微信公众号栏目名称等事项进行了商议。李主任很欣慰，高兴地告诉行政团队，申报参加德育项目的老师有26位之多，老师们乐业的阳光心态和参与意识让人感动。虽然只需要十余人，但是很多老师表现出来的工作热情让人难以取舍。我宽慰李主任，后面还有项目活动即将开展，部分老师留待以后加入。我看着李主任本子上记载的名字默念，每一位项目申请者，感谢你们的主动担当和同心协力。有了你们，各项工作的新突破将不惧艰难……

　　难得的一个充满阳光的大课间，大家都到操场运动起来。叶主任说，这操场运动设施要多利用，这样孩子们就不会只在走廊疯跑了。我这急性子，立马拉着李主任和殷老师商量大课间特色活动的安排。

　　下午我抽空完善了课题中期报告，又去校园转了三次。午餐、写字、课堂、托管均秩序正常。

　　下班以后会议室的灯还亮着，马青山老师赶来帮徐朝霞老师磨课。王婷、何伟、魏芳、赵亚男老师主动留下来旁听。徐老师细细说课，马老师谆谆教诲。我也忍不住坐下来认真听，越听越清晰，原来一个看似简单的运算有这样隐含的数学价值。老师们有的点餐加水，有的勤记笔记，有的提问请教，也参与到研课学习中来。一直研磨了四个小时。想想马老师已经辛苦一天了，下班后还是不辞辛劳地赶来。一位老教育工作者的敬业和情怀不得不让我们佩服。

　　最近校门口咨询入学的家长多了起来，放学时一位家长问我："你们学校的老师都是从武汉小学来的？"我回答："我们是光谷分校，我们的老师就是武汉小学的一分子。您放心，我们的老师都很优秀！"说这句话，我是有底气的。

　　起先，我们赢得家长信任靠光环。现在，我们赢得社会口碑靠自己。

2019年3月12日 / 周二 / 晴

最欣赏常态的美好

　　周二上午将迎接文明校园检查。借这个机会，对学校环境管理的细节进行品质提升。一大早，我在校园巡查一圈，立刻召集管理团队在校门口碰头，就环境和校园文化展示问题提出整改建议。三位管理人员立刻按照普通教室、专用教室、公共空间的三大区域再次巡查，在管理群反馈总结情况并提醒教师注意细节。门房保安室的快递架理顺了，公示栏擦净了，有油污的地面擦亮了……协调许久还没有安装的教学楼大门终于动工了。

抽空听了一节数学课，课后正逢大课间，站在操场上一边晒太阳一边和陈威老师聊课。眼前是孩子们在做操，伸伸胳膊伸伸腿。那一刻，感受到校园常态的美好。

检查组一行三人来到学校，没有打招呼。他们已经在校园转了一圈，来到三楼我才遇到。资料盒已经整整齐齐地放在会议室迎检，一切有序，检查组给予高度肯定，意味着"文明创建"验收合格（此处可欢呼！）。

午餐巡查，纪律良好，各班收纳柜还有些杂乱，拍了照片提出规范摆放标准。请各班师生长期执行，养成收纳好习惯。午休时间，李主任、胡凡、杜小琴、宋双琪、魏芳等老师带着两个班学生开展植树节活动。给树木喷水，竟然喷出了彩虹，连老师们也"调皮"地玩起来。

下午，和设计师讨论楼顶时节空间方案，碰撞下产生规划新灵感。接着商量和部署周四下午迎接教育部下校调研的工作。关于教育部下校调研重点说几句：一是规格高，部省区市各级领导都来校参观，省厅推选，经历难得；二是常态好，我们如平时一样维持高品质的教育教学；三是重细节，细节见文化，细节见品质。一句问好，一个微笑，一节好课，一排列队……足以展示"谷拾"风采。

检查也好，调研也好，**最欣赏工作常态的美好——大大方方，**

干净利落，落实标准。不管有没有人来看，谁来看，我们都很美、很自信、很有朝气、很有动力。

这就是我们要努力的方向！

2019年3月18日 / 周一 / 晴

三头六臂也不够用

周一，巡查校园。春意萌发，花和芽确实很美，老师们有空去看看这些植物，估计心情会清朗很多。

全天巡查，看到班级常规秩序正常，老师们教学认真，中餐管理有序，乱倒饭菜情况好转。近期学校活动很多，外联工作也很多，校务会后我和主任们去了教发院和教育局一趟，跟相关部门领导汇报工作，交换意见。讨论本学期专家培训计划和课题研究方案；准备组织生活会发言材料；各部门轮番找我商量事情；"谷拾"之家、大队部装修细节待敲定……感觉自己三头六臂也不够用，想来老师们也有同感吧。

春季万物生长，我这白头发也长得快了，半个月就冒出一大截，也不知道是辛苦了，还是生命力太旺盛了。

2019年3月28日／周四／阴

课堂教学是不断打磨的过程

孩子们的笑脸依然明朗，校门口值勤的四个红领巾，问好声赛着响亮，半分钟就敬一个队礼。小伙伴们对着他们友好地笑着，一溜烟跑进教学楼。

回看了术科协作组微信群的议课记录，有不少好建议。昨儿深夜大家还在自发地讨论，意犹未尽。趁着这股研讨的热乎劲儿，我约王婷和两位美术教师碰面，把大家的建议反刍，然后再次理顺设计思路，打磨美术课堂的文化味和趣味性。感觉熊梦依老师的《漂亮的瓶子》这节课又会有新变化。第二节课又赶着听了千子的试教，二语组的老师们都来听了。效果真不错，前一天我们讨论的学习要点基本在课堂上呈现，设计的创新点试教起来也可行。对于低年级课文初读环节的词语认读，设计构思上有新想法，很好地与中年级学习段落衔接。深感课堂教学是个不断打磨的过程，目的不仅仅是上一节好课，还在于从实践中摸索，最终在课程理念上有所提升。

学生发展部近期准备新生入学资料审核，学籍工作也挺急，小龚和正副班主任要辛苦落实了。还有部分老师周六要来加班审核新生资料，大家都要尽量支持一下。教师发展部的备课组展示和下校视导等工作也在积极推进。建设项目遇到的困难，叶主任跑前跑后地协调。我外出开党务会议，对2019年教育发展的形势和区局布置的党建、宣传、人事等工作有了一定了解。

4月是"书香活动月"，读书节活动也在策划中。老师们手头下发的两本书，建议先读《给教师的建议》，苏霍姆林斯基的经典之作，仅看标题就知道是不落伍的真知灼见。4月底会组织读书会交流。

清明将近，空气里湿漉漉的，潮气很重，高楼都在半空里消失。学校的地面也总是湿漉漉的，没有干爽的时候。

2019年4月1日 / 周一 / 晴

评价是要引人向上

今天是愚人节。在西方这可是个古老的节日，据说起源于中世纪，最早追溯到古罗马时代。因为当时的民众生活在黑暗中，战争、贫穷、饥荒比比皆是。愚人节就是一个专门与平日里的各种禁忌作对的节日，是平民们发泄对于日常生活不满的一个窗口，更是中世纪那种等级森严的社会当中唯一能够将全社会各个阶层的人们都联合起来的节庆日。

如果说中世纪的人因为无望而狂欢，我们现代人就是因为希望而忙碌。每个周一开完校务会，都觉得事情很多。想把事情做好，就需要花精力、花心思、花时间。最近的教学竞赛和展示课特别多，语文、美术、体育、综合实践都有展示课和赛课，区备课组展示、申报课题和教师技能比赛也在本周进行。听了两节语文课，和双琪、千子谈课，发现年轻人进步明显。在新校，年轻教师的发展机会相对较多。当机会来临时，我们自己是否做好了准备？学术领导者或骨干教师是否做好了指导的能力储备？每日自省，不敢懈怠。

下午抽出几分钟看《给教师的建议》，叶主任来盖章，他说："王校长，你还在抽时间看书。"是啊，忙是忙，只有挤出碎片时间看书。正如苏霍姆林斯基在《教师的时间从哪里来》一文中说的："是的，没有时间啊！——这是教师劳动中的一把利剑，它不仅伤害学校的工作，而且损及教师的家庭生活。"苏霍姆林斯基的答案是："这里最主要的是要看教师工作本身的方式和性质"，"这就是读书，每天不间断地读书，跟书籍结下终生的友谊。潺潺小溪，每日不断，注入思想的大河。读书不是为了应付明天的课，而是出自内心的需要和对知识的渴求。如果你想有更多的空闲时间，不至于把备课变成单调乏味的死抠教科书，那你就要读学术著作。"

4月是"书香活动月"，希望大家真正读起书来，就从这本《给教师的建议》读起，这本专为中小学教师写的"一百条建议"，在日新月异的今天，仍然具有时代性、先进性。

"周启"的主题是"我们的节日——清明"，陈雨浓老师不仅讲了习俗，还讲了节气的现代价值。孩子们一定会有收获。3月的"七有"示范班"新鲜出炉"，107班、201班、203班光荣上榜。学生发展部的班级评价改革也在推进，"周公示"帮助班级发扬优点、改进不足。我总跟李主任和沈老师说，**评价不是把班级和学生**

分等级，而是要传递正能量，引人向上。

干部心中要有每一个班级、每一位教师，而教师心中要有每一位学生。

2019年4月8日 / 周一 / 晴

无愧职业期待

一秒入夏的武汉，空气中有点躁动的气息，真热啊。短袖，衬衣，风衣，夹克，纱裙，毛衣，卫衣，棉背心……看着老师们和小朋友们的穿着打扮，感觉季节有点凌乱。每周值勤时仔细打量校园里的花花草草树树，红枫的叶子由红变绿了，含苞的杜鹃花开了，银杏的枝条绿了，校园的美好都在这朝气勃勃中酝酿和变化。

在校园里巡查了一圈，还沿路"收编"了几个迟到的孩子。走到体育馆时，"周启"进行了一半，岳新银老师主讲的关于文明的话题只听到一半，只觉得体育场纪律很好，孩子们大概是听进去了。发现学生穿校服的情况不佳，主持人沈老师现场提出建议。校务会讨论了月度评价和下校视导发现的教学常规问题及改进措施，也就"书香活动月"细节和校园文化设计的几个问题展开讨论。下午邀约三位教研组长一起开会，就常规管理及期中测查等事宜再商量。上下午多次巡查，课堂、午餐、托管、课间秩序正常。

上周的下校视导，杨千子和熊梦依老师作为代表到光谷一小西校区上了两节课，受到好评，表现出我校青年教师热忱的工作态度和积极成长的朝气。专家和领导查看教学资料后，肯定了我校教学管理的几项措施：一是坚持有主题的集体备课；二是坚持学术团队教研活动；三是有步骤地集中安排专家培训；四是教学管理月度评价和课堂评价两项量表有研究、有特色。同时提出了几个具体建议：一是教案反映出的教学目标设定还要落实研究，有重难点设计不合理情况；二是学生书写要占格饱满；三是主备教案质量要进一步提高；四是作业批改要注意写日期、有订正、无错漏等细节。这些问题都不是什么大问题，但是我们要意识到，教研员检查资料这样注意细节，说明我们在教学质量的细节上要进一步加油。

教学常规始终是教育工作的重中之重，做好常规，才有质量。希望每一位教师都建立这样的质量意识，认真对待每一节课、每一次备课、每一次批改作业，不存侥幸心理，无愧职业期待。

2019年4月15日 / 周一 / 晴

不要让活动变了味道

今日巡查所见琐碎，以下几点思考与大家分享。

关于安全：因为车库入口修路，校园里车辆和人员无法分流，造成了极大隐患。请开车的老师早上7:30之前到达，进门往右手边转，沿院墙栏杆处停放。不要再停在庭院和操场入口处。

关于校风：班风汇集展现面貌，点滴行为可见真章。全校迟到者十余名，校会窃窃私语者众，穿校服不规范者五花八门。此三样，只要教育常在，提醒细节，有奖有评，不是不能做得更好。办法可以很简单，但是要坚持。周日晚班主任可在微校平台发个班级提醒，配以规范着装图片或提示语言。每周一发，不厌其烦，水滴石穿。

关于习惯：诵读、午休、午写这三个时段，各班的管理和纪律很好。就拿二年级为例，记得刚建校在安置点过渡时，从清晨教室里来了第一个孩子开始，就营造读书的氛围，到现在二年级还是这样。后来，这样的读书风气传遍了全校，坚持成就了良好的诵读习惯。那么，其他呢？列队走路整齐成了习惯吗？作业认真书写成了习惯吗？我们注意什么，重点管理什么，孩子们就在哪方面会表现更加突出。

关于活动：活动代表一种经历，一次体验。"周启"上胡宇恒老师关于"军运会"的主题发言很精彩，可见用心准备了。为了准备近期的"国文国风"诵演比赛，各班都在思考创意和排练。中午看到宋双琪老师在长廊里给孩子们排练节目，潘欢老师也带着一波孩子排练。托管时间几个教室无人，都抢占"有利地形"排练去了。且不说结果如何，就这份努力就值得点赞。

在此要提醒各班，重在引导学生参与，注重过程体验。要合理利用家长资源，不可过度要求引起反感。花钱请专业人士编排或购买物资更要适度，不要让活动变了味道，变成各班社会资源和家长财富的攀比。家校合作要拿捏分寸，让协同共育多一些"教育味儿"。

2019年4月22日 / 周一 / 晴

☀

谷雨读书节

这是个书香四溢的周一。第二届谷雨读书节如期而至，这次的主题是"亲子陪伴悦读越美"。

上午八时，区教育局顾绍山副局长来到学校，为"谷拾之心学习空间"正式揭幕。发光的立体名牌别有新意，习近平总书记的读书名言在绿色墙壁上格外显眼，吊顶的镜面映照下沉的黄色旋转楼梯，形成一种神秘的吸引力，引导着师生往地下空间的阅读区走去。

接着，体育馆举行开幕仪式，简洁隆重。顾绍山副局长发言，对我校建设"图书馆里的学校"表示赞赏。欣赏晓霞老师制作的阅读活动剪影，展现"谷拾"阅读之美。还有晓璐老师编排的"国文国风"表演，令人惊艳。

上午，亲子阅读家长课堂开讲。市"十佳书香家庭"获得者徐静茹老师讲述了自己陪伴儿子阅读与观影的故事，勾勒了家庭亲子阅读的温馨场景。许多家长认真记着笔记，积极参与互动。校园里，孩子们是最开心的——经典童话共读，趣味问答竞猜，"活字印刷"体验，趣味拼字，以身象形游戏……"谷拾"的读书节就是这么好玩！

下午，"国文国风"诵演比赛精彩纷呈。在班主任的策划和带领下，家委和副班主任认真参与排练，为每一个参演班级点赞。特别赞赏那些自己创意、自己编排的班级，更加注重活动过程的教育价值，虽然表演稚嫩或不完美，但是其中闪现的文化创意和教育智慧令人欣喜。活动得到武汉小学几位老师的大力支持，有省名师梁涛老师、省特级教师熊春萍老师、市"学带"徐静茹老师、童书主编韩琳老师。作为评委，他们对我校师生精神面貌和节目效果给予高度肯定，还提出了许多有益建议。周蕾书记休假期间，得知活动开展，也来到学校，感慨大家的忙碌，欣喜学校的变化。

活动得益于学生发展部的李主任和杜老师的精心策划和组织。大家不怕辛苦、日夜忙碌，一连组织了两场。徐朝霞老师配合组织了党员进社区活动，党员老师和入党积极分子来校参加活动，还邀请两位团员老师加入，社区、家长给予一致好评。

借用李主任朋友圈的小诗来结尾：

读书月，谷雨节，

又到"谷拾"欢庆日！

校内社区同读书，

亲子课堂助力多；

"谷拾之心"揭面纱，

地下城堡藏宝库；

趣味活动来体验，

汉字魅力玩中获；

图书市集趣味多，

帐篷里来精心读；

"国文国风"齐诵演，

"谷拾"能娃真挺多；

活动落幕喘口气，

成长协作赋能多！

2019年4月29日 / 周一 / 阴

儿童做事更在乎过程

武汉的天气真是"无理取闹"，一天之内又回到冬天似的。孩子们又穿上小棉袄，迟到的孩子一溜小跑赶往教室。

"周启"上，陈玮琦老师带着三名孩子宣讲了"劳动最光荣"的主题教育，演讲在欢快的歌声中开始，在给食堂师傅、保洁阿姨和保安爷爷献花的仪式中掀起高潮，在李主任的"劳动美"倡议中结束。

"国文国风"诵演评比颁奖时，不管得几等奖，孩子们都开心地欢呼。这一点让我很有触动。我想起研究儿童行为时读到的一个观点：儿童做事不太在乎结果，更在乎过程。而大人做事目的性强，在乎结果，在乎目标达成，容易忽视过程。是的，在我们大人看来，只要有比赛和竞争，结果就会有好坏之分。而孩子更在乎登台演出的愉快体验和放声欢呼那一刻的开心。所以，不必被结果弄得心绪不平，得几等奖都是一份情感体验。如何把这份成功或挫败的体验转化为教育资源，才是我们教育人该思考的问题。

"周启"上值周校长陈琛老师的发言切合实际，不是一味赞歌表扬，还能在巡查中发现问题、反馈问题，起到了推动班级公共财物管理规范化的作用。

全天巡查整体情况较好，但有些问题要引起我们关注。一是体罚问题，三个班级有罚站现象，变相体罚绝不允许。二是午休纪律问题，108班十几个孩子在旁边教室疯闹。据了解，这十几个孩子因影响别人午休而被请出来做作业，却管理不到位，有安全隐患，不可取。已与值班老师沟通。三是放学到岗问题，有几例班主任或副班主任未到的情况。

明天是五一小长假的前一天，孩子们容易心浮气躁，家住外地的老师也会归心似箭。我们尤其要注意课堂秩序和放学到岗，不能无故缺岗或提前离校。放学前的大扫除，各班要安排好时间，以人人参加、劳动教育为主。做到教室地面干净、桌椅整洁即可。

2019年5月6日 / 周一 / 阴

爱之深，责之切

早晨和张越老师参加了全区五四青年节的表彰和初中学生诵读展示活动。从微校平台发布的简讯看，"周启"的禁毒教育很有意义。

今天我是个"不称职"的值勤人员，因为抓单项工作，巡查不能做到"全面""勤快"，而且脾气有点大。记录三件事。

第一件事：吃好饭重要吗？很重要！

12:15开始巡查中餐，四个餐室不同程度存在问题，缺岗的，迟到的，乱糟糟的。因为最近请假老师多，安排和补位不及时，容易出安全问题。到食堂向叶主任和张主管严肃指出问题，再次强调管理协调力和执行力，以及安全管理意识必须加强。吃好饭和上好课一样，很重要！

第二件事：教学质量靠什么？靠日积月累的努力！

中午重点看了语文的数据汇总和质量分析。数据反映出来的问题太明显了，可是，我看到的一部分"质量分析"空话连篇。特别是看到某些语文老师应付了事，这样的工作态度很让人生气！赶紧请几位组长过来分析，然后集中全体语文教师，明确指出问题。罗老师对日常教学注意事项和质量分析撰写进行了简短培训。当然，一次学情分析改变不了什么，教学质量还是要靠平时努力。平时我们是否愿意花精力去研究教学，学生的成绩就会回馈我们"微笑"或"难过"。

第三件事：成人达己的熊老师。

中午看到武汉小学的熊浩老师正在食堂用餐，他是教师发展部请来帮殷霁芬老师磨课的。熊老师听课前先帮殷老师梳理了教学流程，认真听完试教之后，指导殷老师进行游戏的修改、队形的编排，吃完午饭一刻没有休息又逐字逐句地帮助殷老师修改教学细节。本来，熊老师来指导，听完课口头提提建议就可以了，可是，他把同事的事情当自己的事情来关心，从上午第二节课来学校，马不停蹄地忙到下午第二节课。这种敬业的责任心和成人达己的美德真令人佩服。这才是作为教育者该有的样子。

是的，今天实在没忍住，当着大家的面，狠狠批评了某些现象。我认为，谁的面子也没有教育质量和学生利益重要。当个校长就变得"强势""厉害"不是我对职业的最初所愿，责任使然，对工作不敢有任何懈怠而已。且当我"爱之深，责之切"吧！

2019年5月20日 / 周一 / 晴

学校最真实的一面

周一，凉风习习的清晨，站在校门口，迎来两位实习教师。回想起上周和陈琛老师去随州和汉南考察新聘教师，其中一位熊老师在小小的乡村学校支教了三年，五个工作日要全天在校照顾住宿生。另一位陈老师执教数学，同时又要当班主任。两所学校的校领导对她们交口称赞，学校将迎来这样一批新教师，"谷拾"又将注入新的活力。

"周启"上顾恒瑞老师主讲的"做好两操，健康成长"，针对学生的两操情况进行了教育。我校集会的纪律和学生做操的精气神还有待加强，尤其要注意队尾学生的纪律管理。

校务会重点商量了近期几项学生活动，"国文国风"诵演比赛有三个节目进入决赛，手风琴齐奏节目入选区六一庆祝大会。四个节目同时排练，这对于只有两个年级的我们来说，很不简单也足够让人自豪。

近期来校参访的同仁和社会人士较多，上周接待了两波，今天又接待了一波，都是在校园文化方面很有见地的高校专家和社会人士。因为是随机访问，我能观察到学校最真实的一面，发现管理方面还有很多细节没有落实，比如专用教室没有管理制度上墙，专用教室和教室都不太整洁，班级黑板的上面缺少国旗和校训，公共区域有滞留的纸屑垃圾，堆满垃圾的超大垃圾桶放在走道影响观感，随机路过的课堂有被罚站的学生。这些都需要很快地改进，容不得慢慢处理……**细节决定了一所学校的学风、师风和办学品质**。一位校长对我说，你们学校管理得真好，清洁工很有礼貌。还有一位家长说，你们有一位清洁工在训斥孩子，王校长要管一管。大家看，都是清洁工的行为，外来访问者从一位清洁工身上看到了一所学校的管理水平和品质。而我们作为教育者的行为细节，是不是也被孩子、家长和社会看到眼里，然后成为一个学校的文化标识？

5月党风廉政宣教月活动来临，主题党日活动本周也要开展，和徐朝霞老师商量了一中午，她又匆匆赶去参加教研活动了。全年的绩效考核在即，各部门请抓紧整理和上传资料。已经晚上7点多，我离开办公室的时候，行政办公室还是灯火通明，随手拍了一张大家加班整理资料的照片。这群年轻人真拼！

迎着凉风，站在校门口和许师傅聊了一会儿，对安保工作交换了意见。又将是非常忙碌的一周，520愉快！

教育感悟

关键词：深度教学

·为自己活得智慧，为学生活得精彩，指向核心素养的课堂研究时不我待。

·以教师为中心的课堂，很难发现"假装学习"的学生，也无法及时解决学生的"隐性学困"。这一切导致知识意义的丧失、内在认知动机的抑制和教学与生活的脱节。

·我们需要重新审视真正的人的学习，重构"学为中心"的教学理念，推进新型教学模式的构建。

·学习场景从学习空间设置、师生交互手段等角度设置，体现解决真实问题，体现与生活实际的联系。

·作为教育者，我们要始终意识到，知识外储化的信息时代，教会学生获取某学科知识与技能的现实意义在于，最终能解决个人生活和社会生活的实际问题。

·假如把深度教学比喻为一个"庞然大国"，建立好课堂的微观秩序，都是建设深度教学"大国"的地基之举。在微观建立秩序，在中观运用策略，在宏观塑造理念。

·要深入研究学生核心素养，并大胆打破学科边界，去与生活、与世界对接，让学生真正感受学习的价值。

·教育理论在更新迭代，教学在与时俱进，但是课堂教学"不变"的是什么呢？至少包括教师专业基本功和学情洞察力吧。

·教师和学生都是"学习者"，因为教师的备课意味着"前置学习"，从学习超前一步的时效来看，更准确地说教师不是"传授者"，而是"学习先行者"。

关键词：面对问题

·教育问题都可以转化为教育资源，更应该成为教育管理变革的动机。

·我理解的"首遇"即"首问""首教""首导"，遇到学生的任何问题，第一个遇到的教师要积极处理、牵头解决、有效教育。

·有问题不可怕，只要不空谈，问题解决好了是财富。

·问题很多，困惑很多，迷思很多……不着急，当问题频频出现困扰我们的时候，说明我们已经开始打破自己固有的认知，脚下以经验堆积形成的"教育地板"开始晃动了！

·学校办学，校长应该追问：最终的目的和意义是什么？是培养的孩子考上名校，还是让孩子们快乐成长，唤醒与点燃生命？

PART 4

2019—2020 学年：建设可持续发展的教育生态

办学第三学年，"谷拾"家族72人，平均年龄29岁。三个年级，24个班，1125名学生。

"与时偕行，护卫童真"意味着坚持"可持续发展"的教育理念，即提供安全和谐的教育环境，倡导师生健康的学习方式和生活方式，为儿童终生发展奠定良好的基础，为教师职业生活的获得感而努力的教育。用慧言雅语构建"谷拾文化"的话语体系，我们一直用实际行动将"话语体系"转化为实干探索——设计适合儿童成长的空间环境；顺应生命时序赋能人的成长。

用设计思维建设一所美的学校，就是以持续提高师生校园生活品质为目标，依据美学和文化的方式开展创意设计与空间建设，发挥其对人际氛围和生命遭遇的思想价值引领作用。"谷拾之心""谷拾之源""谷拾之家"三大课程学习空间全面启用。

这一年，"谷拾"提出"成人达己，成事达人"的教师文化。实行学术积分、月度评价等机制，努力激发教师发展的内驱力。研究儿童生命发展的时序，结合疫情思考课程与真实世界、与儿童生活的联系。将课程的控制权放开，鼓励师生探索适应儿童的课程。更多形态的课程出现，师生的课程经历更加丰富。

教育部来校调研名校委托管理办学情况，师生代表参加全市义务教育优质均衡发展现场推进会，展示委托办学成果，办学成效逐渐受到业界和社会关注。

2019年9月1日／周日／多云

他们是"谷拾"的美好和未来

今天是开学日。多云，凉爽。

清晨7:20，校门口已经车流如织，水泄不通了。没顾上吃早餐，赶紧去门口值勤，叶主任已经守候在校门口了。上学的秩序略有些混乱，主要是周日车流本来就多，新生家长又不知停车规矩，长时间停靠路边。看来，还需要通过微校平台发布停车图示，进行家长安全送学培训。

送学的家长带着孩子纷纷在宣传展板前留影，萌娃们将手中的"新愿"明信片投入邮筒，寄托美好的新学年愿望。8:00，新学年的钟声响起，全体师生齐聚"谷拾"体育馆，以"庆祖国华诞，与军运同行"为主题，举行了开学典礼。最激动人心的仪式有两项：一是火炬传递仪式。从家长到后勤员工，从教师到校长，火炬在教职工代表的手上传递。火炬承载着每一位"谷拾人"对新学年和未来的希望。二是合唱环节。全体师生挥舞着小国旗齐唱《我和我的祖国》，手风琴乐团的孩子们倾情演奏。飘扬的红旗，激昂的乐曲，让"谷拾"师生满怀希望，整装出发，筑梦未来。

全天巡查，教学秩序井然。一年级当然是关注的重点，老师们真的辛苦了，一刻不停地忙碌。课堂上有的老师组织学生进行自我介绍，有的老师在介绍自己所教的课程。我找年级组长熊忠梅老师谈心，熊老师说大家刚刚加入"谷拾"这个集体，好多工作不熟悉，不知道如何提前预计和规划，难免有措手不及的困难。新校建立以来总是这样，一批新教师刚刚熟悉工作，另一批新老师又加入。我说，不着急，慢慢来，行政人员会多关注、多指导。

偶遇几位老师，他们敬业尽责的细节让人感动：付晓蓉老师在大课间招呼同组老师赶紧去教室候课；包瑶老师吃完饭又去教室看看值班老师是否需要帮忙；本不值班的葛曦睦老师不去休息，在教室里扫地；安全教育时段，副班主任殷霁芬、赵筱茜、陈林娇等老师守在教室；放学路上岳新银老师叮嘱孩子们列队"手拉手，好朋友"。二、三年级的老师们娴熟地管理一切，秩序井然，让人欣慰。全体行政人员更是马不停蹄地巡查，中餐管理在一年级包班指导，放学管理全员上阵，初见成效。

已经傍晚6点，叶主任还带着体育组几个小伙子在大厅分教材。我悄悄在心里为他们点赞。"谷拾"这群年轻人，蓬勃、澄明、有活力……我想把一切美好的词汇献给他们，他们是"谷拾"的美好未来。

2019年9月11日 / 周三 / 晴

对得住自己的职业选择

7:20，好多学生已经来了，保安师傅不忍心让孩子们站在校门外，提前开了校门。我担心孩子来校太早，有的地方无人值守，会有安全隐患，建议班主任反复强调到校时间和安全要求。

晨读时走进一年级，情不自禁在108班带读了几分钟，孩子们很可爱，跟着我反复练习口令儿歌，学习诵读，养成习惯。"小鸟要休息了！"这是要求把书放在桌面上；"小鸟要起飞了"这是要求打开书翻页准备诵读。"读书时"——"书斜立"，"请翻书"——"翻好了"，这些师生对答的口令特别有用，课堂上立刻显得氛围十足。建议一年级教师专题研究一下组织课堂和管理班级的儿歌，低年级各学科可以用相对统一的口令，以免新生要去适应不同学科不同老师的"规矩"。午休纪律特别好，每个班级都在老师们的组织下安静休息。课间列队也很不错。

周华主任经过考核调入学校，他年富力强且有丰富的管理经验，和王婷主任一起分管教师发展和教学。今天我们三人讨论了本学期教学工作要点，协商如何推进学术团队活动，拟进行"备—研—磨"学术"闭环"管理，充分用好专家资源。各部门也在积极核算和汇总目标责任奖的事项和数据。

家校沟通和社团课程筹备是两大挑战，学成部李文熙主任敢啃硬骨头，不断创新工作维度和工作方式。一些问题很难立刻解决，必须调整心态。比如，近期与一位一年级家长沟通比较多，她的孩子上课有些坐不住，也不能好好同老师讲话。开学以来，这位妈妈对保安不满意，对老师不满意，对同学不满意，总是怨言满腹。就像电视剧《小欢喜》里的父母一样，成天焦虑，好像孩子的问题都是学校教育的问题，和家庭没有关系似的。老师面对家长的责难，心情挫败，灰心丧气。我劝这位妈妈，总是焦虑对解决问题没有任何好处。一个人看到的往往只是他自己想看到的，当我们带着情绪去看待问题，就容易掉进认知的陷阱。通过深入、耐心的沟通，家长能换位思考，表现出积极合作的态度，孩子慢慢能稳定心态来上课了。

我觉得教育最难之处在于处理家校关系。不是每一位家长都能理解我们，我们也做不到事事无比正确。彼此之间有差异、有嫌隙、有误会，考验教育者协调人际关系的能力。我们也许不是最优秀的教育者，但我们尽可能包容。**凡事包容，凡事坚持，凡事仁爱，从而构成教师职业的完整性。努力朝着心中的目标走去，总要对得住自己的职业选择。**

2019年9月23日 / 周一 / 晴

爆"痘"

清晨的校门口格外忙碌。家长送学的叮咛不绝于耳，爷爷奶奶们特别不放心小孙孙，总是堵住校门，踮脚引颈看着孩子远去的背影。

近期水痘发病率高，为避免在公共场所交叉感染，上午各班在教室开展"周启"活动。

走到四楼，看到303班、304班、305班的学生格外认真，静静肃立，通过广播听主讲老师讲述爱国的专题讲话。遗憾的是，303班因为有4例水痘发病，午餐后停课了。中午遇到家长们来接孩子，班主任潘老师特意守在教室笑容满面地耐心解释，指导家长在告知单上签字。老师的良好心态，使家长不那么焦虑。

上午学校接待了教育部国培项目骨干班主任培训班学员来访。行政团队带着参观团走遍校园，这些班主任一路拍照一路提问，对学校的办学环境啧啧称赞。偶遇的孩子们很有礼貌，遇到陌生的老师们，鞠躬问好，笑眯眯地打招呼。我们"谷拾"的小朋友真可爱！有老师问："王校长，你们学校是不是经常接待参观啊？您看，你们的学生上课完全不受我们参观老师的影响，该学习照样学习。遇到的孩子都很有礼貌。"我顺势给她介绍了儿童文明素养培养的工作，她频频点头，说下次还要带团队来学习。

随后，赵筱茜老师执教了节气课，在拼图游戏中引导孩子们学习节气知识，体验小组合作，受到听课教师的高度评价。一位来自天津的教师培训学校管理者对校本课程开发感兴趣，这也增加了我校要积极物化成果的紧迫感。李文熙主任全面介绍了学校办学特色，临走合影时，老师们还不断称赞我们的办学特色。

下午，即将参加下校视导的小琴和圣杰两位老师分别试教，李文熙主任和我参与听课研课，探讨写话指导和英语绘本阅读课型。

我觉得和老师们一起研课，一边评析一边思考，很受启发。语文和英语都是人文语言类课程，有好多相通的教学理念和方式，值得我们深入体会。这周共有5位教师生病需要安排代课，代课量很大。看到王婷主任着急的样子，我也想替她分担一下，下午去代课一节。还有很多老师积极支持代课任务。

唯愿秋季易病之际，大家多加珍重。对"谷拾"来说，每一个你都很重要。

2019年10月13日 / 周日 / 晴　☀

说狠话的男孩

因为国庆节调休，今天孩子们要上学。庆祝建队日，学校安排了丰富的少先队活动。上午的"周启"是建队日教育专题，大队辅导员沈子琦老师以"习爷爷教导记心中"为题，讲述了习总书记对少先队组织的关怀和对少年儿童成长的关心。下午，三个年级分别开展了活动，一年级初步学习少先队的知识，二年级开展建队日活动，三年级同学讲"我和红领巾"的故事。我和周书记全程参加二年级活动，少先队员们看到自己的中队辅导员走上台去，兴奋得鼓掌欢呼。老师们的脸上洋溢着幸福的笑容。印象最深的是合唱队的孩子们，一曲《红领巾飘起来》，动作整齐，正能量满满。

中午午休时偶遇一年级的男生航航，他又在走廊闲逛。这孩子经常不服从老师管理，四处闲逛成了常态。这次他见了我，刺溜一下子跑到了庭院。嘿，这下子我进他退，我再进他再退，僵持住了。我说："你过来。"他说："我就站这里。"情绪和我对抗起来。我准备掏出电话找班主任，他大叫着："敢打电话，我叫妈妈打死你。"一连说了几次，情绪失控，大喊大叫。班主任张豪老师赶来了，我俩劝了半天无效，航航扑上来抢手机，还用小拳头捶打张老师。张老师赶紧抱起航航放到办公室的小房间静坐。鉴于最近航航的表现，航航爸爸正在校门口守候，赶紧进校园来。航航爸爸说，航航从小调皮，妈妈管教严格，有时脾气上来了还会打儿子。这孩子一上小学，就常常骂老师和同学。我对孩子行为进行了分析，觉得他打骂人，是与他人情绪对抗的表现，是没有安全感时一种保护自己的方式。理解儿童，真的不是一件容易的事，即使孩子说要"杀"了我，也要听懂这句狠话背后的求助、脆弱和恐惧。

家庭教育和学校教育不同，提出了几个家庭建议，如设立静思角、家庭平等协议、不要打骂等。等航航情绪平静下来，爸爸领着他来办公室向我道歉，航航看到展示柜上的奖牌和奖杯，看到一个"最佳老师"娃娃，问这问那。我给他讲奖杯的意义，讲那个奖杯娃娃的故事，鼓励他去改变、去进步。最后他眼睛亮亮地说："我以后也要一个拿奖杯的男娃娃。"

2019年10月21日 / 周一 / 晴

把心放在"谷拾"

不知不觉到了10月下旬，一年级的孩子穿上了雪白的衬衣和毛衣校服，显得格外精神。灰色针织外套成了校门口最美的风景。

"周启"上大队辅导员沈子琦老师和中队辅导员张越老师做了主题发言，进一步进行了少先队的教育。全校师生学习了习总书记在少先队建队70周年的讲话，感受到国家领导人对少先队员的关怀。

全天巡查三次，每一次都有孩子热情地和我打招呼。中午碰到一群孩子在走廊排队跑火车，情绪高了就控制不住地大声喊叫，尖叫声此起彼伏，一个小胖子抱着同学的腿压倒了一排同学。我说不能这样玩游戏。一个小女生仰起头说："那我们可以玩什么呢？"是啊，玩什么呢？玩耍是孩子的天性，压抑爱玩的童心不是教育的最佳办法。校务会上就这个问题展开了讨论，一年级老师提出开放庭院自由活动的想法。而全校区低年级孩子有40个班，2000余人，完全开放户外区域让孩子自由活动有很大的安全隐患。按时段和班级有组织地开放自由活动区域比较适合校情。

下午听叶校长讲了一件家长纠纷事件，起因是同一个班级两位家长因为一方孩子无意造成另一方孩子牙齿受伤，双方就赔付金额有分歧。叶校长前期已经调解了好几次，今天还没来得及谈话，两个人已经打闹起来了。最后去派出所经警官调解才作罢。听后感慨于我们的家长的素质。受伤方本来是有理的，可是为了要求对方赔付更多钱，几番威胁对方，弄得对方家长无法容忍。两个本来交好的孩子关系是不是也会恶化，无法延续友谊呢？这样的家庭教育真是令人担忧啊。

管理人员和老师们经常被偏执的家长困扰，我常听到这样的言语：孩子在体育课摔跤了，一定要交出某老师；我对学校某件事不满意，要去教育局投诉；老师不答应我这件事，我就去告校长……年轻老师真的压力好大，因为年轻，因为缺乏经验，不能让每一位家长满意。吐槽、质疑、挑剔成了随时会面对的家校沟通"雷区"，看到他们困倦的身影，有时会担心他们的抗压能力。

今天又仔细回味了党员老师们的学习感言，一位党员老师讲的一段话很触动我：教师，是一份需要情怀的岗位。当你沉浸于自己的工作时，你就没有那么多闲暇时间去胡思乱想了。**常怀一颗平常心，不抱怨，不曲解，不怀疑，去相信，去改变，去学习，你会看到一个不一样的世界**。也许你会发现，你所舍弃的正是别人所努力争取的，无论你认为现在的获得来得容易或者不易，请你偶尔抬头看看你周围忙碌的身影，留意每天最后离开办公室的那位工作者，再回想一下自己选择来到这里的初心。既然选择了，就要一如既往地去信任。怀疑，只会徒增自己的烦恼。心之所向，情则所往……

把心放在"谷拾"，留下自己爱校、爱生、爱同伴的情感，自会有爱与收获藏于心中。

2019年11月18日 / 周一 / 阴

没有不流汗的耕耘

　　7：26，我站在大厅楼梯观望，校门留了一条缝，好久都没有一个人走进校门，连保安师傅也不见踪影。今儿大风降温，估计大家都不愿意早早离开温暖的被窝儿。8点的钟声响起，这个时刻，就算被冻得再凌乱，也会瞬间安下心来。新的一周又开始了……

　　校务会上讨论了近期工作，专题讨论控制近视率的问题。我们要办可持续发展的学校，就要在教学的减负增效上下功夫，在学生身心健康发展上下功夫。控制近视率，让更多孩子保留一双视力正常的明亮眼睛，是让孩子受益终生的好事。

　　周书记的大宝生病了，不能去幼儿园，家里也没有人照看，只好把她带到学校来上班。我一进办公室，发现她一个人在安安静静地捏彩泥。周书记四处忙碌，不见踪影。我不打扰她玩耍，在一边做事。她玩尽兴了突然想起什么，跑到我跟前嘟嘟囔囔地说："我生病了……我很乖……不要扣我妈妈钱。"哈哈，估计是怕我怪她妈妈带她来上班，又怕我觉得她影响我工作。真是个天使宝宝！就这样，她咳嗽着陪我们，周书记坚持加班到7点才回家。天使宝宝有个敬业的妈妈！

　　近期教学工作安排比较密集，大家没有怨言地接受任务，尽力完成，感念！尤其是陈威老师，这个小伙子真不错。我在校务会上提议给他压压担子，让他作为数学教师代表去操办"教学开放日"

的展示活动。会后他得到通知，虽然有点意外，但他一点儿没有推脱，立刻积极准备起来，连夜备课，第二天请教马老师和李校长，第三天主动邀请我和周主任去听试教课。就这样，他毫不懈怠，每天进步。还有王婷和徐朝霞主任搭档配合，要向家长全面汇报教学工作。这样的安排一方面能给老师们减轻随堂听课的压力，另一方面可让家长了解学校教学现状，增强对新校教学质量的信心。

为教学质量忙碌是内练真功的必经之路，也是教师的本分。没有不流汗的耕耘，没有不吃苦的收获。"谷拾人"，加油！

2019年12月2日 / 周一 / 晴

回归童年，是探寻儿童教育秘密的最佳途径

2019年的最后一个月如期而至，渐渐走入冬天的寒冷。周一和往常比没什么不一样。我站在校门口迎接孩子上学，发现校门口的保安师傅有点变化。新来是一位师傅已经开始和学生相互微笑问好了。还有一位看到校门口的垃圾主动捡起来。这些表情和行为的细小变化，让我感觉他们慢慢融入了这所学校倡导的文化。

"周启"上陈宝姬老师主讲了"遵纪守法"主题。将宪法教育转化为守纪教育，贴近小朋友的认知水平。校务会满满当当的议题，大家有感于日常事件，从工作事务说到了一些教育现象，比如部分班级课业负担较大，比如某些教师不支持学生积极参加社团活

动。确实，所有外在教育行为和我们内心的教育观念是相通的。修正"育人观"是我们要终生努力的事情。

中午巡查餐室，秩序井然。忽然接到一个陌生电话，是我以前的学生辗转联系我。我初步了解了这个青年的成长轨迹。中小学上的都是武汉名校，本科在武汉大学就读，从美国名校研究生毕业，入职500强企业，留驻硅谷。武汉小学有好多优秀学生的人生轨迹都是这样。他们回望小学教育的时候会说什么？感受到什么？我很好奇，想与他见面时询问并探究，从个例中寻找基础教育的能量与对个人成长的激励作用。在儿童阶段，到底是什么对孩子起了作用？我突然冒出一个想法，**我们作为教育人可否回溯自己的童年，想想是什么经历促进或阻碍了我们的成长？**

也许，回归童年，是探寻儿童教育秘密的最佳途径。

2019年12月9日 / 周一 / 晴

为自己活得智慧，为学生活得精彩

大雪节气过后，天气依然不冷，真是个暖冬。孩子们戴着各色可爱的帽子、口罩和围巾，萌萌地走进校园。

本周是科技周，"周启"上毛静慧老师主讲"农耕的'时间科学'"，这个切入节气文化的角度特别好，从时间的角度讲解了中国古人遵从时序生活的智慧。学校聘请农科院张润花博士为"科技副校长"，重点指导学校"节气农耕"课程的研发并开展科普讲座。我带领张博士参观了时节空间，聆听她对种植的想法和建议。"自然缺乏症"是光谷孩子普遍存在的生活状况，利用楼顶的"绿地"实施综合课程，能在一定程度缓解儿童的课业压力，提供更丰富的课程体验。

上午的校务会讨论了近期工作，如科技周活动、小寒迎新会、期末复习课业负担等，还就月度评价情况进行了汇总。尤其关注无"优"教师的实际工作情况，看看是否有全面关注教师成长的"视线死角"，尽量给予教师公正全面的评价。周蕾书记分享了李镇西的报告《面向2035年的教育》，在育人观上深受启发。

下午开了支委会，讨论组织生活会和12月主题党日活动方案。全天巡查秩序正常，午托各班纪律特别好。关于全面关爱学生、控制课业负担有几点提示：

（1）保证学生课间正常休息，不拖堂、不占用。拥有个人的闲暇时间是人权的基本保障，也是产生智慧的因素。我们作为成人都不愿意大量加班，为什么逼迫儿童每天"加班"？

（2）作业适量，不能企图通过大量机械"刷题"提高学生成绩。人工智能时代，未来职业将发生深刻变化。所以，不要把儿童当机器人训练，若所谓的学习磨灭了儿童的智性和灵性，那么，我们不是在教育他，而是在毁灭他。

（3）布置的作业要全批全改，没时间全改的作业就不要布置。己所不欲，勿施于人。多简单的道理。

教育的跑道不止一条，人生的轨迹也不止一条。我们何必用一颗"好心"，负责任地办"坏事"。否则，我们为学生付出了时间成本和精力成本，也将以"一无所获"而告终。为自己活得智慧，为学生活得精彩，"高效课堂"探索时不我待。

2019年12月30日 / 周一 / 晴

新年前的最后一个上课日

Ding！有一份新年礼物待查收！

按照"与时偕行，护卫童真"的办学思想，我们在制作一份新年礼物。周书记和筱茜老师紧盯制作单位的设计质量，直到今晚10:30还在讨论创意、修改。

Ding！有一位校长深情总结！

文熙校长在"周启"上总结了2019年我们怎样跟着节气过日子。最后，她说："2019年的冬至已经过去，长夜等待2020年的晨曦，冰河等待2020年的涌动；枝头的花苞等待2020年的温暖，江边的垂柳等待2020年的抽芽；泥土里的蛰虫等待2020年的苏醒，南飞候鸟等待2020年的北归。新年代的鼓点越来越急、越来越响，大家都在等待这崭新的时刻。'谷拾'的你们准备好了吗？让我们继续努力，用更好的自己，迎接2020年的到来！"

Ding！有一位专家来校，超开心！

华中师范大学郑勤教授是我的老朋友，他旅居香港，近期返汉，立刻来校访问。得知我们在全市展示武龙课程，非常开心。作为武龙运动的创始人，他欣然和孩子们一起开心"武龙"，还指导体育组教师，就进一步开发武龙操提出很有创意的建议。

Ding！有一个小组认真评议！

绩效小组面对诸多优秀的候选人，认真讨论，一一发言，民主投票，郑重表态，肯定了许多老师的优秀表现。从票数看，倾力付出者和业绩优秀者终将得到团队肯定。

2019年12月31日 / 周二 / 晴 ☀

牵着光阴的手，遇见美好

时光匆匆，"谷拾"走过了第三个年头。

总有人问，光谷十小是一所怎样的学校？任何概念的表达都显得苍白，每天发生的故事更能让人读懂她。

这一年，我们录制了一次快闪。一首动听的歌再次打动我们——"我和我的祖国，一刻都不能分割"。不管社会身份是校长、教师，还是家长、学生，唯有"中国人"的印记不可磨没。"谷拾人"铭记自己的教育使命，深知明确教育方向的重要性。"与时偕行，护卫童真"是我们的教育信条。我们希望培养出文明自觉、文化自信、心智自由的中国光谷孩子。

这一年，我们建设了一间"谷拾之家"。**"教育儿童的工作不只是一场辛苦的付出，更是一场精神的探险。"**这句话是我说的，贴在了照片墙上，我们为教育所花费的时间、精力和智慧是为了儿童校园生活的安全、自在和欢喜。我们觉得，成人的幸福与否，与他（她）在儿童时期的生活紧密联系。设计思维，可以帮助我们找到儿童成长的独特价值，找到教师寻求职业生活获得感的密码。

这一年，我们设计了一本《谷拾学生综合素质评价手册》。翻开插页，一棵"七有"成长树寓意着我们"谷拾娃"要像大树一样葱郁成长。时节如流，生命不息，人的成长何止七个维度。我们从来没有停止探索的脚步，在"教育评价"的阶梯上一步又一步前进。

这一年，我们打磨一节好课。课堂，与伙伴共研，向家长开放，同校区互动。我们不是在课堂，就是在去往课堂的路上。教室里传出的读书声、发言声、讨论声，是"谷拾"最美妙的音乐。三五一组，十余人一群，紧紧依偎，切切商谈，集体备课的场景是"谷拾"最诗意的画面。

这一年，我们迎来了一群新伙伴。27位新加入的教师，为我们的团队注入活力和温度。一所学校，最宝贵的财富就是教师。可爱又可敬的老师们，因为热爱而勤奋，因为际会而美好，逐渐形成"因爱而学，因人而美"的学校生态。

我们一直在用实际行动探索着两件事：设计适合儿童成长的空间环境；顺应生命时序赋能人的成长。

站在2020年的门前，我们对迎面而来的日子充满祝福和期待……

祝福孩子们，希望你们能睡得足、吃得好、穿得暖、学得美。希望你们每天微笑地走进校门，为与老师、与同学的遇见而开心；希望你们在课堂自信地发声，为与知识、与能力的遇见而开心；希望你们在校外愉悦地活动，为与自然、与世界的遇见而开心。

祝福老师们，希望你们的职业生活充实而有趣，心情平和而满足。希望你们爱自己，面含微笑，多陪家人；希望你们爱学生，目光所及，善待儿童；希望你们爱同伴，珍惜缘分，感恩遇见。教育不是让孩子更高、更快、更强，而是让孩子和我们更真、更善、更美。希望你们在日日琐碎中调适"发现美好"的心态，增长"遇见美好"的能力。

祝福家长们，陪伴孩子再次走过美好的童年，不急不躁、载歌载舞。感恩你们的理解和支持，愿意把孩子交给我们，把心和希望放在这所校园。

祝福我们的学校，这所在武汉小学扶持下诞生的、从光谷土地上拔节生长出来的新学校，有着具有文化传承的办学脉络和自主发展的蓬勃朝气。感恩光谷教育人给予我们的厚爱和期待，让我们遇见了更好的发展平台。

2020年，回归自然，回归童年，我们会遇到更好的教育。在室内聆听谷穗沙沙，不如像孩童一样，去谷地播撒欢乐；在窗前注视满地金黄，不如像孩童一样，蹲树下拾取落叶。让自然的力量与生命的力量相互碰撞，精神不受束缚，生命的可能性没有边界。

所有的祝福和希望，都指向一个远方——牵着光阴的手，遇见美好！

你好，2020！

2020年2月5日 / 周五 / 晴

"谷拾"阳光，冲破疫情阴霾

2月1日正逢大年初三，我在校内发起了开辟公众号"谷拾阳光"专栏的提议，30多位教师积极响应、志愿加入。半天时间，通过组群网聊完成方案策划，确定了四个专栏版块：健康生存、智趣生活、尊重生态、感恩生命。命名为"谷拾阳光"，是希望宅家隔离不能出门的孩子冲破疫情阴霾，迎接希望阳光。

我在专栏第一篇中写道："我们是一群武汉的小学教育工作者，我们叫'谷拾阳光'。'谷拾'是我们喜欢的学校简称，有汇聚成谷、追求卓越、拾取力量、致力行动的意味。大朋友们，疫情袭来，武汉不易。我们除了保障自身和家人的生命安全，我们还能为家乡孩子做些什么呢？告诉孩子，生命如此珍贵；告诉孩子，师爱就在身边；告诉孩子，社会还有温暖；告诉孩子，大人正在努力。告诉孩子，我们虽然不能见面，但是我们一直在一起。"

从2月1日开始，"谷拾阳光"每天都会为学生推送至少一篇帖子。正如在开篇辞中写的："孩子们，希望'谷拾阳光'在这个特殊时期送给你们温暖、勇气、友谊和爱，让阳光洒进每一个人心里！"我们力图在原创网文里体现"谷拾人"独有的教育智慧，并用童趣和温暖去化解学生内心的恐慌。怎么让孩子们理解病毒传染和隔离呢？周蕾书记连夜录制了一个绘本故事《溜达鸡》，用动物们的故事来讲述居家隔离的意义。戴口罩在此时是多么重要的卫生习惯，李文熙副校长原创了《口罩侠》的故事，鼓励孩子们化身勇敢的"口罩侠"。美术老师时明远发明了"武汉加油棋"，下棋双方的博弈模拟了医护人员与病毒的大战。音乐组教师开启音乐"云中榜"，美术组教师征集抗疫儿童画实施"晚安计划"。

慢慢的，"谷拾阳光"像一抹温暖、一线希望，守护一张安静的书桌，帮助我们的孩子内心安定下来。

2020年2月10日 / 周一 / 晴

开学典礼讲话

今天是2月10日，本应该是我们全校师生开学见面的日子。但是突如其来的疫情阻隔了我们。我提前录制了开学仪式的发言视频，以此来激励全校师生克服困难，开始探索线上学习。

2020年的寒假过得太沉重了，病毒夺走了我们的新春，抢走了我们的欢乐。我们武汉人，在打一场生死阻击战；我们中国人，在举全国之力"逆行出征"。

今天是我们空中课堂的开学日。停班不停教，停课不停学。为了保证孩子们的学习效果，老师们从大年初三就开始备课研讨了，直面网课的特殊挑战，用学习的力量对抗条件的限制。同学们也许在想，网课是在家里上课，身边没有老师督促，没有同学陪伴，我们为什么还要坚持学习呢？

在灾难面前，我们的无知让我们变得渺小。通过这次疫情，我们要更加懂得学习的意义。唯有通过渊博的学识去发展科技、医疗和教育等，才能用以解决全人类所面临的共同问题。可能就是我们的孩子，在未来的某一天，也会为了人类共同的命运而奋斗。

我们的学生年龄还小，居家自学，难免孤单。老师们要将网络学习平台结成学习共同体。身为武汉的老师和小学生，我们要知道武汉人有一种勇气叫"不服周"！越是艰难，越要"不服周"，还要"铆起来干"。那就从此刻开始，从一节课开始，从一次作业开始，从一次课间操开始……教书，是一种责任。让我们聚集力量，越是艰难，越要"铆起来干"！

疫情与生活、生态与生命紧密相连。开学延迟之时，我们应想一想，要成为怎样的自己？想拥有怎样的人生？我们不妨建设一套居家的生活秩序，通过坚持不懈的学习与思索，去寻找人生答案。

我们一起加油，"铆起来学"！

2020年2月10日 / 周一 / 晴

线上教学第一天

2月10日，空中课堂开学日。过年期间就开始准备的线上教学终于落地了。全天空中课堂的上线人数，上午为1086人，下午为1094人。上线率较好，约96%。通过前期调研，有20名学生不具备网课学习条件，可是今天未上线的有43人。对于有条件而未参与学习的孩子，班主任要跟进督促，及时与家长取得联系。

上午，赵筱茜和杜小琴老师圆满完成了一、二年级语文直播课任务，在线教学效果很好，受到教研员和家长好评。这得益于语文主播每天都在进行的磨课和试教，三位语文骨干老师的出谋划策、传授经验，不遗余力提携后辈。整个团队积极上进、业务精进。全天线上教学情况整体平稳，未出现大范围网络卡顿现象，直播平台运行稳定。各年级的网络学习安排秩序井然。学校的各项通知，老师们能够很快在班级群里传达，工作效率比较高。语文组学习资源比较统一，说明在备课组内进行了商讨。数学组使用QQ群辅导作业，利用口算APP训练计算能力。术科组毛静慧老师直播内容有趣，能有效吸引学生学习。英语组有使用小程序辅导学生进行英语学习的，也有使用QQ群语音直播指导学生学习的，学习的方式多样。全体教师都能在家长遇到问题的时候，积极回应，及时解决问题。

可改进的地方：

（1）上午教学因无法互动，很多家长忙着拍照打卡，群内信息较多，不利于教师组织静心学习。建议在微校平台的考勤栏里打卡，学习群内，教师只进行学习辅导，及时总结经验，建立本班网络学习的规则和秩序。

（2）尽早发布术科直播通知，尽早发放需要的学具材料。

（3）建议学生作业提交到微校平台"我的班级"，老师可以一一批改点评。下午辅导时间集中用来解决共性问题和难点问题，而不是一个个点评作业。这样可以避免群内大家围观，花了不必要的等待时间，也保护了学生的自尊心。

（4）坚持关注学生的用眼时间和视力健康。

2020年2月10日 / 周一 / 晴

艰辛而又美好的开学日

最近，我被线上教学和办公逼成了"技术牛"。做课件，试直播，录屏微课，开视频会议。我这种牛，是技术不牛，态度牛。

昨晚真正做了一回苦兮兮的"老黄牛"。白天安排事务和试教，晚上熬夜琢磨开学典礼的发言视频，一遍又一遍尝试录音录屏。为了做好开学典礼的讲话视频，几乎通宵没睡，各种技术问题差点把自己整疯。发现自己需要学习很多信息技术，幸好有儿子随叫随到，点拨一二，还能顺手给没挪窝的我一杯热茶。

　　凌晨1点，文熙校长还在与我联系，说进展，讲问题。小琴第一天就有语文直播课，却还在为典礼主持熬夜，我们都心疼啊！我催她们快去睡，要不然我跟着"心慌慌"。

　　但今早的开学典礼直播还是卡在网络上了，直播没有弄成，大家的心血没能及时精彩呈现，更因为我通宵努力的结果没有及时播放，文熙校长心塞得很，心里特别难受，特别遗憾。她说："开学典礼真的特别好，几个视频很让人感动，其中有很多老师和孩子的身影，尤其是您的讲话。"我对她说，事情过了就过了，我们熬夜为孩子们做了一点事，即使不完美也尽力了。过了一会儿，她给我又发信息："我给大家发了一封信，今天一天看到的、做的、听到的，有感而发，就发了这个声。"

　　果然，微校平台上开学典礼的视频和一封信都发布了。看了两次，看到老师们在家备课的镜头，看到"谷拾阳光"的视频合集，看到孩子们又唱又跳的纯真的加油，眼含热泪啊！

　　朋友圈里看到刘彩红老师发的一张照片，一位女孩端端正正坐在田野的小路上收看网课，还有几样工工整整的作业。刘老师说："从孩子端正的坐姿看到，课堂是神圣的，无论课堂在哪里；听课是认真的，笔记为证；作业是精细的，标记日期，书写工整，便于后期翻看。为孩子和父母点赞。"

　　开学筹备的每一天都让人心潮涌动。这已经是今天我写的第三篇手记了，艰辛而又美好的开学日，实在让我难忘。

2020年2月18日 / 周二 / 晴

全学科答疑，以学习者姿态陪伴

看到全市线上教学的作息时间表的时候，我就想：下午两个小时的答疑，该怎样系统安排才能有效且适用？

方案一，粗放型。放手让各班任课教师自主安排。

方案二，分段型。将两个小时分成三个时段，当然是安排给语、数、英这样的考试学科。

方案三，全科型。教学部门像安排课表一样，将所有学科纳入答疑时段，发挥全学科的育人功能。

我和管理团队商量，最终选择了方案三，全学科安排答疑时间。因为我们一直坚信，即使是疫情时期，发挥全学科育人的价值必须坚持。这是对全区统一课程的有益补充，也是学校个性化辅导方案的呈现。要依据学情，凸显校情，结合教材内容和当前社会生活，做好学生的身心健康教育。

我校负责全区一年级语文直播课，根据区教发院的指导意见，安排了课内新授课和课外拓展课两种课型。课外拓展课的教学内容是我校语文团队独立开发的，全区语文教师并不了解，下午怎么实现有效答疑和辅导呢？我提出这个问题以后，张咏梅老师积极想办法，号召主播教师一起整理了教学内容材料，图文结合，内容翔实，提前发布到区教研群，分享给同行，很好地解决了一线教师答疑和辅导的困难。区教研员肯定这个举措"做得从容"。

　　"从容"两字也是张咏梅老师面对线上教学挑战的状态，她作为一年级语文组的组长，很好发挥了"定海神针"的作用。不论是整理线上教学资料，还是指导教师研究直播教学，抑或站在全区教师角度考虑答疑困难，都能做到从容有序，周全考虑，稳步推进。

　　线上答疑时，学生希望"多参与"、渴望"被听到"，可是直播条件有限的老师该怎么办呢？这定让不少老师为难。莫急，数学徐朝霞老师有小妙招。她发现最熟悉、最常用的QQ"语音互动"能帮大忙。例如计算训练答疑，她为学生提供练习讨论的素材，提示规范答题的要求。一场"语音互动"答疑大会就有滋有味地开始啦！老师们实实在在地运用最基本的技术手段，实现答疑时师生互动，构建了线上学习的良好师生关系。

　　居家生活如果都是上午听课和下午作业，就太无趣了。家里那些随处可见的生活用品，仿佛召唤着科学老师快来"解救"生活单调的孩子们。铛铛铛铛——我们的科学宝藏毛毛老师上线啦！毛静慧老师精心准备了一系列有趣的科学小实验——"浮起来的金属"，"水中慢慢绽放的纸花"，"试一试，一枚硬币上可以滴多少滴水"，"杯中的水满而不溢"。硬币、别针、剪刀、纸片这些常见材料也按不住寂寞了！哇——哇——还有水杯和锅碗瓢盆"粉墨登场"。直播答疑时间，孩子们欢欣雀跃地找出这些居家小物品忙活起来，连在忙碌的爸爸妈妈和爷爷奶奶也跑来一起玩。孩子们通过观察和实践，生动地理解了"水表面的张力"和"毛细现象"等科学小知识。隔离学习不孤独，全家陪伴乐融融，生活实践求真知，居家生活有妙招！

　　学校管理团队和教师代表经过几次教情学情研讨，发布了《在线答疑及个性化辅导实施指南（试行）》，从答疑形式多样、答疑内容适切、答疑平台规范三个方面提出了答疑内容指导意见。做到全学科答疑，以学习者姿态陪伴。

2020年2月20日 / 周四 / 雨

阴霾笼罩下的温暖

"谷拾"校长团商议，校园巡查不能因为疫情而疏忽，大家做好防护，轮流来校，为值班师傅送去水果、防疫物资，查看记录，了解校园消毒情况。守住学校，就是守住"十小"人的家。我们太爱"十小"，爱这里的每一位师生，这里是大家梦开始的地方，这里承载着光谷教育的希望。因为这份爱，我们心中有太多的挂念。

我带领着管理团队的同伴，挨个拨通教师电话，一句句关心、叮嘱。老师线上一个个关心着孩子和家长的健康。"白衣逆行者"的子女一直也被"谷拾"牵挂着，学校、老师、同学不间断地给予关爱和帮助。中国少年儿童出版社"知心姐姐"看到学校的公众号发文，从北京连线为医护人员的子女送来关心和祝福。周蕾书记得知一位学生的奶奶重症隔离，爸爸妈妈确诊感染，校长团队聚力为家长想办法，打电话关心、安慰家长，直到家人入院，孩子一切平稳。"谷拾"人爱的能量就在彼此的关心、叮咛中不断累积。

想到孩子们隔离在家，不能出门，没有玩伴，大家都很揪心。

大年初三，我组织管理人员开线上会议。我提出，疫情当前，作为教育工作者，我们要为孩子们再做点什么。于是，"谷拾阳光"项目组于新年应运而生。本着"关注儿童需求，传播科学知识和心理正能量"的目的发起呼吁，教师同伴积极响应。半天时间，"谷拾阳光"项目组完成方案策划正式上线，汇聚健康知识、生命教育、家国情怀，拾取爱与智慧，希望让宅家隔离不能出门的孩子，冲破阴霾，迎接阳光。当日，我撰写了栏目开篇辞，应和着向阳的图片，带给师生、家长希望，携手冲破阴霾。

管理团队带头齐齐上阵，大家承诺，"谷拾阳光"会一直陪伴孩子，直到春光明媚。周蕾书记抱着奶娃，学习软件编辑，生动地为孩子们讲述绘本故事。文熙校长给孩子们写故事，将原创的《口罩侠》送给最爱的孩子们。这些动情的故事、有趣的游戏被武汉教育电视台、武汉市妇女儿童协会等媒体发现，相继推广。大家克服各种网络、设备的困难，把想对孩子们说的话用文字、用录音、用图片呈现，每一天为孩子们带去足够的能量。截至今日，每日发文不间断，已有推文18篇。我们将一直陪伴着孩子们，为孩子们送去阳光。体育老师录制居家运动视频，心理教师在"谷拾心灵树洞"中与师生、家长交流，音乐老师自创杯子舞、健身舞，带领家长、孩子活动。在这个特殊的时期，"谷拾阳光"连接着"谷拾人"的爱与智慧，用故事、游戏、活动让大家聚集在一起。每日栏目内容的发布，使"谷拾阳光"能量不断播撒。"谷拾阳光"得到区教研员老师的关注和指导，体育居家课被教研员李宏斌老师推荐参与全市体育空中课堂课程，心理健康老师梁忠对我校疫期心理工作大力赞赏，并给予指导。当然，孩子们在班级群里互动交流，不再孤单；视频里，他们嘴角上扬，斗志昂扬，阳光闪现在孩子们的脸上、眼中。

2020年2月24日 / 周一 / 晴

用阳光心态加入这场保卫战

　　线上教学第三周。新一周的学习生活在"周启"中展开，沈子琦老师主持，龚紫晴老师讲述居家消毒知识，毛静慧老师讲解科学知识。301中队的郑玮琳大队长录制了小视频，讲述正确的洗手方法。最后，文熙校长对方舱医院广播筹备工作进行了全校倡议。学成部的小伙伴们用心了，隔屏都能感受到她们精心的策划与满满的心意。全天线上教学情况良好，学生参与度较高。各科老师能统一行动，课前有提醒，课后有小结。按照学校要求均不布置家庭作业，切实提高线上教学有效性，减轻学生负担。学校上周对下午个性化辅导进行了电话跟踪回访，家长均能反馈孩子的作业情况，反映班上老师很负责，针对孩子的问题单独指导。没有听到的课，老师能单独发微课视频给孩子补课。家长对老师们的付出非常感激。

　　今天对参与语文直播和日海方舱广播筹备工作的老师们来说，又是无比辛苦的一天。张越老师完成了直播首秀，接着又试教明天的课。语文教师纷纷在评论区留言提建议。课后还意犹未尽地在主播群继续研讨。中午饭后，我与张越老师通了半个多小时的电话，对着课件一页一页地抠教学流程，理顺思路。直到22:40，张越才录完明天的直播课。这经历真不是"辛苦"二字可以形容的。晚上我写着直播课的总结，进一步思考这项工作在学术研究上的价值。我以"语文直播课，成长比期待更多"为题继续修改稿子，一边写一边与主播老师截图交流、搜集素材、制作视频……直到深夜，主播群还被我"搅"得热闹非凡。看到对话截图中老师们累极了的真实感叹："改不动了""又是一晚上没睡觉""我太紧张了""有个问题我卡住了"。那些话，平时也许不太敢跟我说、跟同伴说、跟师傅说，此刻，反而让我觉得她们是最有人情味儿、最可爱的人。

0点，终于写完了新闻稿件。这时，文熙校长发来了一个文档，条款式记录了筹备方舱广播的工作，一条条看来，既感慨又心绪复杂。

24 小时，我们完成了策划方案和工作部署。

48 小时，我们完成了 6G 的音频制作。

每天0点，校长们都在商量事情，就是这么废寝忘食。

现在是凌晨 1 点，我说快睡吧。几个人说，还在忙……

"谷拾"，这群光谷教育人，责任使然，用一贯实干的行动，用阳光心态加入了这场保卫战……

2020年2月28日 / 周五 / 晴

学习终究是不停歇的生命活力

最近继续研究下午答疑环节的教学效率问题。我认为，答疑可以讲解课堂知识点存在的共性问题，也可以是课外知识拓展，还可以是疫情下的情感抚慰。有疑答疑，无疑设疑，提高学生对课堂知识点理解和融会贯通的能力。

拿英语学科为例，结合课堂使用教材、学生学习水平以及英语学科特点等，三年级英语程萍老师、谌圣杰老师精选资源丰富、功能强大的教学APP和微信小程序，在线指导学生进行有效的自主学习。借助便捷的教学工具，积极、主动地开展点读、跟读以及测验等活动，同学们在家一样学得不亦乐乎。

疫情限制了同学们外出活动，却阻止不了大家在家运动的热情。根据班级群交流和学生运动打卡记录，细心的胡宇恒老师发现，运动前的热身活动和运动后的放松活动特别容易被学生忽视。于是，体育答疑课上，胡老师借助视频、图片等，从肌肉的物理特性出发，结合生活经验，着重讲解了提前热身和及时放松的重要性，为同学们的居家运动及身体健康提供了更加及时有效的建议。

特殊时期，针对儿童的心理防护显得格外重要。第一周的心理健康答疑课上，小海豚妈妈（周蕾老师）借助亲切的真情讲述、虚拟的师生互动、色彩鲜明的动画短片以及有趣的绘本故事，引导同学们认识情绪、感知情绪、正确对待情绪。还介绍了三种通过游戏来进行情绪管理的方法。同学们隔着屏幕都能感受到这一份浓浓的暖意。

各备课组以优质的区直播课为基础，自发地开展线上研讨，从教学设计、媒体运用、学法指导以及教师学力等多个方面进行思考和讨论，期待着以学习者姿态更好地陪伴学生成长。我提出"越是艰难，越要坚持学习"，既是对同学们的期望，也是老师们对自己的鞭策。**面对生命困境和命运跌宕，学习终究能不停歇地为我们提供生命活力。**

2020年3月7日 / 周六 / 晴

给"谷拾"女神们隔屏送暖

每周一次的校务会又开始了。大家讨论学情测查方案、研究教研活动推进项目、研制"七有"优秀学生评价机制、策划三八节活动、关注教师待遇落实等事项，畅谈了近3个小时还意犹未尽。即使是居家办公期间，大家也没有懈怠。从"评价推动教育变革"的角度，深入思考线上学习和居家学习的评价意义和机制。

随着方舱休舱的好消息传来，方舱广播项目停止了。孩子们暖心的声音留在了这个春天，也留在抗疫的故事里。3月8日，周日。三八节是春季的女性节日——"妇女节"悄悄变成了人们口中的"女神节"。从民间称呼的变化，看出新时代女性一生不变的爱美追求，以及必须承认的女性社会价值。小学教师是以女性占多数的群体，女神节当然就成了我们更重视的节日。"谷拾人"在困境里是乐观的、温情的。几天前，校长们就在讨论给我们"谷拾"女神们隔屏送暖。共秀厨艺、同来运动的创意产生了，这样的方式让女老师们隔空交流、共话佳节。韩艳、张超奇、陈琛、李静娴四位老师在周书记和文熙校长的指导下认真组织活动。

这个有活力的团队处处给人惊喜！

2020年3月9日 / 周一 / 晴

"晚安计划"

秩序井然的一天。周主任汇总年级组长反馈，肯定了教学秩序良好，学生上线率较高。各班也根据"周启"活动的主题，在班级群发布"居家七有约定"，号召同学们参与"生活有节之星"评选。骨干老师们很有整体规划意识，如姚流明老师提前发布学习建议，帮助学生做好一周学习安排；刘彩红老师周日在直播群进行第四周空中课堂学习展示。这些举措很好体现了学校倡导的"自主学习意识培养"。

美术组老师每天定时在班群发布"晚安计划"，展示并点评学生作品。一位二年级同学的绘画，表现了在白衣天使的守护下，武汉孩子居家学习的情景。像这样的绘画，美术教师在疫情期间收到几百幅。是的，这次疫情，给了我们武汉人如此深刻的触动，孩子们也忍不住拿起了画笔。儿童画的治愈力量是温暖的，组长岳新银老师提议给每一幅画配上值得回味的文学话语，每晚8点发布于班级群，道一声"晚安"，给师生送去心灵抚慰。美术组时明远老师是个有创意的年轻人，他在个人公众号上发起"晚安特别计划"，收集老师们的艺术作品，每天推送一幅。今天第一天上线，不仅有老师们的画作和摄影作品，还有温暖的晚安语音。我还真有点期待这项活动的效果呢！

语文团队一直坚持直播试教磨课。下午，张越老师执教的《语文乐园》引起大家热议，针对教学情境设置、教学内容逻辑、知识难易程度等提出很好的建议。大家边听课边议课，随时发表想法，建言毫不保留，群内持续研讨。线上直播教学给教研活动带来了更高的效率。

2020年3月11日 / 周三 / 晴

课程真实发生

从大年初三接到区教发院的语文线上教学任务，我就领衔迅速成立语文研究团队，扛起全区一年级语文直播课的重任。怎样高质量上好区级直播课，不仅是抗疫任务的一部分，更是研究线上教学的一个契机。

线上教学对于所有老师来说都是一个新的课题，最近每天都与老师们磨课到凌晨，在一节节磨课中思考该如何开发线上课程，如何有效实施。这事儿不能等不能靠，线上教研备课、试教和上课都要根据现有条件来实施。

打磨了几节课例以后，我总结了一个"3+3+3"的线上教研模式：指导专家+直播教师+辅助教师的合作模式；观摩课例+撰写两稿+直播试讲的备课方式；云端议课+网群交流+专家评课的研课方式。指导专家、直播教师、辅助教师通过微信、QQ等平台进行课例交流，利用教育云、空中课堂等云平台进行试讲磨课，全体语文老师参与试教直播，云端上课、云端观课、云端议课、云端教研能够即时评议、即时反馈，也让教研活动更生动、更有趣。

体育组也是较早介入课程开发的年级组。早在1月28日，体育组老师就开始了在学校微信公众号上进行居家运动指导。许宁老师进行了篮球球性练习指导，顾恒瑞老师进行家庭体能练习指导，篮球热身操、体能训练给学生居家隔离带来了力量。在区教文体局决定开始线上教学之后，体育组就开展了线上教学的课程开发及线上答疑直播的研究。张超奇、胡宇恒等老师精心准备，全校同上一节体育课。胡老师提出跳绳训练的方法，张老师巧妙设计课堂，带领同学们去爬泰山，有效锻炼的同时，愉悦了身心。正如顾恒瑞老师校园分享中写的：用一身强健，御百毒入侵，网络课程是在教学生学会自律。体育课程为居家隔离的学生、家长带来了运动快乐。

美术时明远老师开学之初就结合美术课特点，设计了"武汉加油棋"特色小游戏，让学生在画、涂、剪的美术活动中，做棋子、玩游戏。后来一个小小的创意，让所有美术组老师动了起来，各个班都在推行"晚安计划"。在随后推出的"特别晚安计划"中，校长书记亲上阵，绘画、摄影作品加上一句"晚安"，陪伴"谷拾"师生度过每一天。

课程的开发和实施在光谷十小真实地发生着，团体带动个体，个体激发群体，课程开发的自主性就会得到激活。

2020年3月14日 / 周五 / 晴

坚持课程内容的原创性

线上教学实施以来，我一直坚持狠抓课程内容的原创性。在网络资源庞杂的网络时代，一次复制粘贴，一个网络链接，都可以成为课堂教学的主题内容。课堂实录、微课视频、精美课件应有尽有，为什么我们还要如此劳神费力坚持原创呢？

我校语文直播团队除了教授教材单元内容以外，还紧扣主题内容和语文要素，用主题学习和群文类读的方式，将课内外学习素材联系起来，自主开发出拓展课程。如一年级语文第一组教学主题为"多彩四季"，以教材上的第一课《春夏秋冬》为起点，拓展出四季的八个教学内容，分别是"添彩春天""玩转夏天""寻美秋天""相约冬天""春季节气""夏季节气""秋季节气""冬季节气"。第二组教学主题为"多样姓氏"，以教材上的第二课《姓氏歌》为蓝本，拓展出三个教学内容："姓氏的起源""姓氏的演变"和"有趣的名字"。两组教学设计中有趣玩游戏、诵读古诗、识字写字、民俗故事、文化讲解等，体现了以语文素养为主线的综合性学习特点，凸显了我校节气课程的研究成果，实现传统文化与语文要素的统整学习，得到了家长、学生的一致赞扬。

姚流明老师承担了区级线上直播课任务，需要准备符合三年级学生年龄特点和学科特点的5节数学拓展课。难度很大。因为没有现成的路，只能自己开发。如何结合学生的年龄特点和认知特点？如何融知识性与趣味性为一体？如何在拓展课中渗透数学思维？在参考三年级教材内容的基础上，姚老师自主开发"巧数图形""生活中的购票问题""玩转金字塔""抢数游戏"等课程内容，知识性、趣味性、生活性俱备，提高了学生综合运用所学知识的能力。

此时，学生的心理健康和心理防护也是学校教育关注的重点。周蕾书记和张豪老师先行先试，周书记借助亲切的讲述、精彩的影视短片、色彩鲜明的美术作品及精心设计的绘本故事，引导学生认识情绪、感知情绪、正确对待情绪，还为同学们介绍了情绪管理方法。张老师在学校微信公众号上开展"心灵树洞"回音壁活动，指导家长关注学生在家上网课注意力不集中问题。我们的心理健康课程是结合疫情居家隔离等情况自主开发的原创课程，也是线上教学开展以来一直坚持的。

拒绝网络资源的全部照搬，坚持课程内容的原创性，我们做线上教学，是走心的。

2020年3月17日 / 周一 / 多云

可选择性的学习

基于人的个性化发展需求，可选择的教育是好的教育。这一直都是我推崇的教育信条。在疫期线上教学过程中，针对学生线上学习条件的不同、学生学习习惯的差异，可选择性的学习是教学范式的必然走向。

基于学生实际情况及发展需要，我校在下午安排体育、音乐、美术答疑。40分钟术科答疑，经历了不同的发展阶段。从一个老师负责40分钟的讲解到一节课两位老师各负责一段讲解，再到两位老师同时开发两节20分钟短课，实施二选一选修。这个变化的过程正是我校教师对线上教学思考的过程。音乐老师让学生在能准备白纸、彩笔、铁皮盒子等工具的情况下选择趣唱《Dipidu》，不具备条件的学生选择趣赏《绘本里的音乐家——贝多芬》；美术老师准备不同的材料，学生根据自己的兴趣和工具选择不同的课程。

在组长王洁老师的带领下，一年级数学组创造性地提出"自主学练、分层答疑"的五环教学模式，即课前有预习、课后有回顾、作业有分层、答疑有针对、检查有反馈。特别是在分层作业上进行了实验，效果斐然。针对线上课的特点，数学组老师将数学课的内容在每天下午答疑时间进行梳理，在小组教研时选定答疑内容，根据学生不同层次提出不同问题，布置A、B、C三个层次课堂练习。A部分是课堂基础练习，B部分是变式练习，C部分是拓展练习，根据学生学习情况，A为必选，B、C为自选。

我们关注学生个体差异和不同的学习要求，鼓励学生选择适合自己的学习方式。尝试课程方式的选择性更多地关注了学生个体的差异性，尊重了学生个性化发展需求。

2020年3月20日 / 周四 / 晴

关于课程评价的尝试

怎样在线上教学期间对学生进行科学、合理、及时的评价，是线上教学课程体系中重要一环。

这几天，我和王婷主任煲"电话粥"，沟通尝试开展课程评价的事情。大家还很有顾虑，不知道怎么开展。我提议做一次线上教学学情测查与评价培训，帮助大家统一思想，明确目标。我从维度设计、方案设计、工具设计等诸多方面对课程评价进行了指导。王婷主任着手设计评价方案，从学生基础知识、基本技能、基本方法、基本思维、学习动机、学习意识、学习环境、学习习惯等方面精心制定了评价维度及评价内容，决定对一年级语文、三年级数学进行学情测查。陈威老师负责数据分析，我指导他对线上学习情况进行定性和定量的分析，他洋洋洒洒地写出了一篇报告。通过分析结果来改善我们的教学行为，就能达到课程评价的目的。

我校音乐组教师为确保学生保持音乐学习的兴趣，秉承"给孩子制造惊喜，每一个奖励亲自设计"的观念，创办主题式音乐"云中榜"，个性化云奖状、"小明星"电子证书、谷拾券、公众号推送……各种花式奖励，让学生个个争当小明星。美术组上传学生作品到班级群相册，并由美术老师逐一对学生作品进行点评。及时评价，科学反馈，倡导课程评价的及时性，是线上教学落地生根的重要保证。

课程评价是一种价值判断活动，其结论必然受到评价者的教育价值观的影响。"与时偕行，护卫童真"就是我们的教育价值观，践行顺应生命时序发展的育人观，就是呵护人性中童真美好的愿景。

2020年3月23日 / 周一 / 晴

看到了学校未来的蓬勃

周六下午照常是校务会，讨论了学情测查分析、学生"七有"评价、教师月度评价等工作。学校于上周已经讨论安装红外线测量体温仪。叶校长和机构对接，实地巡查校园，寻找校门附近最合适的安装点。局里能专项安排这一设施，非常及时，也非常必要。这将成为师生进校后保障生命安全的第一道防线。关于开学前的后勤保障物资和校内条件改造，以及一系列措施，还有硬仗要打。既盼着能正常开学，又思考着开学后人群密集带来的防控风险。想到上千个未成年人承载着上千个家庭的福祉，心情就变得沉重而复杂。

看了本周课表，熊忠梅、徐玉贞、许宁、徐朝霞老师都有区直播课任务。好在各团队备课启动得较早，大家已经驾轻就熟地准备妥当了。每节课的试教和议课，在深化研究和打磨细节上下足功夫。

学成中心组织的"七有之星"评比很有成效，从"周启"的宣讲，到家庭自荐，再到学校评比和宣传，每一周都是一个德育闭环管理的好范例，让孩子们在实践中去体会"标准"怎样转化为"行为"。**争创的过程，就是行为进步的过程，是建立美好荣光的过程。**连续三周，毛静慧、许宁、顾恒瑞三位老师的"周启"发言我都仔细聆听，很受启发。三位年轻老师懂孩子，讲话既接地气，又深入人心。我们"谷拾""90后"年轻教师特别多，都还是青涩的年龄，但是在教师职业的社会责任中已经颇有担当了。看着这一批老师，就看到了学校未来的蓬勃。

复工在即，有些家长也已经上班或在当志愿者。孩子居家学习的自觉性和独立性成为关键，后一阶段的个性化辅导对象会增加，任务会发生变化。老师们要更关注培养学生的自学意识和能力，如独自操作电子设备的技术，独自完成作业的效率等，都可以成为我们教学评价的侧重点。

2020年3月25日 / 周三 / 晴

实现人的素养发展

我带领语文团队开发的直播课受到区教发院专家和家长的普遍好评。磨课时，我不仅想着空中课堂线上教学的效果，还考虑在"区域一体"和"家校共建"中可否实现人的素养发展，最终助力孩子的长远成长。

从语文学习，到社会育人，我们考虑得更深刻。教师们原创了很多教学素材，将疫情防控和人文关怀渗透到教学环节中。春季课堂中的原创小诗中那句"春回再聚首"，让大家更加期盼回归校园相聚的日子；冬季课堂中的寻暖故事，让孩子们体会困境中的人情温暖；姓氏歌谣中的"华夏儿女是一家"让孩子们懂得炎黄子孙同根同源、八方支援的血脉亲情。

从一校承担，到辐射区域，我们考虑得更周全。我们及时发现一线教师教学的困惑，主动提出给老师们提供"课外拓展课"的学习材料，让大家提前知晓主播教师的授课内容和执教思路。这样及时分享资源，各校教师可以提前构思本班辅导策略，线上教学区域效益才能得以整体推进。

从上好一课，到发展教师，我们考虑得更长远。"成事达人，成人达己"八个字在这次直播任务中得到了充分的体现。不管是主播教师，还是指导教师和辅助教师，都能够迎难而上，接受挑战。业务精进的速度真的是"每天不一样"。师德先进和师能优秀的教师队伍是在这样艰巨的任务中磨砺出来的。

在疫情防控带来的封闭隔离状态下，"谷拾人"不是被动地寻求应对之策，而是更加积极探寻小学教育的未来风向。我们相信，**只要有教师的真诚合作，有关爱学生的质朴师爱，有不拘一格的智慧创见，直播课堂必然会在线上教育的土壤上绽放出春的花蕾。**

2020年4月20日 / 周一 / 雨

期待春归夏至时

先回顾上一周的双休，感觉大家都很辛苦。老师们纷纷响应局党委号召，大部分如期返汉，做好复工思想准备。我想，身居外地的老师们心情是很复杂的，有对家人的不舍，有对自身健康的担心，也有对复工正常生活的期待。不管怎样，经过了这段难熬的居家封闭生活，大家都能平安返回武汉，也是一种人生的小确幸。

"谷拾"待启，等着你们回来……

周六的校务会如期进行。商量了线上教学方案优化的细节，第十一周开始执行新的作息时间和课表，也进入了紧抓教学质量的阶段。读书节的活动已经启动，沈子琦老师说自己的邮箱被学生作品挤满了，孩子们太积极了。本周的读书讲座也即将开展……

文熙校长精心准备，在"周启"上做了题为"宅家阅读 悦读越美"的主题讲话。一开始她提出一个问题："如何成为一个有学习力、思考力的人？"由此引入话题，讲到了阅读的育人价值、读书氛围的重要性和阅读推荐建议。几位师生展示了精彩的中英文朗诵片段，还有一段生动的亲子阅读对话。这些生动的讲述，深深地启发我们的思考，激发我们克服懒惰，日日捧起书籍，养成良好的阅读习惯。

上午 9:50，区低年级段语文空中课堂教研群开展教研活动。教育云直播间里，我做了"单元整组教学设计思路和建议"的微讲座，杜小琴老师试教第四单元导读课。老师们在评论区留言讨论，使我们对这种新的教学方式有了进一步思考。活动后，区教研员又电话单独指导小琴老师，提出一个新教学思路。正式录播在即，面对一个全新的挑战，小琴只有一天时间准备，压力巨大。我帮她理清了演绎法和归纳法两个不同逻辑的设计思路，鼓励她按同课异构的心态来研课。她最终扛住了巨大的压力，重新写教案、做课件、录课……一直到周二凌晨 4 点，我收到她的课堂视频，紧接着 9:00 正式播放。不禁感慨，这一路走来，我校的青年教师为了完成主播任务，熬了多少夜，流了多少泪。**专业进步的路没有终点。一念之间，也许想放弃，但咬咬牙又挺住。不放弃的人，总会登上一级又一级台阶，看到山外更美的风景。**

下午，四位校长和陈琛、龚紫晴、张翔几位后勤老师到校，实地巡查校门、走道、教室、食堂等处，针对疫情防控工作要求商议推进方案，始终把师生健康安危作为工作重心。

复工的信号不断传来，关于学校复学筹备情况的新闻和网帖越来越多，有些内容有学习价值。学校也将因地制宜制定好复学方案，期待春归夏至之时能在校园相见。

2020年4月27日 / 周一 / 晴

把不利条件变为有利创造

　　复工在即，线上课进入瓶颈期，有些老师课上着上着就疲倦了，没有新鲜感了。我却认为高质量上好线上课，既是稳定孩子居家状态的教育职责，也是研究线上教学的有利契机。

　　通过前期的研究，我们将直播课分为两类：教材新授课和课外拓展课。除了教授教材单元内容以外，紧扣主题内容和语文要素，用主题学习和群文类读的方式，打通课内外学习素材，破除校内外学习的"围墙"，打开学生的学习视域，真正构建网络学习的主题式"学习场"。例如一年级语文第一组教学主题为"多彩四季"，以教材上的第一课《春夏秋冬》为起点，拓展出四季的八个教学内容。第二组教学主题为"百家姓氏"，以教材里的第二课《姓氏歌》为蓝本，拓展出"姓氏的起源""姓氏的演变"和"有趣的名字"三个教学内容。两组教学设计中有趣玩游戏、诵读古诗、识字写字、民俗故事、文化讲解等，体现了以语文素养为主线的综合性学习特点。

　　虽然大家因疫情分隔各地，但都能利用网络条件，将课程教学任务分解到每一个参与者，细化到每一个环节。我们推出的每一节课的背后，都有一个精诚合作的研究团队，"指导专家+主播+助教"的合作模式短时高效出成效。我力荐"观摩课例+撰写两稿+直播试讲"的备课方式。观摩外区课例，撰写教案和讲稿，直播试讲确定方案。以往上课只用撰写教案，为什么线上教学还要写讲稿啊？正在大家困惑的时候，我拿出讲稿范本。这份讲稿让大家豁然开朗，课件截图和教学操作对应排列一目了然，切实保障了直播效果。

"云端议课+网群交流+专家评课"的研课方式给线上教研增加了很多乐趣。全体语文老师参与试教直播，云上课，云观课，云议课。大家开玩笑说这是围观，是"大家来找碴"。在议课过程中，老师们以问题为出发点，发现问题，更寻找解决问题的方法，使网络教研呈现出时时评议、处处建议、畅所欲言、即时反馈的效果，让教研更生动、更有趣。这种寓教于乐的语文直播课，既体现语文教材元素，又推广中华传统文化，学习效果受到家长高度好评。

有的家长幽默地说，这是"节气扫盲"，还有的直呼想给主播老师刷"游艇"，甚至有二、三年级的家长也带着孩子来观看一年级的拓展课。玩笑归玩笑，这正好说明"谷拾人"的顺势而为，能把有限条件化为无限动力，把不利条件变为有利创造。

2020年5月11日∕周一∕晴 ☀

返校复工第一天

今天是疫情后教师返校复工第一天。从去年寒假穿着厚厚的羽绒服离开校园，到现在穿着单薄的连衣裙回来，终于可以在校园再见了。

叶校长和穿戴好防护服的陈琛老师已在学校门口守候，值勤的王婷主任早早到达学校。我和周书记在门口向老师们一一问好，迎接大家顺利返岗。

大厅里的文化墙焕然一新，节气墙正面换上了"晚安特别计划"的摄影作品。那是时明远个人公众号发布的活动，老师们积极响应投稿，这些作品被喷绘成小展板挂在绿植墙上，两列一字儿排开，还挺有艺术气息的。沿着墙边慢慢走，我仔细欣赏这些作品。周书记的是一幅摄影作品，微距拍摄的自制甜点，画面黄澄澄的，点缀着一点点蓝色，视觉效果很温暖。文熙校长居家时提升了厨艺，摄影作品是给女儿做的生日长寿面，油煎荷包蛋边上还有用胡萝卜片儿雕刻了四个汉字——"生日快乐"，爱女之心溢满画面。罗莉老师的作品是极简风的，黑笔勾线描绘了一位俊俏佳人。记得王婷一直说她不会画画，没想到她也投稿了，是用数字绘画的方式画的，有些拙朴的孩子气。肖惠中老师的作品不看落款，还真以为是儿童笔下的童话世界。我画的一幅白梅图也在其中，画梅是我仅会的一点国画小技，想起一句"梅开渡春风，一枝报喜来"，借圣洁美丽的白梅图祝愿大家平安。

为了迎接老师们的到来，前一周我就和校级干部商量，做一套校园明信片寄到每位老师的手中。一方面记录解封后校园的春夏景色，一方面用校园图景和文字打消大家返汉的顾虑。平时我们几个人就喜欢在校园里边转悠边拍照，钟楼、连廊、庭院、花丛……初夏的校园，怎么看都美。我和文熙把手机里随拍的照片精选了几张，配上几句文字，设计出来的效果真不错。现在，侧墙是这套明信片放大版，校园里明媚的风景衬着绿植墙面，标题取名"时光如熙 爱在谷拾"。

老师们到校办公，校园里又有了人气，孩子们还在居家学习。"周启"由学成中心杜主任做了居家防灾减灾主题的讲话，她用一段视频形象展现了居家防疫期间如何做好地震安全准备，生动有趣。

上午的校务会主要对4月各部门的月度评价结果进行了讨论，从老师们上交的资料来看，本月各项教学常规较上月有很大的进步。文熙校长对到校办公期间的疫情防控应急处置工作进行了布置，特殊时期防疫工作责任重大。

为了人群不聚焦，办公地点进行了分散布局、重新分配。为了保障各办公地点的网络正常使用，晓霞老师忙前跑后，跟着工程师一起在各个地点排查。我在校园中转了几圈，听到教室里传来了老师们久违的上课声，心中涌起一股暖流。讲课的老师十分专注，我不忍打扰，轻轻驻足在教室门口，拍下照片悄悄离开。回到办公室挨个翻看照片，才发现有的老师的直播技术非常专业，笔记本电脑用来讲课，用手机上线来看镜头里学生的反应。

下班后，还有几位老师依然忙碌，离开办公室时赵筱茜老师正在通过电话对学生一对一个性化辅导……

2020年5月18日 / 周一 / 多云

真希望校园永远这样美好无虞

明媚的初夏，清晨阳光已经直射耀眼。7:30 到达学校的时候，陈琛老师已经身穿防护服站在测温箱门口等待。趁到校的老师还少，我们围着校园转了半圈，随机讨论防疫应急工作。隔离用的留观室帐篷已经搭建好了，四四方方，墨绿的底色，洋气大方，印制的校徽与校训提点出学校精神。仔细一看，竟然还有几扇透明的小"窗户"，很有欧式城堡的模样。应急处置本来是最揪心、最不愿意看到的场景，多少有些令人心绪不安。看到这个留观隔离用的欧式小帐篷，竟也觉得心情平静了一些。

上午 9:00 开始的防疫工作会围绕应急处置预案进行最后的讨论，应急领导小组成员现场办公，设想多种情况，一起行走了应急处置线路，完善了几处细节，如给老师和校医提供应急报告语用模板、新增临时留观帐篷、处理帐篷的遮阳降温问题、增设和调整值勤岗点等。11:20，全校进行了应急处置预案的学习培训，文熙校长主讲了预案相关内容，尤其强调了成员职责和应急流程。本周还会根据办公场景，随机进行应急处置演练，让应急工作从"纸上谈兵"到"躬身入局"。

中午 12:30，全体行政人员顾不上休息，接着开了校务会，我组织大家对义务教育现代化学校建设实施方案进行讨论，成立项目组。教学部门对即将结束新课的教学现状进行了盘点与预判，空中课堂即将结束，复习课如何上将是新的研究重点。教发中心对近期教师基本功培训提出了初步方案。学成中心对学生评优和争星工作进行了通报和展望。从讨论中看，各部门均关注"师生发展"。

今天的会议和讨论一个接一个，部署安排、交流碰撞、自查追问……不知不觉到了下班时间。夕阳下，看着宁静的校园，真希望它永远这样美好无虞。

2020年6月8日 / 周五 / 晴

从心里生出一股底气

今天是义务教育现代化学校创建第一次区级视导评估。此次视导重点有三个方面的内容：学校办学理念和办学思想；学校制度建设和治理体系；学校创建思路和发展定位。

说实话，对每月一次下校督导，我是有些忐忑的，觉得压力很大。创建时间本应该是一年，因为疫情耽误了半年，我们还有很多事项并没有完全准备好。督导办的开桥主任一直鼓励我们，创建是个过程，督学专家进入学校实地看看，才能帮着我们发现问题、整改问题，我们这样的新建学校才会找到自己的办学价值。

评估组由市督学专家团队林家宏主任、於思主任、陈国安主任组成。没想到刚到7点，督学专家团队就到了，我赶紧出去接几位督学专家，林主任一见面就笑呵呵，说我们这所学校真漂亮。我带着三位督学专家逛遍校园，花了几乎一个小时的时间。督学专家们最感兴趣的是"谷拾之源"时节空间，他们说没想到楼顶竟然有这么大一片菜园，种植了几十种蔬菜和香草，孩子们的校本课程太有意思了。

这个校园建设项目的确值得我们骄傲，建设过程也颇有些波折。记得建校初期时我和林翔主任聊天，说到创客教育特色的时候，我建议把节气文化和智慧农耕结合起来，在学校楼顶建一个农场，孩子们可以顺应节气种植蔬果和花草。当时并不知道怎么去实现这个想法，比如农业种植怎么搞？生态智能设备哪里有卖？项目经费怎么办？施工单位哪里找？我们两个梦想家，就像做白日梦一样，大胆地遐想。林主任甚至手绘了一个菜园子的草图，把太阳能发电、雨水收集、自动灌溉、延迟摄影观测等布局在菜园子里。至今我还收藏着这张草图，这份热爱和激情太珍贵了！再后来，李校长知道了这个建设构想，积极支持实现它。李校长找到了可以建设这类环保项目的单位，带我们去参观学习。我们向上级申请了专项经费，局领导也非常支持对孩子课程学习有益的项目。建设过程中，我们认识了武汉科技大学的侯教授，他很擅长环艺设计，和我们多次讨论定下了设计方案。高低错落的菜池满足不同身高的小朋友去观察蔬菜，"之"字形的小径有曲径通幽的美感，一小块草坪留着给孩子们打滚儿，朴门农艺风格的小花坛点缀其中……经过一年的筹备和施工，又经过半年疫情的搁置，现在它终于有机会展现它的真容。督学专家们经过地下学习空间，看到了有不少藏书的图书馆和阅览区，再一次惊叹空间利用太妙了。我们一边走向会议室，一边和督学专家热烈地讨论如何用好这些空间去开发课程。

在会议室落座以后，我对办学情况进行了汇报，专家们翻看了学校各方面资料，通过巡课堂听网课、座谈以及个别访谈等形式多角度多方面地了解了学校办学情况。

於思主任特意叫我去他身边坐下，和我深度交流了学校文化提炼的想法。於主任肯定了我校的核心办学理念"与时偕行，护卫童真，办尊重生命时序的教育"。但是提出"一训三风"还需要修改完善，主要是校训与核心理念雷同，校风、教风、学风的文字表达特点还不鲜明。我看着自评报告上的四行字——

校训：与时偕行 护卫童真

校风：虚怀若谷 汇聚成谷

教风：敬业爱生 成人达己

学风：雅言善行 心智自由

这些表达我们虽然也琢磨了很久，但确实还不成熟。一时语塞，不知道怎么回应。我连忙说："要不改天专程请您再来，容我们再思考几天。到时候和您就办学文化的表达和提炼碰撞一下，来场头脑风暴？"没想到於主任当时就一口答应了。

督学专家们充分肯定了学校办学的成绩和亮点。学校干部教师团结一心，奋发有为，建校三年，奠定了坚实基础；校园校舍设计科学、超前、美观、大气、实用；构建了治理体系，建章立制。同意进入下一轮视导。督学专家也给出了宝贵的建议和意见，希望学校进一步研究办学理念的提升和课程体系的架构，为青年教师专业成长提供经验、示范，高质量做好义务教育现代化学校的创建工作，把学校建设成一所孩子欢喜、教师欢心、家长欢迎的优质学校。

听到督学专家反馈时鼓励的话语，我第一次从心里生出一股底气，我代表武汉小学在这里踏踏实实工作三年，委托管理产生了很好的融合办学效果。我，可以带领老师们办好一所学校！

2020年6月18日 / 周四 / 晴

头脑风暴

"我们这次啊，还真是头脑风暴啊……哈哈……"随着於思主任话音一落，会议室里一阵欢笑声。於主任是学校文化建设方面的专家，也是全市赫赫有名的督学。经他打磨的学校文化，无论是内容还是表达，总是有画龙点睛的奇效。

於主任认为"谷拾文化"这个学校文化的总称非常好，有独创性和独特性。它是基于校名谐音，由此充分发掘"谷"与"拾"的含义元素，构建形成符合教育规律，切合区情、校情、学情，具有校本特点、独特格调的教育文化。我给专家详细介绍了"谷"和"拾"的字源内涵："谷"是两山中间狭长的水道，也是稻、谷子等作物的统称；"拾"是"十"的大写，"十"表示多、久，有达到顶点的意思，"拾"有"整理""拾取""拾级而上"的行动意味。大家谈到这两个字有如此丰富的字源内涵，畅谈建构"谷拾文化"的意义：一是发掘校名资源，巧妙撷取校名中二字，引申其义，新颖独到，具有鲜明的个性色彩，给人印象深刻。二是体现教育特征。教育尤其是基础教育，类似农业生产，具有时序性强、周期较长、收效较慢等特点，讲究精耕细作，重在渐进养成，是"慢的艺术"，以此命名形象贴切。三是揭示育人真谛。针对光谷地区人才集中、现代科技实力强，但家长传统文化知识相对欠缺、对子女传统文化启蒙较为薄弱等特点，构建尊重生命成长时序规律的教育文化，追求教育事业与儿童生命的可持续发展，融汇传统与现代精神，回归教育本原，闪烁着教育哲学的光芒。

　　於主任建议核心理念表达为"谷拾宜时　葆护童真"，把"谷拾"两个字包含进去，宣示回归教育本真，以促使师生永葆、守护童时的纯真。经过讨论，一训三风的定稿是——

校训：上德若谷　拾级而上

校风：爱满穹谷　拾光添彩

教风：汇聚成谷　拾珍惠人

学风：勤耕种谷　拾穗善成

校训的两个成语训示师生修炼、树立优良高尚的品德情操，不断积极上进。巧妙契合"谷拾文化"主脉，照应核心理念，使此校训高雅别致、言简意深、生动形象。校风中的"穹谷"和"拾光"二词暗合"光谷"。教风勉励教师珍爱本职，智慧修炼，以提升自我、成就自己的理想。学风激励学生勤奋好学，会学善学，获得知识，受益无穷。於主任说，"三风"是基于核心理念的对不同风气的规范要求，其中都有"谷""拾"二字，既各有侧重又浑然一体，切合各自特点，语言、意境均有美感。

最后，於主任提议学校的楼层命名也要和核心文化呼应。我们底楼有"谷拾之心"学习空间，顶楼有"谷拾之源"时节空间，其他几层楼也可以用"谷拾之……"来命名。大家提出了"谷拾之知""谷拾之趣""谷拾之悦""谷拾之汇""谷拾之美"等一系列字词，有老师提议艺术教室的那层楼可否叫"谷拾之韵"，也有老师说一楼有大厅、报告厅，文化墙较多，可否取"荟萃"之意。大家就这么七嘴八舌地自由发言，最后确定了这几个楼层名字——

一楼：谷拾之荟

二楼：谷拾之创

三楼：谷拾之韵

四楼：谷拾之跃

楼顶：谷拾之源

楼层命名对应"拾荟、拾创、拾韵、拾跃、拾源"五大课程，也对应"德、智、体、美、劳"五育并举的育人目标。

於主任根据自评报告核心内容修改的"谷拾文化"样稿，让我们特别兴奋。兴奋之余，我们脑力激荡，提出了很多想法。於主任说，去过那么多学校，还没有谁在他提出了想法后不全盘接受。不仅不全盘接受，校长和老师们还要提出不同意见，还要热烈讨论、继续修改。於主任笑得很开心，他说我们"谷拾"老师就是不一样，不唯权威，勇于思考，愿意用自己的理解、自己的语言去表达自己的学校文化。

"谷拾文化"是从"谷拾人"内心生发出来的共同教育信仰。

2020年7月3日 / 周五 / 晴 ☀

熔铸昂扬向上的"战疫"力量

7月1日是中国共产党99周年的生日，我校师生代表相聚在光谷青年之家，共同开启"战疫·拾光"学生音画作品展，为党的生日献上一份童真之礼。这也是一场特别的散学典礼，用艺术展来回顾这个特殊学期走过的足迹。

东湖高新区教文体局董超纲副局长，东湖高新区团工委云泰康翔副书记，东湖高新区教文体局基教办胡静主任，教育发展研究院张琼主任、南红武主任，武汉小学李强校长、吴海英书记和体育特级教师卢琼老师莅临开幕式活动现场，参与"拾光"仪式。来宾将一个个小星星放入闪闪发光的立体字中，仿若拾取希望的点点星光，为"战疫·拾光"汇聚力量。当灯光开启的一刻，主席台上的来宾竖起大拇指为孩子们点赞。

这次学生音画作品展是实施线上教育以来，学校策划的第一个线下学生活动。展览汇聚了我校学生在疫期的音画作品，记录了光谷孩子在居家生活期间的"战疫"故事和"战疫"感受。之所以取名为"战疫·拾光"，"战疫"二字点明了武汉人在这段特殊时期的生活状态；"拾光"二字，取"十小"的"十"为谐音，更彰显师生共克时艰、拾取光彩的正能量。

卢琼老师是一直关心学校体育课程的省特级教师，她今天来得很早，拿着手机对着一幅幅喜爱的作品拍照。她回头问我："咦，作品角落都有一个二维码，这是什么？"我故作神秘地说："你扫码试试看。"说着话，我也扫了一幅作品二维码，把手机贴在耳边细听。哈哈，这是小画家的自述，是个男孩子。他说因为疫情，已经很久很久不能到学校上学了，最想念食堂的酱烧小鸡腿，所以画了心目中最想念的武汉美食。孩子们的每一幅作品都赋予专属二维码，用可视化技术呈现出"画中有话"的音画效果。这个金点子是文熙校长带着艺术老师们构思的，音频细节还一直对我保密。我也是今天才有机会扫码听了一个又一个，这些可爱的童声讲述着自己在疫情下坚持学习，也表达了想念校园生活的情感。深深感受到，我们光谷的孩子经历疫情磨难后，依然积极乐观的生活态度。可谓思之念之，唱之画之；载歌载舞，手作手绘。

观展主要分为四个展区："晚安计划"区、"七有之星"区、"战疫趣玩"区、"战疫影音"区。"晚安计划"区展示了孩子们的美好画作。在那些艰难的日子，老师为每一幅画作配上暖心的话语，将一幅幅画作送到校群里，对大家道一声晚安。"七有之星"区展示了孩子们许下居家"七有约定"的成长感受。21个教学周，七个维度正面评价，1000多位学生得到不同维度肯定，80多位学生集齐"七有勋章"。在"谷拾"，每一个孩子都应该被肯定，每一个生命都应该绽开笑脸。"战疫趣玩"区有时明远老师原创的"武汉加油棋"，小朋友们可以现场制作"创意纸袋画"，"互动涂鸦"。"战疫影音"区播放孩子们的优秀音乐作品。这些精彩展演是在"谷拾""音乐云中榜""云端才艺秀""小小音乐家"等活动中，孩子们用舞蹈、器乐和原创音乐表达的对生活的感受与爱。

看到这些儿童艺术作品，看到老师们布展时的身影，我给孩子

们作诗一首，在开幕式上献给可敬可爱的"谷拾人"，献给关爱光
谷十小的引路人——

油画棒

你这样俏皮

你可知道

握住你的小手

有一轮暖心的太阳

勾线笔

你这样朴素

你可知道

你走过的白纸

有一阵清风拂过

大钢琴

你这样华丽

你可知道

父母炽热的目光

是最深情的祝福

手风琴

你这样帅气

你可知道

老师收藏的视频

有着你最美好的童年记忆

永远可爱吧

继续发光吧

战疫终将胜利

拾光添彩美丽

这一切都是为了

牵着光阴的手

遇见我和你

遇见美丽与勇气

这一刻，我的内心有热流涌动——**生活有苦有泪有磨难，我们偏偏要带着孩子们做一件美好的事，一件风雅的事。这不仅仅是一场准备充分、精美展现的艺术展，还是"谷拾人"用阳光明媚的童心去映照生活，让艺术成为人生不可磨灭的诗意经历。**它是全体"谷拾人"送给孩子们深情的礼物，也是"谷拾"孩子对我们英雄武汉的献礼。

红色七月，光谷青年之家，儿童艺术作品——投射出时间与空间的交汇，党团组织对少年儿童的深切关爱，人文艺术对思想价值的影响启迪，熔铸了一种昂扬向上、意义非凡的"战疫"力量。

2020年8月19日 / 周五 / 晴

以慧言雅语构建校园"话语体系"

"众多的恐惧，源自疲乏和孤独。要既不逾矩，又善待自己。你是宇宙的孩子，身份不次于树木和星星。"这是美国诗人麦克斯·埃尔曼的诗歌《你应该努力追求幸福》中的诗句。校长教育生涯的幸福来自哪里？我喜欢到每年一次的领导力高级研修班来寻找答案——用内心感受光谷同仁的优秀，用内心领悟授课专家的智慧。我想，每一次的聆听和分享，都是我对教育职业生命的内观。

这一次培训分享，我就说说校园"话语体系"。话题灵感来自深圳华侨城小学王智慧校长的报告。我发现这位美丽的女校长特别注意校园"话语体系"的雅致和韵律，并以此为途径实现学校核心价值的统整和贯彻。"卓雅教育"的学校辨识性"标签"转化为一训三风，转化为校歌和宣言，转化为楼道和书房雅名，转化为人际氛围，转化为课堂标准，转化为"卓雅家书"……这样一所有了"话语体系"的学校，就有了自己独特的"校园文化"。**"话语体系"不同于日常说话的语言，它是说出来的，也是做出来的；它是表达出来的，也是内化进去的；它是有显性韵味的，也是有含蓄内涵的；它是理念的核心表达，也是行为的个性展现。我认为，这样的"话语体系"让师生日日浸染，同声同气、同歌同咏，就立住了"校魂"。**

智慧校长对学校"话语体系"十分重视，精心打磨，我深以为然。也许都是语文人出身，我在创办光谷十小的过程中也很注重发挥"话语体系"的魅力。办学第一年，"谷拾"雅号就受到师生喜欢，我通过挖掘"谷"和"拾"的字源内涵，结合校名谐音的趣味，构建形成符合教育规律，切合区情、校情和学情，具有校本特点、独特格调的"谷拾文化"。"与时偕行，护卫童真"是我提出的核心理念，倡导尊重生命时序，护卫纯真童心，师生逐渐熟知内化，这八个成为"谷拾人"的教育信条和行动理念。随后，我们心心念念地去发现、去践行、去创造，于是有了"谷拾之荟""谷拾之心""谷拾之韵""谷拾之源"这一系列的楼层命名和空间命名。以设计思维建设学校文化，构建人与时空的相遇；以文心慧心构建学校"话语体系"，发掘"校园语言"与人际氛围的契合，"谷拾"慢慢有了"因爱而学，因人而美"的校园氛围和精神气质。

　　疫情期间，居家儿童是容易被忽视的社会群体，他们的慌乱、他们的无助、他们的失学是否真正得到疏导和关心？我发挥校园"话语体系"的价值引领作用，以主题讲话和公众号发文的方式传递给全校师生两句话——"越是艰难，越要坚持学习"，"越有阴霾，越要追寻光明"。我在网络开学仪式上以第一句话为主题做了讲话，"越是艰难，越要坚持学习"这句话既是对同学们的激励，也是老师们对自己的鞭策，成为疫期师生的学习信念。大年初三我开辟公众号"谷拾阳光"专栏，30余位教师志愿加入，从健康生存、智趣生活、尊重生态、感恩生命四个方面，传递"越有阴霾，越要追寻光明"的正能量。随着空中课程和答疑辅导的有序推进，孩子们的内心逐渐安定下来。后来，许多师生以这两句话为主题，撰写自己的抗疫故事。我们还在光谷青年之家举办了"战疫·拾光"学生音画作品展，在《长江日报》报道和斗鱼平台直播后，受到社会关注并为之点赞。这两句"校园语言"就像一抹阳光、一线希望，守护好了一张书桌和一家人，让孩子们在不平静的大环境下感到一种有序与稳定。

小学教育者的工作并没有什么宏大叙事，就是这些源于质朴师爱和智慧创见的慧言雅语，构成了校园"话语体系"，让我们时时浸润生命的精神力量。即使遭遇阴霾，也能让每一段生命历程射进一束光，照耀着孩子们去重塑明天。

教育感悟

‥‥‥‥‥‥‥‥‥‥‥‥

关键词：成事达人

·我们这群人，根要扎在课堂上，扎在学生中间。

·我喜欢"在自己的季节绽放"这句话，每个人都有自己成长的节律，都有自己绽放的花季。

·"至微至显，善作善成，成人达己，成事达人"是提倡做好小事、做好细节的干事文化，也是培育自己、成就他人的育师文化。

·好的管理团队以学校事务为己任，有超强的执行力和辨析的思考力，让决策落地生花，踏石留痕。

·用科研的方式来推动事务管理，用数字信息来提供决策依据，这也算是智慧校园建设过程中的"数字观念"先行吧。

·"时光如熙 爱在谷拾"我尤其喜欢这句话。一抹阳光，一线希望，一腔热爱，守护好孩子的一张书桌，坚守好执教的一张讲台。

·当下事，当下毕，饭一口口吃，事一件件做。希望我们每个人回望过往的职业生活，尽力尽情，问心无愧；看到未来的发展目标，不慌不忙，落子无悔。

关键词：教育智慧

·做一个有智慧的教师，和孩子友爱相处，和家长和谐相处，不气急败坏，不满腹牢骚，不焦虑不安，每天都是教师节。

·一个追求卓越的领导者总是可以从不同角度去关照他人的感受。

·教育人还是要有跳出教育看教育的视野，这样会更理解自己工作的境况和价值，实现国家、团队与个人发展的同频共振。

·从"人"的角度去考虑自己的管理工作，就是提升组织管理能力并和谐人际关系的开始。

·拥有教育智慧的老师能站在不同立场感受他人，悦纳自己。这是一种理解力，它可以让我们学会改变，改变让我们学会成长，直至长成……

·做事要顺势而为，能把有限条件化为无限动力，把不利条件变为有利创造。

·允许学生的学习方式有差异，即孔子所提倡的"因材施教"。允许学业水平有差异，即中国教育倡导的"有教无类"。允许学生的思维方式、广度、深度、速度有差异，更注重学习的过程，即"不愤不启"。这是中国传统文化中的教育智慧。

·不是每一位家长都会理解我们，我们也做不到事事无比正确。彼此之间有差异、有嫌隙、有误会，正是考验教育者协调人际关系能力的时候。

PART 5

2020—2021 学年：至微至显，善作善成

办学第四学年，"谷拾"家族105人，平均年龄29岁。四个年级，36个班，1663名学生。

打磨学校文化的外显表达，以慧言雅语构建"谷拾文化"校园话语体系。将学校各群体倡导和具有的思想观念、行为方式经过价值批判，精当地表达出来，成为最具有感染力和驱动力的学校文化要素，并以此为途径实现学校核心价值的统整和贯彻。"谷拾书院"揭牌成立，意味着学校立志向学习型学校、学术型学校发展，将行政权力和学术权力放在同样重要的位置。

从时间和空间两个维度去系统思考课程如何育人。大胆探索学程、学周、学日的课程时序管理，尤其是在第二学程和第四学程开展项目式学习，跨学科融合学习成为常态。课程实施的活跃进一步促进我们对育人目标的思考和梳理，"尊重生命时序"内化为教师群体的共同认识。"谷拾人"信奉的"至微至显，善作善成"成为教育行为特征，教育无小事，细节见真章。

这一年，高水平通过义务教育现代化学校评估，迎接全国校园安保工作组督查受好评，荣获市级五星级民主管理单位、市级十佳书香校园、区级空中课堂在线教学先进单位。"谷拾课程"在全国教育创新年会上精彩亮相，顺利开启人工智能实验校试点工作，校园文化成为处处可见的物化存在。

2020年9月7日 / 周一 / 晴

在行动中秉持教育信仰

今日白露，不知不觉已经到了秋季第三个节气。学校工作经过一周的运行，稳定走上正轨。

清晨，孩子们沿着两条行径线走进测温箱，已经自然娴熟、有序安全。210 班的几位妈妈，7点就来学校参加"警校家"值勤，公安分局的两位同志也来校门值守，社区文明创建工作人员在校门来回巡查。这些人的加入，让校门秩序更多了一些稳定感，师生走路的样子也变得从容了。孩子们问好的习惯似乎被口罩挡住了，大孩子们目不斜视地走进了校园，倒是一年级小朋友招招手，见面打个招呼，样子挺萌。

这是我们第一次在操场举行"周启"仪式，本次"周启"以教师节为主题，三年级同学的手势舞动作整齐而灵动，饱含爱校爱师深情，我特意走去前排拍照和录影，留下这个美好瞬间。孩子们大声唱着国歌，迎着朝阳注视国旗。看到这个场景，我感觉和以往的升旗仪式完全不同，有一股热烈的情绪在心中涌动。8 个月以后的复学不容易，我们自己"独享操场"也不容易。有点遗憾，一部分爱美的女老师戴着遮住脸的太阳帽，穿着连帽防晒服，估计是被热辣辣的太阳晒晕了，连升国旗要摘帽行注目礼都忘了。幸好许宁老师及时提醒，相信下次会好一些，能给孩子们做个礼仪形象的榜样。

上午的校务会第二次按照新的会议流程实施，效果依然不错。各部门按照备会表理清了一周的工作头绪，也提出难点问题讨论，实效性有所提高。党政中心准备了李政涛教授的《教育常识》一书，拟从下周开始，做 16 次共读分享计划。我在今年的学校计划里写下："重视阅读对干部和教师队伍培养的作用，校长亲自带领干部阅读，干部带领教师阅读。校务会每周分享阅读心得，每月举办月圆读书会，释放以文养心、解文生慧、以文化人的教育作用。"

午餐时，每个教室都比较安静。我重点巡查了 A 区，发现 107 班张超奇老师正在轻声讲故事，孩子们趴在桌上休息。111 班放着轻柔的音乐，孩子们安静聆听。用这些办法来管理午休，效果很好；而大声训斥不听话的学生会影响其他人。下午巡查校园和放学秩序均正常，二年级路队特别安静有序，一年级小朋友比预想的要更守纪律，入学适应期表现很不错。

课间，厕所还是低年级男生喜欢疯闹的地方，因为边洗手边玩水，地面水渍较多，有滑倒的安全隐患。请低年级班主任和值勤教师反复强调课间安全，物业师傅课间反复擦拭地面水渍也很重要。每个部门每个环节都是齿轮，需要咬合无缝对接。

晚餐后开了全校大会，我宣讲了本学年计划。具体布置了本学年的六个目标和七项工作，汇总起来就是：生命安全至上，队伍提质发亮，提升教学质量，五育合力保障。用于漪老师的话说就是——人是要有点气象的。愿我们"谷拾"的每一位教师都能记住于漪老师的话，与学校共进共荣，在岗位中实现教育理想，在行动中秉持教育信仰。

2020年9月11日 / 周五 / 晴 ☀

"谷拾"好风日，扬帆正当时

周五下午是全校集会的时间，我们全体教师在报告厅举行庆祝第36个教师节大会。两位主持人在掌声中登场，吴芬老师着一袭红裙，张豪老师穿一件挺括的白衬衣，呈现优雅而喜庆的氛围。两位老师都是第一次主持大型活动，刚开始接到任务时他们有些犹豫，生怕自己做不好。党政中心的老师建议请有主持经验的老师。而我一直认为应给每一位老师机会，觉得这次他们一定能行。一是他们普通话和仪态都不错，二是新校初创就来学校了，熟悉情况，只是没经过大活动的历练而已。

一首《国家》拉开了庆祝大会的序幕，这是音乐组老师的精彩表演。五位美女老师身穿礼服长裙，表演时默契十足。沈子琦老师拉小提琴，曾琳雅老师拉手风琴伴奏，包瑶和陈玮琦两位老师引吭高歌，大家惊叹：竟然是美声唱法！歌曲的高潮部分，吴晓璐老师轻快地出现在舞台中央，一把红色的绸扇舞起来，格外灵动。

随后，我作为党支部书记和校长宣读了学校2020年教师节表彰决定，对2020年线上教育先进个人和校优秀教师予以表彰。校领导周蕾副书记、叶波副校长、李文熙副校长分别为获奖教师颁奖。

第三个环节是教师分享，视频里展示了暑期书法培训中的优秀作品。一笔一画拾光，横平竖直添彩，老师们坚持练习，促使教艺成长。美术时明远老师围绕"设计""创新""思维"等关键词分享参加区级创客教育研究班的学习成果。优秀学员语文老师张越分享参加区优秀班主任培训最深刻的感受。勤学奋进，沉心思考，绽放光彩。上台教师代表着"谷拾"教师以德立业、以德育人、以德修身、以德养心，争做新时代"四有"好教师的奋进表现。

最值得一提的是，今天是"谷拾书院"正式成立的日子。梁涛院长和我共同为"谷拾书院"揭牌，我致辞介绍了书院的主要学术领导，并宣布"谷拾书院"成立。书院聘请湖北省名师、省特级教师梁涛老师为院长，聘请湖北省特级教师马青山老师、湖北省特级教师卢琼老师、武汉市劳模王桢老师为专家。书院聘请我校的李文熙、罗莉、周华、姚流明、刘彩红、何伟几位老师为导师。梁院长为"谷拾书院"导师颁发聘书。教师代表向书院院长、书院专家导师诚挚献礼。书院还特别聘请全国著名儿童教育专家、知心姐姐祝薇老师为校外德育导师。祝薇老师现场发来暖心视频，祝贺"谷拾书院"成立。

梁涛院长寄语"谷拾"青年教师，提出需要提升五大教育基本能力——对儿童的观察能力，对文本的解读能力，对课堂的想象和构建以及反思能力，对课改前沿问题的捕捉与回应能力，对新知博观约取的吸纳和批判能力。"谷拾书院"揭牌成立，意味着学校立志向学习型学校、学术型学校发展，将行政权力和学术权力分权设计，放在同样重要的位置。

匠心育人，青蓝筑梦。教师发展中心周华主任宣布学校师徒结对名单，师傅与徒弟签订《师徒结对协议书》。大会最后，全体教师庄严宣誓，并签订师德承诺书。

"谷拾"好风日，扬帆正当时。希望"谷拾"老师们不忘立德树人初心，牢记育人育才使命。祝"谷拾"明天更好！

2020年9月21日 / 周一 / 晴 ☀

辛苦后的喜悦

近期准备迎接现代化学校评估，加班成了常态。周一下班到家已接近凌晨1点，从来没有晚到这种程度。这一天发生的事情太多了，条款式记录如下：

9:00 党政联席会。商量人事工作，调整部分岗位。

10:30 听四年级语文试教课（各年级均在试教视导课）。

上午开展数学专家室活动，马青山老师到校辅导。

中午与教师谈话，交流思想。

下午协调上级安排的工作。

17:30 竞聘小组工作会。

19:30 校务会。

21:00 修改自评报告。

22:00 修改汇报PPT。

徐朝霞和刘晓霞两位老师一直在准备视导资料和汇报课件，和我一样，凌晨以后才离开学校。

学成中心进行的班级文化评选很有意义，能净化环境、美化环境，能发展隐性课程的价值。"一班一品"逐渐有了雏形，有责任心的班主任和辅导员肯定能稳定班级，把家校沟通做好，把班级文化凝聚起来。功能室和公共空间管理教师和文化设计公司还在加紧布置。时间很紧张，是我们管理人员布置工作稍晚了一些，没有打足提前量，弄得大家时间很赶太辛苦。

放学就像是"一场战斗"——每天下午 4:30，行政人员就紧张起来，放下手中的事情，赶紧往楼下跑。一些来接孩子的家长围住道路，不听指挥，还踩烂了草坪，一点不管校园生态，只为"抢"到自家宝贝。仔细观察，有些班级的家长守规矩些。班主任管理"家长圈"确实需要智慧和能力，要礼貌而坚决地宣讲，持续而智慧地传递正确教育价值。

开学以来，四个"谷拾"家族的工作效果明显有差异。总体来说，新教师居多的一年级已经步入正轨，二、三年级工作稳步推进，四年级组工作效果有待提高。督学下校视导提出的几项不足之处涉及班级文化、备课质量、学生文明行为。请年级组长高度重视，带领本组教师去其他年级参观学习，在文化建设和学生文明行为方面采取有效改进措施，周五前请整改到位。

规划了今年底创建义务教育现代化学校，却遇到疫情居家半年，所有的创建任务都压到了下半年。每月一次专家督导检查，每月几项整改任务，加上文化建设的升级建设，真是千头万绪，忙得喘不过气。但是，看到管理机制的日臻完善，校园文化的人文气息，老师们的课堂效果日渐显现，作为校长，我内心多了一分辛苦后的喜悦。和这群"90后"的孩子一起打拼，我竟然不觉得加班有那么讨厌和痛苦了。

2020年9月22日 / 周二 / 晴 ☀

第二次视导亮点纷呈

9月22日上午，迎来义务教育现代化学校创建第二次视导评估。市督学专家林家宏主任、於思主任、陈国安主任，区教育局副局长董超纲，区督导办责任督学王开桥、陈腊香、周嘉颖一行莅临我校指导工作。

我从理念文化体系、环境文化设计、建构课程体系、研究课堂模式、赋能教师发展、管理功能教室等方面汇报了第一轮视导后的改进工作。督学专家察看了功能教室，观看了武龙特色活动展示；深入课堂，查阅了教师备课、作业批改、教研活动等教学常规情况。

督学专家们对功能教室的文化设计尤其称赞，连连问是哪个文化公司设计的。我骄傲地介绍，这是艺术组老师们自己设计的。晓璐主任指导艺术老师根据学科特点和原有装修风格，为每个教室构思了不同的墙面文化。比如，舞蹈教室的四壁有各种字体的"舞"

字，部分笔画是一个跳舞的芭蕾小人儿，构思非常精巧。我最喜欢教室门口的一块展板，粉色、紫色、绿色勾边，不拘一格地展现出学校文化的标准色。这块板功能特别齐全，融合了刊发制度、保存记录本等功用。

评估结束以后，各位督学专家肯定了学校第一轮视导后的工作：整改力度大，效果显著，对第一轮视导提出的五条意见，条条有回应，件件有着落，尤其在理念文化、课程体系、教师队伍专业成长等方面有系统化的整改与建构；学校领导、干部、教师团结一心，凝聚力、向心力和执行力强；硬件建、管、用大为改观，亮点纷呈；学校迎检工作整体推进，扎实有效。

2020年10月19日 / 周一 / 晴

时不我待的紧迫感

舒爽周一，值勤老师按时到岗，孩子们排成两列纵队有序入校。一个月前担心的入校难问题，现在已经迎刃而解。

近期叶校长外出学习，安全管理压力大，我心里多少有点不安。一出大厅就看到许宁值守时高大的背影，心里安稳了不少。观察到一楼走廊施工带来的隐患，我和周书记叮嘱孩子们上厕所要换线路，又电话叮嘱许宁要隔离施工区。许宁反应迅速，立刻执行，加了一些标志简提示引导。

上午我带队出去磨课，听晓璐说"周启"组织有序，赵亚男老师做了节约粮食的主题讲话。下午音乐专家室开展活动，周冰老师精益求精地高要求，听说几位老师都"磨"哭了。磨课成为我们的常态。何止音乐组"磨"啊，英语组的赛课准备和研究课刚落下帷幕，四语组中国神话单元研究课又即将开始，语感课题组的老师们也在准备课例，数学专家室同样一轮一轮地研究课。低年级几位老师跟着文熙校长打磨赛课，总算知道了"磨"的功夫一点不能省时省事，语言字斟句酌，行动举手投足，全部要有规范和韵味。课如其人，课比天大！一位好老师的感染力和凝聚力，堪比一个圈粉明星。

王婷、刘晓霞、艾思佳三位老师连日辛苦工作，刚完成星级智慧校园的评估，又接下赛事筹备事项。周日圆满承办了全市信息技术创新与展评活动。这是第一场学生赛事。另有十几位老师参与活动，连保安师傅都满脸笑容地为选手热情服务。大家马不停蹄地加班，毫无怨言，显示出"谷拾人"足够的韧性和毅力。

有几个细节让我蛮有感触：303班学生课间礼仪做得好，遇见老师敬礼问好的习惯逐渐养成。一年级各班放学时招手说再见的礼节，由零星几个班到现在整体形成良好风气。文明推动文明，礼仪带动礼仪，像这样的品质班级，越来越多就好了。秋冬季作息时间调整，师生有待熟悉。手风琴、啦啦操、足球联赛都在备战中。

有一件小事挺搞笑的。午餐时，青椒炒肉丝的餐盒前面放着一张白纸，上面滴了几点油渍，写着几个大字"有点扎小辫"。我这近视眼眼神不好，一边凑近仔细看，一边想：这师傅还真有意思，难道吃这个菜还需要"扎小辫"吗？忽然旁边传来一阵笑声，几位年轻教师对着纸条哈哈笑，有人读出声来。我再一看，哈哈，原来是"有点把小辣"，纯正的武汉方言。大厨是善意提醒大家，注意口味，不要被辣着了。太可爱了！

时不我待的紧迫感，压力过大的负能量在笑声中烟消云散，连加班熬夜、爆痘不断的苦恼都没有了。和伙伴们叨叨两句，秋燥易上火，凡事心宽。不着急，慢慢做，秋安！

2020年11月23日 / 周一 / 阴雨

学校每天不一样

冷，冷，冷。"一秒过冬"的武汉，着实让我们感受到严寒的威力。

孩子们虽然怕冷，还是有不少进校门时伸出手摇摇，喊一声"早上好"！迟到的小家伙也不少，"周启"仪式的国歌声已经响起，还有一波人匆忙跑进来。门口值勤的老师已经按时离开了，此时有一个无人值守的空档。建议校门口值勤的行政人员和老师多留几分钟，或与保安师傅做好交接，保证及时管理孩子们的进校测温。

"周启"的讲话主题是关于国家"十四五"规划的，据说是近期上级要求校会必讲。我听了几句，觉得对孩子们来说有些难懂，难为主讲老师了。这周队会辅导员还会宣讲五中全会的精神，我们该怎么去引导学生学习？校务会上，我和学成中心的干部就此话题谈了教育内容的儿童化问题。国家时事、少先队知识都有政治生活的影响力，可以讲也该讲，但是我们作为教育者要研究讲什么，怎么讲，尽量让宏大的政治理论和主张变成接近师生生活的案例和叙事。这对我们深入领会党的方针政策提出了"深入浅出"的更高要求。

校务会上，大家都感慨上周是"开挂"的一周，没有最忙，只有更忙。全校开展了2天项目制活动，迎接了5项工作检查；我和周书记分别赴外地招聘；杜小琴副主任主讲了一次区级展示课，吴芬和沈子琦老师参加了一次五项全能竞赛；组织了一次党员下社区活动……没有写进周安排的事情更是不胜枚举。

我分享了寻访重庆的感受：我说，上一周于我，虽然忙碌，却是开心的一周。一是因为我不在学校，各部门、各组依旧有条不紊地高质量完成了所有工作，团队独立思考力和执行力进一步提升；二是因为我在高校专场招聘中相中了优秀的毕业生；三是因为在中国最优秀的小学——谢家湾小学受到启发，也感受到该校的校长和教师创造美好的教育生态的勇气。当然还有工作之余因享受重庆的烟火气而开心，在小巷子里寻觅美食也是值得回味的记忆。哈哈，各位，这一点有些"拉仇恨"吧！会上，最重要的话题自然是围绕"现代化学校创建工作"展开，各部门汇报了工作进展和本周工作重点。谈到目前准备不充分的地方，大家多少有些焦虑，特别是管理人员和组长们压力较大，分管一块，肩负责任，都想做得更好。世上又哪有好之又好的事情呢？爬梯子累了也需要歇一歇呢。我知道我们还有许多不足，但是办学成效也是需要时间来积淀的。

想到近期交给我的几份主备教案，我特意没有给现成的设计思路或答案，而是提出问题，或是给个研究方向，请主备人再思考。我想用这个方式表达，不要着急，哪怕是备一节课，我们也要想清楚：自己在教什么？怎么教？有没有考虑学生已知什么？未知的期待怎么激发？学生喜欢怎么学？以"学为中心"的设计，我们可以怎么做？

我们要坚持办一所尊重生命时序的学校，干吗急于求成呢？急不来啊，设计出自己能想到的最佳方案，"尽力"二字罢了！

下午，李校长发来信息，告知我，他本周在外培训来不了学校。我说大家都在积极准备迎检，请李校长放心吧。李校长回了一句："好的！学校每天不一样！"这句城市"中心句"还真是反映了"谷拾"近一两个月的变化，这是李校长的鼓励，也是期待。

我们的成长，自己看得见，感受得到，我们应该对自己和团队有信心。检查督导只是个阶段性的小结，更艰难的、更深远的路已经在走……

2020年12月1日 / 周二 / 晴

高水平通过评估

2020年12月1日，东湖新技术开发区教育督导室委托第三方组成7人评估组，对光谷十小进行了为期一天的综合督导评估。我校是此次区级督导评估的启动学校，高新区教育局局长杨志霞、副局长董超纲、督导办主任王开桥一行莅临我校指导工作，武汉小学李强校长亲临学校，指导创建工作。

王开桥主任主持督导评估会。评估组组长林家宏督学通报了评估流程，高新区教育局副局长董超纲做了启动大会发言。我代表学校做了题为《与时偕行 护卫童真 办尊重生命时序的教育》的学校创建工作汇报。

评估组专家通过听、看、访、谈、查等工作环节，对学校进行了全面评估。评估组专家参观了校园文化，查看了功能室。评估组认为，校园校舍设计前卫、布置精美，环境文化主题凸显、布局合理、格调高雅。各功能室制度上墙，布置美观、大气、适宜。

大课间，学生展示学校编排的特色武龙操，精气神十足。班级锻炼"菜单式"安排，热力毛毛虫、穿针引线、时空穿梭、趣味接力、跳长绳、跳短绳等，活动形式丰富，活动量充足。

社团课程是体现儿童成长最鲜活的领域。学校坚持培育学生的艺术兴趣与素养，开设了各类校队、社团课程。手风琴、壁球、赛艇、智慧农耕、编程、国画、国际跳棋……一个又一个儿童活泼成长的缤纷教育现场，是办学理念护卫童真的最佳体现。

评估专家随机选课，听课7节，涉及语文、数学、英语、心理健康、形体、美术7门学科，优良率100%。专家个别访谈干部、教师及学生共23人，还分别召开了家长及社区代表座谈会、教师座谈会和学生座谈会，进行全员问卷调查，对学校工作的满意率均为100%。评估专家查看了学校全部电子档案及纸质资料，抽测了四年级学生体育、信息技术和科学实验情况，优良率均达到100%。

　　林家宏督学代表评估小组进行了评估反馈。评估组认为，光谷十小秉持"与时偕行，护卫童真"的办学理念，致力于办"尊重生命时序的教育"。经对照《指标体系》全面考量，一致同意光谷第十小学高水平通过"武汉市义务教育现代化学校"区级评估。我作为党支部书记和校长发言，以"生、创、成、品"为主题词，梳理了学校发展过程和未来愿景，表达了"谷拾人"继续努力办"尊重生命时序"优质学校的信心和决心。

　　最后，教育局督导办王开桥主任总结发言，高度评价了光谷十小的创建工作，对评估组表示感谢，激励学校继续奋进担当，为光谷教育发展注入新活力。

2020年12月7日 / 周一 / 阴转小雨

彼此暖心的日子

　　今日大雪，《月令七十二物候集解》说："大者，盛也。"虽然并非真的下大雪，但已有提示近期寒潮频繁，一场大雪正在酝酿。

　　"周启"在室内进行，播放的是张梦旸老师录制的垃圾分类微课，据值勤的晓璐主任说播放效果挺好。之所以是"据说"，是因为我本人并没有聆听到，一早就和周书记、文熙校长去武汉小学开集团会议，参与"十四五"智慧校园规划的研讨和学习。

　　回校后正好是午餐，巡查了一遍，秩序正常。部分班级组织午休略慢了一点，其他年级已经安静了，一年级某些班级还有些躁动。术科近期还有赛课和教研活动，熊梦依和时明远老师在准备赛课，科学组两位老师在准备片区活动。音乐组开展线上教研，周冰老师带领观课。

　　下午开了校务会，盘点了前期校历表中已计划、却因各种原因滞后的工作任务，再次做了安排。汇总了月度评价情况，部门汇报了几位第一次评优的老师工作情况。看到这些年轻人的进步，我内心由衷欣慰。可能因为我做过较长时间的学校科研管理工作，比较注重定性与定量结合看问题。在询问中发现各部门对工作的达成度还需要加强"数据思维"，要做到数据"一口清"。如某项工作的完成率，某次学情监测的数据，某次竞选或推优的差额比，某位教师的评优概率等，诸如此类，管理人员一定要养成随时观察数据、统计数据、分析数据的习惯，不能用"好像""大概"这类语言去表达工作现状，要认真地做数据分析和个案分析。**用科研的方式来推动事务管理，用数字信息来提供决策依据，这也算是智慧校园建设过程中的"数字观念"先行吧。**

　　紧接着，年度考核小组成员开会，讨论 2020 年新进教师评优和实习期教师评优。民主测评的结果和小组推优结果很接近，大家都一致肯定了万丽、胡宇恒、李楠、朱诗琴、鲍梦露、杨文颖、彭莹、杨艺、何欣怡、覃姗姗、艾思佳、刘明炎十二位教师的优秀表现。可惜优秀名额只有 6 个，议了又议，有几位只能暂时割舍，待下次机会。不禁感慨我们"谷拾"是个"滋养"人的地方，优秀的人越来越多了。

逢节气我就喜欢翻翻余世存老师的《时间之书》，才知道大雪在"比卦"时空。什么是"比卦"？还真不了解卦相的深刻含义，只知道古文字"比"是两个人互相搀扶的样子。可以想象，冰雪积在地上，湿滑难行，对行人来说是危险的。然而有人搀扶着行走，缓步归家，真是会生出暖意来的。原来大雪节气是个可以彼此暖心的日子。

白首天涯，雪落归家。忙碌告一段落，让我们在冬季养精蓄锐，待来年生发盎然生机……

2020年12月31日 / 周四 / 晴

在自己的季节绽放

过去的2020年，身处武汉，身体和心灵的感受该多么复杂而丰富。

在这个疫情"风暴中心"的城市，那些以前看起来稀松平常的事情，都成了奢望。比如，出门吃一碗热干面；比如，去教室上一节课。我们害怕过、迷茫过、无助过……但，这不意味着我们停止生长，停止绽放。

在自己的季节里绽放，生长是我们向阳的诗行："我是一粒种子，在谷拾的阳光下发芽。叶是我的舒展，花是我的绽放。"落脚在"谷拾"楼道里的那首小诗源于疫情生活的感悟，转化为"谷拾文化"的话语符号。

隔屏互助的日子，在自己的季节绽放。

党员的行动"绽放"实干，下沉社区志愿服务，奔赴外地运送物资，为方舱医院献声广播；校长的话语"绽放"鼓励，"越是艰难，越要坚持学习"成了疫期师生的学习动力；"谷拾阳光""绽放"信念，公众号专栏有30余位教师志愿加入，从健康生存、智趣生活、尊重生态、感恩生命四个方面传递正能量；儿童画作"绽放"温暖，百余幅鲜活的学生作品配上温馨的文学话语，每晚给全校师生道一声"晚安"，送一份安宁；线上教学"绽放"创新，空中课堂120天的不懈探索，教育结构性优化显现效果。

相逢携手的日子，在自己的季节绽放。

校园风景明信片"绽放"关怀，热情欢迎师生返回久别的校园；学生音画展"绽放"喜悦，"战疫·拾光"的主题凝聚童画童语，师生相逢张开怀抱；项目式学习"绽放"精彩，智慧农耕课程跨界融合，生活与教育紧密联系；现代化学校创建"绽放"努力，几轮专家视导，几次文化深研，几番细节打磨，几近完美呈现，终于高水平通过督学组评估。

在自己的季节绽放，总有一个时刻让自己难忘。当我站在中国教育创新年会的论坛上，眼前浮现出校园和老师们最初的样子，好几次哽咽。我知道，这不是我一个人的故事，是全体"谷拾人"共同谱写的创校经历。

"时光如熙 爱在谷拾"，我尤其喜欢这句话。一抹阳光，一线希望，一腔热爱，守护好孩子的一张书桌，坚守好执教的一张讲台。不确定中，我们确定生长；不平静中，我们平静有序。2020年给我们上的重要一课，就是告诉我们，自然灾难的来去，有不可控因素，但措施、制度、人心，却可以用智慧和信仰来调节。在最艰难的时刻，我们更需要共识，更需要合力，更需要稳定，更需要生长。我们，特质不同的"谷拾人"，在自己的季节绽放，托举出一片教育丹心。

2021年来了，疫情的警钟还是时时敲响，我们的心情也谈不上轻松。平安健康是每个人内心最朴素的愿望。祝福孩子们，绽放童年的可爱与真诚，在校园里找到自己的喜爱和擅长；祝福老师们，绽放青春的活力与正直，在校园里收获自己的雅趣与满足；祝福家长们，绽放自己的关爱和信任，把心和希望放在这所校园。祝福我们的学校，在"谷拾文化"的引领下朝气蓬勃、拾级而上。

所有的祝福和希望，都指向生命的延展与可能——在自己的季节里绽放！

2021年1月4日 / 周一 / 晴

校长就那么令人讨厌吗？

2021年的第一个上学日。晴好，有序，一切无恙。想讲几个小朋友的故事。

今天还是牛年吗？

进校排队，几个小宝贝看到校门口留存的新年文化布置，天真地问我："王校长，今天还过节啊？过到哪一天啊？""咦，今天还是牛年吗？""你没看到吗？板子上面写着'2021 牛起来'，今天不是牛年，是 2021。"哈哈，太可爱了！一大早听着这些童言童语，戴着口罩的我，嘴角都笑得咧起来了。

比惨

一个小女生哭兮兮地说今天不想上学，问原因，也说不出所以然，还是哇哇哭个不停。一个路过的小男生关切地拉着她说："别哭了，我还不是不高兴，我都没有说不想上学。"我好奇地问："为什么不高兴啊？""昨天晚上爸爸妈妈吵架了，两个人乱吼乱叫。爸爸摔门就跑出去了，脾气大得吓死人！"说着耸耸肩膀一副无奈的样子。如果我再追问父母为什么吵架，估计这个小男生还可以讲出好多"故事"。小女生仿佛被这个吵架的"故事"震住了，眼珠子骨碌碌转，好像也找不出伤心的理由，擦擦眼泪，好了。听着进场的音乐声响起，我不敢再多嘴问，赶紧组织迟到的一伙人进了测温箱，牵着小手去教室。中午巡查经过教室，一个男生正在为复习卷得了80多分挠头苦恼，邻座的女生直接翻开卷子朝他亮出一个"79"。男生瞬间笑了！原来调节同伴情绪的有效办法不是从旁劝慰，而是直接拿经历"比惨"。此处心情很复杂，父母矛盾和学业压力都给孩子带来了什么？多少有些沉重而不愉快的感受吧。让我意外的是，经历更"惨"的那个孩子看起来反而更洒脱、更乐观。这份"没心没肺"是无力改变的钝感，还是掩饰内心的伪装呢？

在教室躲着

"周启"已经开始，我沿走廊巡查，"捞"到了好几个低年级学生。有一个班窝着好几个人，在教室游走，都不打算去操场的样子。我招招手叫他们来走廊排队，其中一个摇摇手说："我们不能去操场。老师说了，来晚了就在教室躲着。"

"躲着？"我怕自己听错，连忙问一句。

"是的，躲着不去。迟到了跑去操场，校长会看到。"

"看到了会怎样呢？"

"看到了会批评我们班啊！"

"我现在没有批评你们啊！"

"你又不是校长！"

呃……好吧，校长本"长"已经现身，但是并没有像传说中那样吓唬人，以至于让孩子们不认识了。可是因为某些老师的"吓唬"，孩子心中的校长成了爱批评人的"讨厌鬼"。

唉……校长就那么令人讨厌吗？

2021年1月20日／周三／晴

熬了一锅"好粥"

今天正好是大寒，也恰逢腊八节。备课组长们在这个中国人重视的传统节日熬了一锅"好粥"。十三位备课组长交流了本学期教学工作，讲述教育方法，记录成长轨迹，书写"谷拾"智慧。

会议由分管教学的李文熙副校长主持。首先是语文组长们发言。"谷拾"语文人一步一个脚印，行以致远，书香润童心，笔墨传文化。一年级聂少颖组长介绍了备课组如何通过定时间、定内容、定形式开展备课组教研活动的经验。二年级组长张咏梅老师是我校引进的骨干教师，她提出"重实际、抓实事、求实效"的教研理念，在二年级语文组扎实而有效地推进工作，以课堂教学为主要阵地，以课例研究为主要抓手，助推教学质量不断提升。三年级张越组长是一位新任组长，该组在同组骨干教师刘彩红的指导下，注重提升孩子们的语文素养，开展了一系列班级读书活动，让孩子们在书香润泽中快乐成长。四年级肖惠中组长注重发挥集体备课的优势，在创校骨干教师罗莉的指导下，做到集体备课五个"统一"，在交流中碰撞出智慧火花。

随后是数学组长们发言，"谷拾"数学人追求目标达成，在教艺研磨中追求团队共进。一年级魏芳组长曾经来校支教一年，本学年正式调入学校。她把同伴比喻成"六朵铿锵玫瑰"，一直提倡"发现问题—研究问题—解决问题"的教研思路，集合组员教育智慧提高学生的计算能力。二年级何伟组长也是引进的骨干教师，他特别爱读书爱思考。他带领组员围绕"学程—学周—学日"的模式展开教学工作，每周指导学生结清所学疑难，训练了学生关键的数学能力。三年级组长王洁老师是教学能手，做事特别踏实肯干。她带领组员切实抓好每一个教学环节，采取"一帮一"结对子的活动来提高学困生学业质量，效果显著。四年级数学组充分发挥骨干教师姚流明的辐射引领作用，赵亚男老师带领组员做中学，做中研，真正做到"人人参与，人人研讨"。

最后是术科组长们发言。英语组长万丽老师分享了问题导向式的课堂教学模式，她带领组员开展单元整体教学设计的探索，组内成员充满朝气、敢于创新。综合组长陈雨浓老师介绍了本组经验，结合学程特点以及学期教学目标，开展了学科教学与PBL结合的主题课程。音乐教研组长陈玮琦老师分享了在认真开展好教学教研工作的同时，如何建设艺术社团和开展文艺活动的经验。美术组长岳新银老师总结了如何做好校园文化设计和学生活动策划的经验。这不仅显示了美术教师的一专多能，更展示了本组教师团结协作、吃苦耐劳的精神。体育组的分享最特别，全组人上台亮相。组长顾恒瑞老师肯定了本组成员团结协作、积极进取的精神，以及认真落实体育课堂常规、加强学生行为习惯培养的努力。许宁、刘明炎等老师齐诵了打油诗，将铿锵有力的武龙操、绳舞飞扬的花样跳绳等学生活动以幽默的语言展现出来。

虽然天气寒冷，但"谷拾人"心中有坚定的信念——**学无止境、教无止境、研无止境，紧抓备课组建设，发挥团队协作力量，向内求取，向上生长。**

2021年1月21日 / 周四 / 晴

用时光造就"我们"

回到办公室，发现桌上多了一小摞《学生发展手册》，徒弟姗姗给我留言，说有好几个孩子指定最喜欢的老师是我，要我在《手册》的评价栏上给他们写点什么。

翻看这几个孩子的手册，有个人表现的自评，也有家长和老师的评价。翻开封面，第二页就是一棵大大的"七有评价树"，每一个树杈里面都分别写了四个字：安全有责、文明有礼、学业有成、身心有益、审美有趣、劳动有为、生活有节。这本彩印的手册是我们"谷拾"独创的，力图以综合评价来推动学生素养的发展。我们秉持"与时偕行"的时序观念，围绕儿童生命成长周期，将小学六年的《手册》按照"谷生—谷长—谷壮"三个学段分为低中高三册。对应"健体自强、成长自信、文明自觉、心智自由"的育人目标，按照"立、悦、正、雅、至、睿"六个字传递的文化特质命名年级，通过记录孩子们成长各阶段的表现，让孩子们"在成长中自信，在自信中成长。"

要求我写评语的孩子们读四年级，是我徒弟班级的学生，也是我经常去上课和巡视的班级的学生。其中有一个小男生我印象最深。他很喜欢发言，课间也愿意和我交流。胖乎乎的，喜欢穿抽象印花的外套，头发硬硬的，根根直立。班主任说他很犟，脾气来了九头牛也拉不住。我每次去班上，都看到他的课桌堆着课本、草稿纸，还有玩具，似乎永远乱七八糟的。他做事磨蹭，要按时写完作业有些困难。没想到这样一个让老师有点头疼的孩子，在手册上点明喜欢王校长，要我给他写回复。我思考了一下，写下两行字——

小鸣：谢谢你喜欢我，我也很喜欢你。你是我心中最帅气的小男生，让"帅气"延伸到你的学习和生活中，由内向外散发魅力！为了你，我要当个更智慧的老师。

　　也许只有他懂得我为什么夸他帅气。那是两周前，天气已经很冷了。我路过厕所，发现他埋着头用水龙头里的冷水冲头。我瞥了一眼，差点惊掉下巴，天寒地冻的用冷水洗头，这是想生病吗？我赶紧喊他："小鸣！小鸣！你先别洗了，快出来！"他侧头看了一眼，见是我，不情愿地出来了。我一句话没说，先把他带到旁边的办公室，找了一条干毛巾，帮他使劲儿搓头发。可惜当时没找到吹风机，只能让他站在空调的热风出口，再抽出一沓纸巾搓干头发。等把头发弄干了，我问："这么冷的天，你干吗用冷水洗头啊？"

　　"我想变成金丝猴。"他声音很小，不敢说的样子。

　　"有意思，变金丝猴？那和洗头有什么关系？"我笑眯眯地问。

　　一听我好奇地问，他打开了话匣子："嗐，王老师，你连这都想不到啊。头发打湿了就可以竖起来，我把头顶抓个尖尖，不就像金丝猴了！"

　　"哦，是的呢，金丝猴头顶的毛是有个桃子尖儿。"我灵机一动，接着说，"王老师觉得你平时就很酷很帅，喜欢给头发造型，那也不能用冷水洗头啊。用吹风机和发胶不就行了。"

　　"家里的发胶爸爸妈妈也不让我带啊。他们在家也不让我弄，我只能来学校厕所弄。"

　　"哦，这样啊。下次想弄头发了，来找我，我可会做发型了。"

　　"好哇好哇，王老师太好了。我还以为你要批评我呢！"小鸣说完挠挠脑袋，吐吐舌头。

　　"王老师猜你这么做，肯定有自己的原因。干吗要批评你呢，和你聊聊天就行了。要想我帮你造型可以，以后有奇思妙想不要胡来，多和老师、同学商量。冬天这样洗头会感冒的，可不能影响身体健康哦！"

"嗯嗯，我记住了！"

几天后的家长会，我邀请他和我再现这个故事，表演了一出校园情景剧。爱要酷、好面子的小鸣成了校园"大红人"，家长们都说这孩子还挺有意思，聪明机灵，能说会道，是个人才。这件事情让我反复"咀嚼"：面对调皮孩子犯错，老师可以先处理好安全问题，再通过和孩子聊天了解他内心的想法。千万不要不问缘由地责怪批评，而是要跟从、理解孩子的奇思妙想，等孩子情绪平静的时候再提出建议。**我觉得，对孩子的行为不要简单地判定对错，他们往往是在不合适的时候做了不合适的事情，这正是学习社会性情感的大好时机。**成为"人才"的小鸣就像变了一个人，也给了我很多教育信心。

再翻几本手册，有一个被我称为"知己"的调皮鬼，有一个学习有困难的女生。我在他们的手册上写下期待——

小昊：聪明的你总能猜中我的心思，希望我的"小知己"能静心学习，做个自控力有进步的帅小伙儿。加油！我们一起进步！

小雅：谢谢你喜欢我。我最喜欢你扑闪着大眼睛听我讲课，我知道你的内心有很强烈的求知欲，只是需要老师指导你学习方法。为了你的喜欢，我会更努力地上好课！

　　对这些特别需要关爱的孩子，我会给自己出题，再用时光造就"我们"。和孩子心连心，将所有的祝福和希望都指向生命的延展和可能。

2021年2月24日／周三／晴

红罐迎春，开工大吉

　　春回大地，金牛献瑞，我们迎来了2021年春季开学。2月24日，学校全体教职工齐聚报告厅，进行了本学期第一次教职工大会。

　　党政中心为大家准备了暖心的开工美物——定制红罐可乐。红罐迎春，开工大吉。一瓶瓶小红罐，镌刻着老师们的姓名和新年祝福语"牛运亨通 万事顺意""福乐多多 牛年大吉""开工大吉 数你最牛""心想事成 牛气冲天"，喜气洋洋地欢迎着老师们回到"谷拾"大家庭，寓意新一年的教育事业红红火火、牛气冲天。

　　此次大会由赵筱茜主任主持，她首先解读预备周工作安排。紧接着学成中心杜小琴主任部署元宵节主题活动，宣讲学生报到工作方案，发布开学典礼分工安排。学校在做好教育教学启动工作的同时，也一直紧抓防疫安全工作，课程管理中心吴晓璐主任从"开学防疫工作""校园安全工作""春夏季卫生习惯培养"等几个方面进行了主题培训。

　　最后我做了新学期主题讲话，这也是开学第一节党课。新学期开学大会，由书记或校长做主题发言是我校创办以来的传统。开学复工第一天，书记或校长根据国家时事和教育发展趋势，对老师们做主题演讲，可以凝聚人心、引领价值。这次的发言我以"发扬中国牛精神，做最牛教育实践家"为主题，从今年的属相"牛"展开，讲到了建党100周年和十四五开局之年的国家和城市发展趋势及目标，勾勒了光谷未来五年发展的美好图景，畅想了学校发展的新征程。我是个艺术爱好者，平时喜欢了解艺术史，也喜欢欣赏艺术作品。这次讲话，我就找来了几幅关于牛的绘画，以艺术家的画作为背景，结合学校工作阐释"中国牛"的三种形象和三种精神——为民服务、无私奉献"孺子牛"；创新发展、攻坚克难"拓荒牛"；艰苦奋斗、吃苦耐劳"老黄牛"。"孺子牛""拓荒牛""老黄牛"是家喻户晓的美好形象，蕴含着中国人民自强不息的精神和砥砺奋进的密码。讲话寄予"谷拾人"殷殷期盼，勉励大家要用牛力、使牛劲、学牛德，还要有些"牛脾气"——不服输、不媚俗、不逐利，在新的一年里继续磨砺自己，在挑战中超越自己，一起做最"牛"教育实践家。

　　会后，老师们纷纷拉着小伙伴拿着红罐拍照，有的摆成一个心形，有的摆成一个圆圈，有的和小福牛开心合影。新学期伊始，让我们在这样一个开启之年、发力之年，站在一起、想在一起、干在一起，共同谱写"谷拾"发展最"牛"篇章。

2021年3月1日 / 周一 / 阴天

只拣儿童多处行

2021 年春季开学第一天，春寒料峭，体感颇寒。"叮——"微信里收到信息，一张小风车的图片亮在眼前。原来，局检查组领导已经早早守护在校门口，爱好摄影的梁忠老师随手拍下校园美景传给我。看到进校的学生还不多，我也抽空寻找一个最佳角度拍照。镜头顺着钟楼往大厅楼梯扫过去，一排小风车欢快得不得了，在风中滴溜溜地转着，扑棱棱地一阵一阵响动，好像在热情地鼓掌欢迎孩子们的到来。

陈局长带队检查食堂工作，省电视台记者随行跟拍，下午就在长江云播发了视频新闻。我们坚持办好食堂，从开学第一餐开始安全卫生、营养健康，为孩子们的身体健康保驾护航。

"只拣儿童多处行"是冰心文章的标题，这句话我很喜欢，这正是我思考的事情。我对这次开学典礼的发言内容思考良久，想讲清"中国牛"精神的意义，又不能让孩子们觉得深涩难懂。正好儿子是一个对动物感兴趣的人，他拿出一本关于牛的博物杂志给我看，里面各种稀奇的牛还真不少，看得我喜笑颜开。这不就是孩子们内心会好奇的东西吗？好了，话题就从牛族探秘开始吧！果然，关于牛的奇妙知识点很受孩子们欢迎，我边讲边偷看孩子们的表情，一个个目不转睛地盯着大屏幕看图片，压根儿不瞧我一眼。在"世界名牛"的加持下，将中国牛的特点和精神自然衔接，还有 8

个"谷拾娃"的典型事例解读，相信孩子们会接收到这元气满满的新学期激励。

因为元宵节返校活动已经进行了开学第一课教育，今天师生能很快融入教学氛围，随时巡查校园，一切井然有序。课间若在走廊闲逛，会发现孩子们的小秘密：这不，那个趴在走廊窗户上探望的男孩子，担心在隔壁幼儿园上学的弟弟好不好。那个满头小辫子的小姑娘，为自己的灯笼挂得够显眼特别开心。还有给我出脑筋急转弯和谜语的大波队伍来袭，"吓"得我赶紧去其他楼层了。

每层楼的走廊都挂满了孩子们自制的灯笼，就像一个热闹的灯展。一年级的孩子们尤其热情，挥手打招呼："王校长好！""王校长，你看这是我做的灯，好看吗？""王校长，你还认识什么牛啊？""王校长，给你猜个灯谜吧！"哈哈，感觉今天自己成了大明星啊！细想想，原来是开学典礼以后，很多低年级孩子们认清了我的样子，收获了一波小粉丝。

忍不住在朋友圈发了一首打油诗："忽如满园风车绽，手绘红包师爱满，校长含笑藏心意，走廊灯谜猜不完。"**当校长的日常不是焦灼地处理各种事务，而是有时间走近儿童，倾听思维跳跃、幼稚可爱的童言童语，那就是幸福所在！**

2021年3月8日 / 周一 / 晴　　☀

女特级教师的青葱岁月

今天是三八妇女节，"学在武昌"公众号回顾了"女特级教师的青葱岁月"，网页的卷首写道——

因为有你，

孩子们求知的眼神闪亮；

因为有你，

孩子们感受母亲般的温暖；

因为有你，

孩子们有了更多的力量……

春风十里，不如有你！

你们是女教师，

也是孩子们心中的女神！

今天，衷心祝福您节日快乐！

我因为姓氏笔画少的原因，第一个出镜。有一段文字简要介绍："王凌，女，中共党员。湖北省语文特级教师，市政府津贴专家，现任武汉小学光谷分校校长。从教27年，形成了'尊重儿童独立价值'的教育思想，追求小学教育的生态和谐、生命灵动和生发快乐。"显眼处是我的一张半身照，齐耳短发，红框眼镜，右手攀扶着竹枝，眼睛看向远方。我记得这张照片是2019年被评为"光谷教育20年20人"时，在光谷一初的庭院里拍的。

下面是我手写的一句教育初心"与时偕行 护卫童真"，这是光谷十小的核心理念，也是我20多年来秉持的教育初心。点击这几个字，出现了一张我年轻时的照片。其实这张照片也并不是最初入职时拍摄的，再久远的照片我竟找不到了。这张照片是2012年我在武汉外国语学校报告厅上市级特级教师展示课《伯牙绝弦》时拍的，我很喜欢自己上课和学生一起的样子，干练、沉浸，心无旁骛地关注发言的学生。

过去的岁月是美好的……

记得2017年8月，我在武汉小学办公室清理物品，准备搬到光谷十小上班。看着保存了20多年的旧物，狠狠心都扔了。一想到要离开大学毕业就生活的香樟园，那一天心绪不平，写了一篇《六匹马》发到微校平台。今天看到"青葱岁月"几个字，就把此文再次翻出来看，百感交集。

如今，已经办学满四年了，不管是在哪里工作，我的青葱岁月都无怨无悔交给了教育。努力的我是否给母校交了一份不错的答卷呢？

2021年3月15日 / 周一 / 雨

当了半天的厕所"所长"

　　清晨突来的一阵骤雨仿佛宣告着"阴雨周"的到来。被雨水阻挡外出活动脚步的孩子们，将调皮的"战场"搬到了厕所。我竟当了半天的厕所"所长"。

　　午餐前的一楼厕所人流穿梭，一个"小光头"太明显，引起了我的注意。他先是大摇大摆地走进了厕所，然后东张西望地观察同伴，洗手的、尿尿的，他都好奇地盯着人家看，不时在湿滑的地面蹭两脚，仿佛在做安全排查。钻进隔帘以后，我看不到他的小光头，只看到他的黑裤角，走进去转了一圈，并没有走向小便池，也没有"入坑"，随即掀开帘子走出来。我正在纳闷，他是不是在寻人，他已经注意到我的目光黏在他身上，吐吐舌头往二楼跑去。我招手叫住他，问是哪个班的。他泰然自若地回答："我是8班的，我来上厕所。""你们班在二楼，怎么跑一楼来上厕所呢？"他摸摸小光头："嘿嘿，我也不知道。""不是第一次吧！一路上有啥好玩的吗？""也没有，厕所里好玩！"我刨根问底："厕所有什么好玩的啊？""厕所里有水池，可以玩水。还有可以划小纸船。""你们二楼的厕所不好玩吗？"他骨碌着眼珠子，仿佛要说出一个天大的秘密，凑到我耳根轻声说："一楼没人认识我！"我猜这句话背后藏着好几个在厕所"捣蛋"的故事，没人认识的地方可以释放顽劣的野性。

午休后的厕所更热闹，我又去二楼的厕所观察，一个"红毛衣"正走进去，一脚踢翻"小心地滑"的黄立牌，然后踩了两脚，左右盘带，过人掀帘，像踢足球似的将黄牌子一路踢到了小便池里。我也不好盯着站成一排小便的男生直勾勾地看，转眼扫了一下走廊。厕所里传出哈哈的笑声，估计是他的小便有了"射击"的目标，旁边的小伙伴们觉得很搞怪吧！等他走出来，我不吱声，只盯着他看。他肯定知道自己错了，贴着墙根想溜。我说："把牌子拿出来洗洗吧！"他倒是不怕脏，立马拿出来放好。我问："你的文具盒平时是放在马桶里吗？"他连忙摇头："粑粑才放马桶！""哦，那文具盒一般放哪里呢？""书桌上。""你的红毛衣放哪里呢？""放衣柜里。""咦，为什么不放马桶里呢？"他赶紧捏着鼻子："不行不行，马桶太臭了。""哦，每一样东西都有它该待的地方。你为什么将黄牌子踢进小便池呢？""校长，以后我不踢它了。""你知道我是校长啊？""嗯嗯，我认识你，我以后不这样了！"也是巧了，小光头不知道从哪里跑出来凑热闹。"哈哈，你也被逮住了，我们都被校长发现了！"

不知道在孩子心里，被校长发现是不是好事？曾经发现过在厕所洗头的男生，听他讲述洗头可以变成金丝猴的乐趣。我也发现过在厕所翻窗的女生，听她描述厕所隔间和窗外有神秘通道的秘密。在厕所里能发现的大多是儿童的"野蛮"，在这里他们尽情发泄和释放。说教其实没啥作用，多听听他们的"胡言乱语"，会发现厕所和游乐场也没啥区别。或许小学校园里应该有一块允许捣蛋的空间，或许厕所里应该有一些吸引孩子讲文明的"小心机"。做一个和儿童有共情能力的老师不容易。

回想今天的厕所见闻，我突然想起自己在一个讲座中提到儿童和成人有很多不同点：成人的行为讲求目的，比如上厕所就是为了生理排泄；而儿童的行为目的不太明确，更在意过程，对他们来说，上厕所满足生理需求不太重要，更重要的是过程好玩。一群男生把尿憋足，看谁飙得远，也许是男生心目中最好玩的童年游戏。

2021年3月26日 / 周五 / 晴 ☀

课堂项目研究

课堂研究项目组成立以来，一直在思考课堂模式的问题。这个问题我纠结了很久，到底要不要建模。我觉得，课堂一旦形成模式就容易僵化，程序、环节、策略等相对统一，不能满足不同学科的课堂教学需求。几位来校评估的专家都说我们有课堂评价标准，怎么不建构模式呢？我提出自己的困惑，专家说新建学校中工作经验5年内的新老师多，建构符合办学理念的教学模式是必经的过程，这样青年教师开展课堂教学会有抓手、有范本。统一建模—分科变模—自主脱模，一步步研究，老师们就不会将教学模式僵化，最终会有自己的内化和融通。

我一直期待能构建一种类似积木搭建一样的教学模式，不是线性的，而是灵动的。经过系统阅读相关教学的书籍，结合平时观课议课的思考，我初步撰写了关于"谷拾"课堂的构想。今天是周五集会时间，正好召集项目组老师一起来讨论。

我对老师们说，小学教育是孩子生命成长和精神构建的奠基阶段。而课堂上还普遍存在着小学生学习"无感""无力""无趣""无效"等现象。**在大班教学制的学习条件下，若是以教师为中心的课堂，很难发现"假装学习"的学生，也无法及时解决学生的"隐性学困"。这一切导致知识意义的丧失、内在认知动机的抑制和教学与生活的脱节。**我们需要重新审视真正的人的学习，重构"学为中心"的教学理念，推进"谷拾课堂"教学模式的构建。

我期待"谷拾课堂"从七个要素去构建：学习流程、学习场景、学习模块、学习策略、学习工具、学习行为、学习评价。学习流程分为"预在课前、动在课堂、思在课后"三个步骤，从教师和学生两条线展开学习行为。**学习场景从学习空间设置、师生交互手段等角度设置，以解决真实问题，体现与生活实际的联系。**学习模块有预学、自学、共学、探学、练学、拓学等。课前教师备课做积木搭建式的学习模块预设，课堂上教师根据学情做结构化处理。学习策略包括设计学习程序，选择学习方法，运用学习工具，实施学习行为，并且是以上要素的综合运用。学习工具分为三类：一是辅导学习的实物用品；二是结构化、可视化的学习图表、任务单、清单等；三是信息技术工具。学习行为是指师生在学习环境因素作用下，通过生活经验、实践操作、相互学习获得的经验性行为和互动性行为。

值得一提的是学习评价，我思来想去，提议从七个维度展开：目标有益、组织有序、内容有料、方式有趣、合作有伴、学习有效、评价有方。大家就这一点展开讨论：有老师说这个课堂评价维度比较全面，强调了教师素养和课堂操作；有老师说"合作有效"其实是关注学习情态和师生关系；还有老师提出，这七个维度比较注意关系融洽度和课堂融入度，但是对"学为中心"的教学视角体现得还不够。课堂评价最终要关注学生学业质量的评价。

对老师们的建议，我深以为然。这只是一份初稿，还是一种课堂图景式的理想。涉及教学模式的程序、策略等核心内容还没有成型，项目研究正在进行……

2021年3月29日 / 周一 / 晴

万物皆可玩耍，万物皆可创造

"王校长，今天老碰到你，嘻嘻。"下班临走，一位老师在办公室门口又一次碰到我，随口一句算是打招呼。估计这一天在校园里转来转去，大家都"紧张"了。我猜，上个班总是碰到校长巡查，多少会有些担心被发现了什么不足吧。

不用担心，经过全校集中反馈和调整常规细节管理，本周第一天的校园干净整洁——36 间教室有 35 间都经得起表扬，无纸无屑，垃圾归桶，为班主任和小朋友们鼓掌。中午时分，103、104、105、106、201、202、203、206 等班级的老师们都在教室值守，低年级班主任勤进班、抓关键，沉浸式班级管理更能落实对学生的个别观察与教育。值勤老师们值守认真，陆续发来消息反馈巡查情况，孩子的顽皮真让人"上头"，有些行为让身为大人的我们哭笑不得。这不，105 班有位同学跑去爬树，正在操场值守的老师去管，他却称自己想在太阳底下做运动。老师就纳闷了，今天可没有太阳啊？爬树也算运动吗？还有更绝的，漂亮的祁老师发来图片，是一扇粉色的女厕所隔间小门，门上赫然一个大大的"大"字。点开大图一看，老天呀！是用臭烘烘的大便写的汉字。这孩子太奇怪了，是什么原因让她做这奇葩之举呢？想想另两个宝贝，106 班撕纸乱丢的学生，202 班翻爬主席台栏杆的学生，都不算什么"怪咖"了！孩子的内心世界有时大人真的搞不懂，也许在顽童的眼中，万物皆可玩耍，万物皆可创造。

换个视角，去看看课堂——学习也是一种玩耍与创造！

听说姚老师要给徒弟们上一节示范课，我把校务会都推迟了，跑去听课。老姚就是老姚啊，老将出马，容光焕发，今儿这一身海蓝色的细格纹西服格外精神，洪亮的声音也格外有感染力。只要学生发言精彩，他就会拉长声音由衷赞美："嗯——你真是个会思考的孩子！"此处的"嗯"字拖长起来格外有余味，好像说到孩子心里去了一样。我从小是个数学"困难户"，当了老师以后，只要是听同事讲数学课就格外虔诚，瞪大眼睛，仔细聆听，盯着板书和例题，就像小学生一样去理解，像徒弟一样去思考。"关于小数的意义以前讲了什么？"我向旁边的胡笑和王洁老师请教，把教材翻来翻去地浏览。只见姚老师成竹在胸，从容自如，带着孩子们测量课桌，然后将小数意义的概念学习分成三步：第一个层次，细致提问，逐点解答；第二个层次，深化例题，引导练习；第三个层次，小组自学，汇总交流。学生经历了玩游戏、听讲解、自练习到共交流的过程，两旁的老师连连称赞说："这课的设计层次很清楚。"课如其人，姚老师的课质朴、有序、扎实，既紧扣教材内容，又关注知识逻辑。他注重知识迁移和深化，注重深度思维加工，平实的教学设计中暗藏着符合儿童认知水平的丰富教育经验，也探索着"以学为中心"的教育思想。能听到一节好课，老姚的徒弟真有福，蹭课听的我也很开心！因为，这节课为我们研究"谷拾课堂"提供了有益的课例。

近期一直在思考课堂模式的问题，上周五给课堂研究项目组讲了关于"谷拾课堂"的基本思考和框架，还有很多学术"谜团"需要去探究。期待我们"谷拾"的课堂教学能早日摆脱"虚假学习""浅表学习"的现象，往"深度学习"的路径上慢慢攀爬。**作为教育者，我们要始终意识到，知识外储化的信息时代，教会学生获取某学科知识与技能的现实意义在于，能最终解决个人生活和社会生活的实际问题。**在数学学科里，被称为"数学价值"；在语文学科里，被称为"语文要素"。在你执教的学科里，它是什么呢？

2021年4月8日／周四／晴 ☀

图书馆里的学校

4月8日，2019—2020年度全市全民阅读评优争先活动颁奖典礼在武汉会议中心举行。我校荣获武汉市"十佳书香校园"奖，这个奖项是我们最喜欢的。

作为语文特级教师，深知阅读是人与世界的对话，不仅能够开拓视野，还能够丰富精神发展。因此，培养阅读的习惯和兴趣对儿童的成长至关重要。我大胆展望办学蓝图，立志将学校建成"图书馆里的学校"。希望在校园里，阅读就如同空气一样自然。书声琅琅、书香浓浓，学生与好书为友，教师与书香相伴。

建校第一年，学校就开始启动地下空间设计，拟将其打造成学校图书馆。从大厅的旋转楼梯下来，小舞台、布展区、小会议室、台阶阅读区、绘本馆，构思精巧，动静结合，充满艺术气息。高大的书柜背后，是有自然采光的阅读区，那里有一排软垫，也是孩子们最喜欢的地方。上千平方米的空间以"无边界学习"的姿态建设，环境安静优雅、色彩明亮。"谷拾人"给这个空间取了个好听的名字——"谷拾之心"，意喻学校心脏，即**阅读是学生发展的核心素质，它将源源不断地为学校发展提供驱动能量。**

建成后的"谷拾之心"不仅仅是一个藏书丰富、阅读便捷的空间，学校致力于站在课程观的角度上去审视，开发阅读课程、提供阅读材料、实施阅读教学策略，力求为学生提供美好的"悦读"体验。"月圆读书会"将教育阅读融入教师职业生活。"谷雨读书节"、亲子阅读活动，探索推进以家庭为单位的亲子阅读，营造良好的家庭阅读氛围。坚持每日20分钟经典诵读，促进师生形成阅读习惯。我也是爱书之人，带领老师们走到书店寻找好书，邀请名家到校举办读书讲座，将书籍作为教师的奖励……和同伴、和家长、和学生通过阅读实现生命体验的融入。我们希望构建"无处不阅读""无时不阅读"的校园。

　　阅读是优雅生活的方式之一，它一旦和戏剧、诵读、音乐、舞蹈等方式结合起来，音舞诗画，美不胜收。记得我校的节目两次获得光谷"国文国风"演诵"十佳"，都是从阅读开始的生命悸动，《时·韵》的创编者吴晓璐和张越老师，将"与时偕行，护卫童真"办学理念融入古诗词诵读——"时"为春夏秋冬，四季时节；"韵"是音舞诗画，古美声韵。孩子们用富有童真童趣的诗舞歌韵来表现四季更迭、生生不息的生命力量。

　　学校办学，校长应该追问，最终的目的和意义是什么？是培养的孩子考上名校，还是让孩子们快乐成长，唤醒与点燃生命？我坚信阅读对儿童的成长至关重要。浸染书香，沉淀文化，在"与时偕行，护卫童真"的教育道路上，阅读是师生们的精神之源和"诗与远方"。不管是"在孩子的生命里放一本书"，还是"把孩子挂在书架上"，都是通过阅读认识自我、探索世界、感悟人生，而书籍为儿童提供了丰富的精神食粮。陪伴儿童阅读，也许是坚持阅读的最好理由。阅读，只有打破固有的思想观念，才可能随时随地发生，让校园弥漫阅读的香气。我坚信，通过亲子阅读、师生伴读，"生命的种子"会在孩子的心中生根发芽，带给孩子欢喜、智慧、希望、勇气、热情和信心，最终成长成一棵参天大树。

　　成为"图书馆里的学校"，是美好的教育愿景和学校永恒的追求。我希望我的学校，书声琅琅、书香盈盈，阅读，如同呼吸一样自然。

2021年4月19日 / 周一 / 晴

心中依然有一片绚烂彩虹

经历了周六的党员实践活动，在知识竞答、徒步和烧烤中感受我们"谷拾"年轻人的活力。经历了周日集团的教师招聘，观察了形形色色应聘教师的样态。我觉得自己要好好反思一下，要多去发现我们"谷拾人"的可爱、美好和进步。

4月19日，天气美好的周一。不穿职业装，特意穿上靓丽的彩虹领毛衣，带着愉快的心情奔向学校。路遇堵车，心急难耐，生怕耽误了值勤，赶紧微信呼叫同伴帮忙。陈威主任一句"我去"，打消了我心头的顾虑。待我到学校时，看到入校秩序井然，警校家志愿服务越来越顺畅，忍不住多拍几张工作照。据说本次"周启"内容非常精彩，可惜我忙着去食堂处理停水供餐问题，赶到操场时已经是尾声。筱茜主任绘声绘色地跟我讲述"周启"的见闻：文熙校长启动"谷雨读书节"，并宣布我校荣获市"十佳书香校园"的喜讯。张越老师和几名学生身穿汉服诵读古诗《春日》，可谓声韵传情。101班张文婕和妈妈亲子搭档讲故事《棕熊的秘密》，声情并茂。

一上午的校务会讨论内容又是满满当当。第二学程即将到来，研学和运动会等大型活动需要提前精心策划；五项全能竞赛进入精彩的决赛环节；人工智能融合课程需要深入推进；2021年的岗位竞聘工作即将全面展开；六一儿童节优秀节目视频报送时间紧迫；

教师红歌合唱比赛需要进一步编排策划……感受到近期工作的压力，也感受到管理人员和老师们的疲累。凡事想做好，就要付出极大的努力和花费更多的心血。会议间隙，李校长来校，我们一窝蜂跑出会议室，拿出提前准备好的彩虹生日蛋糕。大家吃着蛋糕，甜滋滋地说声："生日快乐，无惧无畏，永远 25 岁！"

下午接待了区局外事工作的常规检查，又在校园内外转了几圈。和两位年轻教师深度交流了个人发展和工作规划。捕捉到穿新校服的小帅哥一枚，硬是要求拍照。转角遇到两个蹦起来拍文化墙的女生，原来是试探自己是否可以摸到最上面的"小谷穗"。我笑着牵起她的手说，为你们建个"摸高墙"吧，吓得她以为我是在说"反话"，紧张得涨红了脸。哈哈……遇到可爱的"谷拾娃"，校长有点"难缠"。值勤群内老师们反馈的巡查信息及时准确，也将发现的问题反馈到相关教师，尽职尽责，管教管到。

主要优点有：

走廊、楼梯等公共区域卫生良好，无明显纸屑垃圾；

大部分学生问好有礼；

走道疯跑现象大大减少；

午写和课堂教学组织有序；

各班路队秩序很好。

主要问题有：110 班几名男生在楼梯上一连四五级台阶跳着玩，有摔伤的危险；A 区 1 楼墙面多了学生涂鸦的痕迹，有学生拿着笔或叼着笔玩耍；B 区 3 楼有学生玩游戏挡住通行道路；操场有明显纸屑和遗弃口罩；银杏庭院有几个学生踩草坪；午餐后 301 班学生在测温箱附近疯跑。以上情况，已在"七有评价"系统中记录，值勤行政人员和教师均已及时教育学生。

下班后和周华主任交流了教师发展中心近期的工作，对5月份的校本培训做了预安排。微信联系两位专家，都是大忙人，学术活动特别多，没想到一聊就到了 8 点多。准备开始写巡查报告的时候，窗边传来了吉他练唱声，某位选手还在为明天的技能决赛勤加练习。联想最近爱追的反映派出所警察生活的纪录片《守护解放西》，脑子里蹦出剧中台词——成年人的世界哪有"容易"二字！

我们为什么在平凡岗位坚守？因为经历一切"不容易"，心中依然有一片绚烂彩虹。

2021年4月26日 / 周一 / 晴

细嗅蔷薇

校园的黑色铁栏杆上，蔷薇花渐次开放了，有的粉嫩如霞，有的洁白如雪，有的红艳如阳，形态也不尽相同。仔细看，绿叶中还有一些小红果果，咦，这是什么植物。用"形色"APP 一扫，显示为"蔷薇"，配有一句"心有猛虎，细嗅蔷薇"。记得这是某个英国诗人的句子，大概是指老虎也有细嗅蔷薇的时候，忙碌而远大的雄心也会被温柔与美丽折服，安然感受美好。品味这句诗，想想每天事务繁多，忙忙碌碌，不断处理问题，日子如何美好？

周一又如期而至，到了繁忙的值勤日。巡校最容易看到问题细节。这不，一大早站在校门口，眼睛就不停地巡看，在学成中心的工作群里提出穿好校服、戴齐红领巾、学生值勤按时到岗等各种工作细节。突然想起昨天一年级的小朋友围着我讲话，有个孩子说："班主任说了，表现不好，校长会批评的！"我问："校长是干吗的？"他吐吐舌头说："管批评的！"哈哈，估计班主任们经常拿校长的威严"吓唬"萌宝们。赶紧提醒自己不要一值勤就盯问题，不要老是批评人，要善于发现亮点。

值勤群里老师们纷纷发来巡查反馈，整体情况很好，常规管理有序开展。上午的校务会将本周的三大活动细节进行盘点，期中学业水平检测、第二学程 PBL 活动（春季研学）、田径运动会等，还夹杂着六一学生节目排演和教师合唱排练等事情，又是无比忙碌的一个活动周。

今天我发现的亮点如下。

亮点一：聂璐老师用任务驱动型阅读的方式上了一节好课《花钟》。此课为我的工作室研磨的课例，在充分做文本解读的前提下，教学设计按照"认识花钟—设计花钟—介绍花钟—研究花钟"的主题情境，采用小组合作学习的方式，提供了词语卡片、任务单、情境图、头饰等学习工具和多种学习方法，极大激发了学生的阅读期待和热情。三年级语文教师和我的导师工作室的老师们都来听课，边听边体会新型课堂范式的文味和趣味。

亮点二：舞蹈队、合唱队、手风琴乐团和 210 特色班全天联排六一大型节目，100 多人的表演队伍组织调度相当不容易。老师们真要累哭了！就拿道具来说吧，陈琛主任一早就去兄弟学校借用"合唱台"，左右斡旋到了中午才拖回来。体育馆内音乐激扬，在专业艺术编导的指挥下，音乐组老师合力排练，节目已经初具风采。中午，周书记和文熙校长亲自督阵，落实视频录制工作。我默默拍了几张照片，心中的感触不是一句"辛苦了"可以表达的。

亮点三：走廊上遇到 405 班灿烂同学，她笑嘻嘻地把一个纸条塞到我手里。展开一看，是关于家乡的小诗。她说自己居住的小区拆迁了，那里曾经像个花园。她在诗歌里写道："我的家乡是一个梦，一个美丽的梦，她被一群乌鸦，毁了！"这是一个语文成绩并不太好的孩子，甚至在群体里有些自卑。我不禁惊讶，她表达情感的方式竟然是诗歌！我把小诗的照片发给肖惠中老师，夸她写得好。肖老师说这个孩子确实喜欢写诗，写得不错，我们甚至畅想她可以在毕业时出本诗集。

亮点四：晚上全校大会后，合唱加练一次。明天合唱指导专家就要来校"验收"阶段成果了，我们四位校长不禁有点忐忑，因为我们的朗诵还不太行，怕给合唱拖后腿。音乐教室里男女声合音悠扬，我们努力听着旋律和节奏，卡着乐句进入朗诵。没想到第一次就完全合拍，再练两次也不违和。老师们不禁为自己鼓掌，我仿佛听到了演出成功后舞台下雷鸣般的掌声。我们"谷拾"的老师们真给力。离正式演出还有一段时间，继续加油吧！

想到今日亮点，忽然觉得蔷薇还蛮符合我们"谷拾"的品性——密叶翠幄、花红锦张；相互攀扶，向阳喜光。它是最佳的结篱缀屏之物，会捧出令人惊喜的串串红果。"不向东山久，蔷薇几度花。白云还自散，明月落谁家。"这是李白的诗句。每一朵蔷薇都有自己的花期，几度开花，早开放的和迟开放的，一样美丽。

2021年4月27日 / 周二 / 晴 ☀

职业发展规划有用么?

　　职业发展规划有用么? 记得自己的职业生涯就写过一次, 还是年轻的时候按照学校要求完成的。写完存在电脑里, 后来自己也不记得了。平时上班该干吗干吗, 也没谁去时时惦记这么个规划。又记得沈爱贞副局长跟我提过, 她初任光谷四小的校长, 当时就是用制定职业发展规划的方式来促进教师发展, 让这所学校焕发生机。校长和老师们的认知总是有差异的, 校长愿意用职业规划设定目标激励教师, 教师却未必重视或认同这种形式。

　　三年前规划启动阶段, 我先是一对一地和两位青年教师面谈, 共同制定了她们的范本。然后通过集中培训和分组讨论, 以这两份范本为例来指导教师如何制定一份切合自身发展实际的文案。如今, 三年过去了, 2021年是我校教师职业发展个人三年规划验收之年, 也是教师职业发展个人规划重启之年。每学期的绩效评价和学术积分留下了大量的教师发展素材和数据。每个人若对标自己的职业规划, 是否可以对标成长, 留下印记呢?

　　我们把此次规划验收设计为五个阶段: 重温规划、自我总结、汇报交流、校级验收、表彰重启, 目的是为表彰一批牢记初心、积极发展的优秀教师, 激励所有教师进行合理的职业发展规划并切实践行。我们校领导与建校初的30多位老师会谈, 分组进行分享交流, 回顾过去, 总结发展, 反思不足, 展望未来。有几位创校老师的分享让我很有感触。刘晓霞是学校的第一位信息技术教师，她提到自己不仅能做好常规教育教学工作，还积极参与了课题研究，在全国NOC（全国中小学信息技术创新与实践活动）比赛中获一等奖。当这一大堆奖项说出来的时候，我不禁想起她初来学校时的样子，编发一篇公众号新闻竟然需要一周时间来折腾，急得人跳脚。如今她为学校定制的课件是我作为校长汇报的亮点。杨千子是学校的第一位语文教师，她是小学语文教育专业的"学院派"。这三年来稳扎稳打，带班和教学质量都稳步提升，自己获奖不少，班级还被评为全市优秀班集体。学校领导认真聆听每一位老师的总结反思，对三年规划达成度一一进行点评，提出个性化的发展目标，并给予亲切的关怀与鼓励。在校领导的指导下，老师们更加明确了后期发展的路径。

有一位老师交流时语气低沉，也引起了我的关注。她的职业规划目标是没有达成的，她说这三年来自己结婚生子，自己和家人总是不断生病，很多当初想象美好的目标完全没有做到。我想，对比这些优秀的伙伴，她的心情是很低落的。女教师在发展道路上，如何平衡家庭和事业，也是职业规划达成的关键因素。会后，我找她私聊。她不禁跟我倾诉家庭生活的苦恼，也问我是怎么保持职业发展的动力，最终成为特级教师的。我记得自己职业发展初期的两三年是非常纯粹地全身心投入到工作中的，为了打磨一节好课，常常凌晨两三点睡觉，5点钟又起来熟悉教案。那时候没有电脑，每天手写笔耕。生完孩子不到一年，公公就查出来得了癌症，需要住院治疗，婆婆去医院照顾公公。我没有家人帮忙，从中介公司找了个面善的小保姆，把儿子交给她，自己就照常上班了。下班后做饭、带娃。等孩子睡觉以后，才能备课、学习。我的职业生涯伴随着长期熬夜啊！那些夜深人静的日子，我对标着自己的教育理想，阅读、写作、备课、批作文……这旷日持久的坚持让我有了更好的专业素养。

职业发展规划有用么？经过三年的实践，我对这个问题有了更深的理解。撰写规划是确立发展的阶段目标和措施，规划文案存档后怎么一步步执行规划，才是教师是否内化并执行规划的关键。而复盘规划对启动新的规划会有更大的激励作用。我打算后期对三年规划验收成绩优秀的教师进行表彰，并组织部分优秀教师代表在全校范围内进行经验分享，以此推动下一个三年发展规划的拟定。提高全体教师的职业规划意识，打造一支学习型、研究型、创新性的高素质教师队伍是学校进一步高品质发展的重要抓手，也是制定学校"十四五"发展规划的重要一环。

时间步履不停，成长的脚步也不停歇。

2021年5月9日／周日／多云

云端里飞翔，泥土里生活

昨天下午去参加本区的招聘评审，有位外区的评审专家提问考生："这位应聘校长，请问，您怎么解决学校教师的职业倦怠问题？"后来，另一位专家开玩笑说："这个问题，考验光谷的校长不合适吧。光谷的教师很年轻，几乎没有职业倦怠，有的只是时不时的崩溃。"听到这句，我倒是深有感触。

这不，5月的工作还是有增无减，每天加班成了常态，明显感觉有些行政人员和老师的情绪不稳，时不时地会因为最后一根"小稻草"来个"小崩溃"。有管理人员私聊说，这是不是"内卷"啊，大家都拼了命做事，耗费大量时间和精力，期待有好结果。时间消耗和精力付出"水涨船高"，谁都不能坐享安逸，谁也不能好好休息。这种说法套用社会热词，有些道理，但是也不全面，当下的忙碌也不尽然是所谓的"内卷"。针对我们的校情，我觉得我们一直忙个不停的原因有这几点：一是所属区域牛。光谷教育高速发展，新优质学校的办学目标不断鞭策我们前行，想过安静而从容的小日子，好像行不通。二是社会期待高。我们名校托管进入第五年，从新生期逐渐进入成长期，得到了家长认可，也必须向社会交出满意答卷。三是发展机会多。上级布置的参访评赛等活动层出不穷，是信任，是期待，也是拿"鞭子"抽赶，我们不能懈怠。四是自我能效足。不管是教师个体或群体，不管是校领导还是中层干部，对自我的工作标准都较高，不甘落后，不甘平庸，不想被负面评说。五是管理经验少。我们团队人员的整体情况是入职年限短，教育经验少，领导力不足，事务安排不恰当、执行不得力的情况时有发生。拒绝外来承办活动的底气也不足，啥活儿都闷头接下来苦干。**教育人，有"仰望星空"一般的梦想，还得在累活儿、苦活儿里摸爬滚打。沾了一身泥，还要化个妆出来见人。**这话说得"自黑"，却不失为一种看清教育生活真相的"乐观主义"。

云端里飞翔，泥土里生活，就是教育人的写照。比如今天吧。

开了满满四节课的校务会，一件件工作策划不就是"云端里飞翔"吗？巡查校园午休，发觉教室里闷热难受。偶然在门外听到一位娟秀的女教师训斥几个调皮鬼，嗓门高亢，底气十足："哼，不要以为我管不了你们！""别看老师长得瘦，脾气可不好惹！"教育语言实在有些好笑，想想这么闷热的天气她闻着汗臭，管着各种小捣蛋，也是不容易。"泥土里生活"哪有不沾一腿泥点子的？

下午特意去听了顾恒瑞老师上区赛课《后滚翻》，觉得他还真是长进不少。教学设计得益于武汉小学郭震老师指导，以《西游记》的孙悟空为动作原型，用金箍棒口诀为动作训练的秘诀，利用软棒掌握后滚翻的动作要领。情境设计一气呵成，课堂把控游刃有余。我知道，这"云端里飞翔"一般行云流水的课堂，是无数次在"泥土里打滚"的结果。据我所知，仅仅是开课导入的热身律动，体育组全体美女老师几乎都上阵辅导了，连怀孕的超奇都蹦跶着给顾帅示范。备课备赛时"众筹"辅导的照片着实让我感动，"坚定目标，脚踏实地"，体育组的伙伴们用实际行动完美诠释！

云端里飞翔，泥土里生活——这才是真正理想主义者的样子！优秀的人，即使在泥土里打滚，也能抖落一肩尘埃，心生双翼，云端飞翔。莫名其妙地坚信自己一定能把事干成，即使当下还只是一个想法。

2021年5月24日 / 周一 / 晴 ☀

做一粒好种子

今早的"周启"，"袁隆平"这个名字响彻校园上空。袁隆平、吴孟超两位院士的离去牵动了所有中国人的心，也引起了我们作为教育人的思考。"周启"主讲人周书记、值周校长张豪老师和科技节信息发布人吴曙老师，都在讲话中提到了袁隆平院士的事迹以及受到的启发——种下梦想、恒心坚持、发展科技……

袁隆平说："人就像一粒种子，要做一粒好种子。"我们的青年教师何尝不是教育田野里的一粒种子。我们问过自己没有，怎样才算"一粒好种子"？有的人埋头苦干，心无旁骛，深钻专业以扎根；有的人精致盘算，有矢有的，看准时机以发展；有的人负重前行，无惧无悔，扛起责任以助校；有的人彷徨迷茫，患得患失，逃避压力以利己。年轻人以形形色色的生命样态存在着，哪一颗会是好种子？好种子要拔节生长，好种子要经历风雨，好种子要开花结穗。袁隆平自小亲历饥饿，下决心要解决祖国粮食增产问题。他的一生说明，若要成就自己，就要不惧风雨。梦想从来都不是因为具备充分条件才出现的，恰恰是恶劣条件或想改变现实的愿望会激发出一生坚持的梦想。"只有下田最快乐！"这是功勋卓著的大科学家袁隆平的人生感慨。**我们是最最普通的小学教师，一节节好课，一本本作业，一次次事务管理，一项项教育服务，好好做，都如同"下田"，找到脚踏实地、神定心安的活法。师者，要知道自己的**

人生发展扎根在哪块土地，教育梦想行走在哪条道路上。

午休时各班秩序井然，探头望去，有的班级黑板上写着"好好吃饭"几个字。孩子们也许不懂，这么朴实的四个字，饱含了人生的意义：珍惜万物，不奢一米，不负一人；珍爱生命，不荒一饭，不庸一事。

一天平安有序，孩子们有礼且可爱，细碎之处无须多述。近期家长会、六一庆祝活动、绩效评估纷纷来临，头绪众多，诸事繁杂，难免容易心浮气躁。想想"一粒好种子"的梦想，想想"好好吃饭"的叮嘱，很多眼前觉得做也做不完的事情，以后想来大概也是如浮云烟尘。**当下事，当下毕，饭一口口吃，事一件件做。希望我们每个人回望过往的职业生活，尽力尽情，问心无愧；看到未来的发展目标，不慌不忙，落子无悔。**

教育感悟

关键词：职业幸福

·成人的幸福与否，与他（她）在儿童时期所过的生活紧密相连。用设计思维看教育，可以帮助我们找到儿童成长的独立价值，找到教师职业生活幸福感的密码。

·当校长的日常不是焦灼地处理各种事务，而是有时间走近儿童，倾听思维跳跃、幼稚可爱的童言童语，那就是幸福所在！

·云端里飞翔，泥土里生活——这才是真正理想主义者的样子！优秀的人，即使在泥土里中打滚，也是能抖落一肩尘埃，心生双翼，云端飞翔。

关键词：美好心态

·最欣赏工作常态的美好——大大方方，干净利落，落实标准。不管有没有人来看，谁来看，我们都很美、很自信、很有朝气、很有动力。

·接纳生活的不完美，把紧急的事、烦琐的事、压力山大的事用好心态来做，也不失为"乐观主义"。

·真、善、美……永远是给我们气质、气韵、气度、气节的东西。

·人生不要过于追求完美，小满知足，芒种为辅，人生就会从容信步，步步莲花。

·欣然接纳生活的真实模样，接纳工作的本来面貌。在此基础上，不堕信心，不失希望。

·常怀一颗平常心，不抱怨，不曲解，不怀疑，去相信，去改变，去学习，你会看到一个不一样的世界。

·教育的跑道不止一条，人生的轨迹也不止一条。不去逼着一只猫跳水，不去催着一块石头开花。我们何必用一颗"好心"，负责任地办"坏事"。

·面对任何生命困境和命运跌宕，学习终究是不停歇的生命活力。

·专业进步的路没有终点。一念之间，也许有一刻想放弃，也许咬咬牙又挺住。不放弃的人，总会登上了一级又一级台阶，看到山外更美的风景。

·在最艰难的时刻，我们更需要共识，更需要合力，更需要稳定，更需要生长。

·梦想从来都不是因为具备充分条件才出现的，恰恰是恶劣条件或想改变现实的愿望会激发出一生坚持的梦想。

·用阳光明媚的童心去映照生活，让艺术成为人生的"语言"，成为与教育本质相通的美好方式。

PART 6

2021—2022 学年：努力成为新优质学校

办学第五学年，"谷拾"家族138人，平均年龄30岁。五个年级，50个班，2380名学生。

围绕"与时偕行，护卫童真"，我们把"生命时序"作为最重要的教育因素来研究，也作为最重要的教育资源来开发。一所新学校慢慢有了自己的文化气质，师生将自己的经历、个性和特长慢慢融合在学校精神和教育理想中，"谷拾文化"成为光谷十小的标签。

"双减"落地，"双新"出台，学校立足"素养生长"开展深度教学研究，从课堂模式、学科质量标准、问题链设计、学习活动设计等方面突破课程实施难点，提升课程实施质量。进行作业变革，优化课后服务，丰富社团可选择性课程。

这一年，努力成为"新优质学校"成为发展目标。区十佳教师获得国家级优质课特等奖，"素养生长"课堂模式获评区十佳，成为全区新校发展共同体牵头学校，教育质量评价组专家评价我校为"最具现代管理气象的学校"。

有一句话深入"谷拾人"的心灵——在自己的季节绽放。不管是未成年的学生，还是发展中的老师，都能自己发现"成长""成功"的定义，并努力去实现它。

2021年9月6日 / 周一 / 晴

编织时空的教育智慧

"双减"政策实施以来，教育回归学校主体，各项措施紧锣密鼓地研究并实施。

开学才几天，上级通知有教育部领导来汉调研，我们团队立刻有条不紊地做好迎检工作。下午 4:10，教育部领导到校。从一楼看到三楼，从操场看到教室，实地查看了托管服务开展情况，与教师随机交流，关心教师工作量和下班时间，还细致查看了相关资料。对学校的前期数据调研、家校沟通工作、实施方案及效果给予充分肯定。

其实，从预备周到第一周，我感觉管理团队过得格外"艰难"，一是托管服务的困难。上级通知迭出，家长诉求各异，教师压力过大，在开学时间紧迫的情况下要有序统筹安排。二是人事浮动的困境。新教师刚入职没几天就不断有人辞职，年轻人对职业的认知不足，造成了不负责任的离职举动。李校长在校务会上鼓励干部说，"不难"的事情谁都可以做，"难"的事情才给优秀的我们来做。"难"才是人生命成长的机会和动力。不怕难，不怕辛苦和"心苦"，才能成就教育事业！

这几天，我反复咀嚼李校长的这几句话，也观察优秀校长如何去解决"难题"。今天，我思考办学规模过大与教学场地不足这一对矛盾的时候，突然顿悟到了李校长办学成功的奥秘——他为啥总是能解决他人不能解决的困境，因为他有编织时、空、人、物的教育智慧。不妨听我举几个例子。

案例一：学生人数太多，做操站不下怎么办？

一般解决此问题首先从空间上去想办法，挤占庭院或通道。要么是从时间上想办法，分年级隔天做操。李校长提示说，虽然只有一个操场，也要物尽其用，充分使用。既然每次操场只能容纳50%的学生做操，可否上下午分两批去做操呢？下午的托管服务正好可以安排一次30分钟体育锻炼时间，这样就可以保证每一名学生每一个上学日都有运动时间。可见，空间资源不足的问题，也可以从时间维度去寻找解决办法。

案例二：高峰时段进校人数太多，测温箱拥挤怎么办？

增加了一年级14个班级以后，校门口上学时段有半个小时入校人数密集，测温箱拥挤不堪，造成安全隐患。家长送学也是图自己上班方便，没办法完全落实学校提出的错峰上学的时间要求。许宁主任实地查看，发现测温箱外还有一条通道可以行走，于是提出增加一组体感测温设备。周一清晨一看，第三条进校线路已经准备妥当，孩子们伸手测温，"嘀"一声就顺利通行。本来是空间拥挤的问题，另辟蹊径从增加设备的思路去破解，花费不多，效果明显。为后勤中心点赞！

案例三：每天课后托管服务到6点，教师连集中学习的时间都没有怎么办？

托管服务每天都到下午6点，教师们的时间和精力都给了学生，连集中学习的时间都没有，对于我们这样的需要持续学习的年轻团队来说不太"友好"。我提出家校社联动的机制，周五的社团和爱心看护由社会人士和家长志愿者来协助。社团执教引进了机构教师、专业人士和大学生志愿者。爱心看护由家委会委派家长志愿者轮流来组织，还可以开展有特色的"家长课堂"活动。从上周五实施情况看，运行良好，完全可行。逢周五下午4点，老师们还是可以集中学习或处理事务。时间安排上的问题，用空间思维也无法解决，那就调用人力资源来应变吧。时间局促、空间有限、人力不足、物资缺乏，这些难处一直伴随着创校和建校的过程，却都没有难住我们。"人定胜天""天人合一"是中国人信奉的处世哲学，其中有创造新世界的勇气，也有顺应自然时序的节律。如今，我对这两个词汇背后所蕴含的教育智慧有了更深的理解——**遇到困难和矛盾，成功者找方法、找资源；失败者找原因、找借口；勇敢者迈出步伐，怯懦者徘徊不前。**

成事达人，确实如此，化解难题、解决难事的时刻，不禁感叹成长的力量和生命的潜力。从头迈，不停歇，我们一起增长编织时、空、人、物的教育智慧。

2021年9月27日 / 周一 / 晴

从微观入手，走最扎实的路

9月的最后一个周一，全天秩序井然。对我而言，又是安排得满满当当的一天。上午行政人员用一节课的时间开完了校务会，紧接着光谷四小行政团队来访。赵校长带着几位主任全面了解我校办学特色，各部门对接深度交流，大家都有不少收获。

中午值勤，看到走廊上学生依次排队打公用电话，都想试试这电话到底能不能和家长说上话。值勤群里信息闪动，庭院和操场玩耍的孩子逐渐增多，还好平平安安。

写字课临近，约着王婷主任一遍一遍研究"新鲜出炉"的五项管理参赛视频。在王婷主任的高质量策划和组织下，杨千子主任一天就完成脚本撰写。我修改脚本以后，制作团队三天完成了拍摄和剪辑，还有罗莉、许宁、熊忠梅、何伟、岳新银、时明远等老师带着学生倾情出演。视频呈现出了凝练、美好、有活力的视觉效果，用生动的校园故事讲述了五项管理的措施和效果。

下午，听刘少敏老师试教视导课《曹冲称象》，顺势与文熙校长讨论低年级语文教学中的语文要素如何通过深度教学落实。又与肖惠中老师讨论语感课题结题报告的撰写内容。其中也谈到了利用语文要素促进学生语感的策略，越谈思路越清晰，又翻出近期写的教学论文与她分享。肖老师还在休产假，而学校工作需要，她二话不说就投入结题报告的撰写工作。忽然想起昨天与朱凡、付梦两位老师讨论新秀课，聚焦"运用多种方法解释词语"，讨论如何运用深度教学的理论去落实单元语文要素。近期听了几节课，感觉到青年教师对于知识建构相当重视，因此教学的"工具性"非常突出，而对儿童作为学习主体的关注还不够，也就是对学习情感的驱动显得薄弱，思维发展还缺乏抓手。所以，我每每观课、议课、磨课，都会强调寻求"教""学"的一致性，寻求工具性与人文性的统一。情感驱动、知识建构、思维发展、文化实践、精神萌发——这五个关键词是我阅读《深度教学》一书以后总结出来的，我认为它们是衡量一节课是否称得上深度教学的重要因素。每一次设计课堂教学，我们都可以从这五个层面去设计内容、流程和策略，慢慢体会什么是层进式和沉浸式的深度学习。近两天看老师们的9月反思分享，感觉到有些老师已经开始深度教学的思考，有些老师在观望，有些还在老话重谈。停滞不前者大概觉得"深度教学"深涩难懂，不知何为，畏惧无措。在我看来，无非是以不懂、不会、不明为理由，拒绝成长和改变。这话说得直，但绝对没有责怪谁的意思。有时对改革的怯懦和对新事物的观望，可能我们自己都意识不到。我面对挑战，也常常先在心里打一阵退堂鼓，念叨着不行不行，再鼓起勇气，硬着头皮去干。为了缓解焦虑，我会看书听书，东翻翻、西找找，看看能受到什么启发。这不，听罗振宇讲中华文明，突然受到了启发。他的大意是说，中国能成为泱泱大国，其实有个很有用的经验，就是家国同构，怎么建设家庭，就怎么建设国家，家风就是国风。这个经验就是保持好微观秩序，着眼于当下，着眼于个体，着眼于小单位，着重"打好基础"。

假如把深度教学比喻为一个"庞然大国"，建立好课堂的微观

秩序，如写好一个字，读懂一句话，问一个有价值的问题，积极参与一次学习，认真写一次反思，都是建设深度教学"大国"的地基之举。在微观建立秩序，在中观运用策略，在宏观塑造理念。

从微观入手，走最扎实的路，不求太快出结果。

2021年10月8日 / 周五 / 晴

从头学习，澈心开悟

在教学研究的道路上，有幸遇见郭元祥教授和他的"深度教学"研究团队。每每相谈，心生欢喜，从头学习，澈心开悟。

上个学期聆听了郭教授关于深度教学的专题报告，教授的一句话让我印象深刻，他说："知识是精神启蒙的种子。"沉浸校园二十余年，我深知小学教育是孩子生命成长和精神构建的奠基阶段。课堂教学若还是只重视知识学习，忽略儿童的精神成长，将是教育的窄化和僵化。现实生活中存在着小学生"学习无感""学习无力""学习无趣""学习无效"等现象，而教师和家长因为学业成绩压力和人际竞争普遍存在教育焦虑。仅从课堂教学现状来看，虚假学习、浅表学习的现象存在。在大班教学的学习条件下，若是以教师为中心的课堂，很难发现"假装学习"的学生，也无法及时解决学生的"隐性学困"，直到考试测查才会暴露问题。这一切导致知识意义的丧失、内在认知动机的抑制和教学与生活的脱节。

我们要清醒地意识到培养具有关键能力和必备品格，具有主动发展意识和终生学习能力的人才不再是教育理想，而是社会发展的现实需求。在不断反思的过程中，我们要重新审视真正的人的学习，重构"深度学习"背景下的教学理念，推进教学范型和课堂范式的研究。

今天下午，郭元祥教授带领团队莅临我校开展深度教学项目指导工作，具体研讨学校的深度教学项目实施方案，以推进深度教学研究有序开展。文熙副校长代表学校项目组分别从项目实施背景、实施内容、实施目标、实施周期及进程、预期成果等方面对实施方案作了简明的介绍。我结合深度教学的实际推进情况提出一些关于项目实施的相关操作性问题。

随后，郭元祥教授对深度教学项目的实施进行全面、有针对性的指导，并对其实践过程中的疑惑一一进行解答。郭教授指出，在项目实施目标方面，目标设计要具体化、任务化、成果化。在项目实施内容方面，不仅要聚焦理论学习和课堂教学，更要深化研究内容。其一，开展教材二次开发研究。其二，聚焦学生学习研究，丰富教师对学生学习过程的深层理解。其三，注重教学资源库建设，教学资源是学生前置学习与拓展学习的重要支撑。在深度教学设计方面，落实问题链与活动链的设计。问题链主要涉及逻辑与理性、历史与文化、情感与美感、社会与生活、德性与智慧五个方面，活动链设计则聚焦于学习活动的设计，关注学生学习过程中的转化、迁移与变式。此外，郭教授强调，深度教学实验需具备成果意识，实现以学科建设取向的教研，在深度教学研究与实践中出思想与出理念、出资源与出标准、出模型与出策略。

本次研讨充分立足于学校发展实际，着眼于项目设计与方案落实，以深度教学理念为指导，以教师行动研究为驱动，以课堂教学变革为抓手，对我校深度教学项目的高效实施和有序推进具有重要意义。专家引领，铆定重点，我们立志成为一所学术型学校，坚守教育规律，不断在课程打造和课堂研磨中探寻教育真知。

2021年10月16日 / 周六 / 晴

致敬生活　致敬事业

10月16日，是武汉市光谷第十小学揭牌四周年纪念日。我校在报告厅隆重举行"在自己的季节绽放——2017—2021教师成长展示活动"。4年前，光谷十小投用，全校教师25人，4年后，这一数据已增长为138，学生总人数更达到2380人。特意选揭牌日这一天来开展此次活动，一是为了回顾行之不易的办学经历，二是为了纪念教师的成长。

开场时，我带领创校团队的老师们朗诵了四年前揭牌日表演过的原创诗歌《谷拾，梦开始的地方》，四年间的故事历历在目、浮上脑海。老师们表演的歌舞节目，以及书法、器乐、雕刻……充分体现了教师们的才干和才艺。

最精彩的是杨千子、陈威、王婷、岳新银四位教师展示了学科融合课《赠刘景文》，以此古诗为教学内容的起点，从诗意理解、历史故事、古诗里的数字、古诗游戏编程、古诗里的色彩等方面展开学科互涉教学。

师徒结对仪式上，多位新教师获赠师傅准备的拜师礼。除了书籍这个必备项，新老师们收获了特别有新意和心意的礼物。"莲子可以静心。当老师就是要精心研究，潜心教学。"李强校长将一枝莲蓬赠予徒弟。"3D打印笔寓意着创造力。祝愿你在信息化教育方面勇于创造。"区十佳教师王婷将这份礼物赠予徒弟。"希望你好好学习，甜蜜生活。"区级教师学科带头人刘彩红递给徒弟彩虹棒棒糖。"通过地图，希望你能找到人生更大的坐标，读万卷书还要行万里路。"区级教师学科带头人何伟对徒弟说。"每个人心中应有两把尺，一把量他人的长处，一把量自己的短处。"区优秀教师张咏梅送给徒弟一把直尺。沉静、创造力、对生活的热爱、开阔的视野、谦逊的心态……"拜师礼"中暗藏的这些教师成长密码，令新教师们受益良多。新进教师也希望自己能像优秀前辈们一样迅速成长。

这次活动不仅展示了我校建校4年来老师快速成长的成果，更通过展示深度教学主题的教研活动、学科融合课堂的实施形式，表达了贯彻"双减"政策、提升教学质量的决心。我们的学校很年轻，老师很年轻，但在国家"双减"政策实施的大背景下，我们志向高远，弘扬高尚师德，精练专业师能，一定会打造"赋能增值"的高效课堂，切实为学生减负。

整场活动，我一直在台角坐着欣赏，视野更独特，可以看到台上的精彩，也可以看到后台的忙碌。一如生活，有台面上的光鲜，也会有难以言说的艰难。这几天轻抚了好几个同伴的背，陪着哭也陪着笑，深感大家都不容易。绽放的背后是生疼的磨砺和无尽的磨难。忍不住在朋友圈发了这样几句话：一年四季，风景不同；四季予你，你有不同。尊重差异，理解特质，每一名教师都可以"在自己的季节绽放"。

致敬生活，致敬事业，一切的一切，让我们更坚韧、更笃定！

2021年10月25日 / 周一 / 晴　☀

做真正的研究

周一的早晨，微阳，暖风。孩子们精神抖擞地走进校园，并没有因为初冬即将到来而缩头缩脑。又是一个朝气蓬勃的周一早晨，一切都井然有序。我喜欢站在办公室的窗口眺望操场，因为那里可以看到全校班级走进操场的队形和速度。突然，操场上传来阵阵的欢呼声，甚至有孩子发出尖叫。我往窗外一看：原来，有 4 辆警务摩托车停在操场的边上，4位飒爽英姿的女骑手挺直了身板，仿佛在等待着谁发出命令。经过主持人介绍，我知道，这是汉骑女子小分队的骑手们到学校来做骑行表演。有一位警官做主题发言，普及交通安全知识。一声令下，4位女骑手绕着操场骑行了半圈。摩托上红红蓝蓝的灯光闪烁着，孩子们更兴奋了，好像马上要冲出队伍去拥抱这些英姿飒爽的骑手。许宁主任设计的这次安全教育主题"周启"活动非常成功。

上午校务会以后，我，文熙校长，罗莉老师，还有王婷、陈威、杨千子、岳新银、杜小琴等老师，一起研讨学科融合课的教学。我们以"教师成长展示活动"中的展示课为基础，再次研讨学科融合课的几个规律性的问题。比如学习材料如何运用的问题，在有的学科中是作为学习内容，在有的学科中是作为学习工具，在有的学科中是作为主题情境。本次设计的学科融合课的特点，是以同一份学习材料古诗《赠刘景文》切入，但是在不同的学科素养培养中，学习材料起到了不同的作用。我们还谈到了为什么要学科融合？是为了融合而融合，为了创新而创新吗？如果说分科教学侧重了某一个学科素养的培养，那么在一个儿童身上，这些学科素养又是怎么实现协调统一、整体架构的呢？因此学科融合课要考虑的，是如何通过这样的课去实施"完整的人"的教育。我们从深度教学问题链设计的角度，考量理性和逻辑、历史和文化、社会和生活、情感和审美、德性和智慧这五个维度是否在这节课里有所体现。不一定每一节课都要充分体现五个维度问题的解决，但是我们要充分考虑任何一节课是否最大限度地从这五个维度展开，去带领学生开展深度学习。《赠刘景文》看似一首写秋天景色的古诗，其实饱含了诗人苏轼的人生阅历和人生哲学。这首诗有两个季节，一个是自然的季节，一个是人生的季节，里面其实包含了节气文化的精髓，也有中国人讲究的气节。我建议，青年教师要认真地研读文本，查找背后的历史故事，以古诗的内容、意境和背后的历史故事作为学习材料，从语文的学科素养、编程的技巧融入和美术的审美能力等多方面去设计问题链和学习活动，真正实现学科融合课的价值。

上一次展示的时候有数学版块融入进去。而我觉得这种融入非常生硬而尴尬，所以，我们就数学课是否能够融入古诗教学的主线中反复斟酌。翻看了好几本数学教材，梳理数学知识的逻辑体系。最后，我提议放弃，因为这首古诗素材实在不合适融入数学学科，完全没有必要硬塞。当我们知道有些学科在某些学习内容中无法融合的时候，我们要学会放下。我们甚至谈到了数学和体育学科是否可以融合、数学和科学学科是否可以融合等话题。陈威老师绞尽脑汁备了两三稿的教案，砍下来有些遗憾，但是我们觉得，这样的讨论才是真实的研究，这就是光谷十小倡导的学术风气，不做虚假的研究，不做表演式的展示。我们的展示呈现的一定是真实的研究过程。

又是被工作塞得满满当当的一天。晚上记录这些，再次回味上午花了三节课扎扎实实地开展的讨论，觉得今天特别有收获。

2021年11月2日 / 周二 / 晴

课程育人，走向学校内涵发展

为进一步总结和提炼东湖高新区新优质学校建设的阶段性成果，进一步理清新优质学校理论系统和实践操作系统，激活学校办学自我发展的意识和能力，办好老百姓家门口的新优质学校，2021年11月2日，东湖高新区新优质学校建设之新课程项目推进会在我校成功举行。经过整整一个月的筹备，董局长、程主任、刘院助多次来校调研和指导，让我们信心满满地呈现课程育人的成果。

会议以"走向新优质——以课程建设引领学校内涵发展"为主题，由区教育局基教办主任程福军主持。华中师范大学教授、全国课程与教学方面知名专家郭元祥教授，东湖高新区教育局杨志霞局长、董超纲副局长、党委委员沈爱贞，武汉小学校长李强，湖北第二师范学院专家教授，区教育局基教科、教发院中层以上干部及全区中小学校长和中层干部代表等200余名教育界同仁参会。

会议正式开始前，全体参会人员在我校学生向导的指引下参观了各类课程文化场景。第二学程课程成果围绕"拾秋·秋实"主题，呈现了秋季节气中的五大板块——"节气与美食""节气与趣玩""节气与种植""节气与艺术""节气与科技"。蔡菁主任录制了一个小视频，展现这次课程成果展示的筹备过程，全程都是老师带着学生设计展位、搬运材料、制作展品、准备讲解词……我不禁在心里感慨，给孩子事情做，陪孩子做事情，学习就会自然而然发生。一年级学生用巧手捏出的柿子、莲藕、螃蟹栩栩如生；二年级学生制作了一个个可爱的河灯，寄托我们的思念与希望；三年级学生独具创意的树叶贴画，一朵朵象征秋天的折纸菊花，营造出秋天的童话；四年级学生创作的诗词，还有用水墨画晕染的灯笼，点亮了艺术创想；五年级学生的作品融通古今，学习古人观星常识，制作了"谷拾十三号"航天飞船。校园各楼层场地进行了校队课程现场展示，报告厅门口是课程校本教材的展台。各项展示充分展现出"谷拾课程"的丰富样态。

报告厅内，现场会通过专题报告、课堂教学、教研活动等方式全面展示"谷拾课程"的内涵。首先，我以"谷拾文化视域下学校课程的建构与实施"为主题，从"谷拾课程"的背景缘起、体系建构、实施方式和未来展望四个方面，全面介绍了光谷十小的课程建设经过。作为一所创办仅4年的学校，我带领团队以课程建设为突破口，走出了一条学校内涵发展的路径。随后，"谷拾"教师代表在教学副校长李文熙的带领下，开展学科融合课程的微型教研活动和学科融合课堂展示。研究小组聚焦"融合课程开展意义""课程材料的有效应用""课程价值的实现"三个问题展开现场微型研讨。接着语文、信息技术、美术三学科以古诗《赠刘景文》为核心材料开展融合课堂教学。

华中师范大学郭元祥教授围绕"以学科为路径的学校课程建设"主题进行专题讲座。郭教授指出，课程改革作为实现教育高质量发展的现实课题，是落实立德树人根本任务的重要抓手；必须围绕着学科建设的立场推进学校课程建设，着眼于学科核心素养下课程的校本实施，真正实现课程育人。郭教授高屋建瓴，深入浅出，指明了课程建设的方向和措施，既有高位的引领，又有具体的指导，对东湖高新区课程建设，特别是光谷十小"谷拾课程"的成功建设工作，给予了充分的肯定。

教发院刘稳定院长从课程建设的生命性理解、比较性辨析、区域性生态、内生性向度、校本化行动五个方面介绍和解读了我区课程建设的思路、方法和路径，对全区各校提出加快推进课程建设"四个完善"的要求。

活动的最后，东湖高新区教育局董超纲副局长发表总结讲话，站在光谷教育长远发展和内涵发展的高度提出重要意见。董局长高度肯定了我校的"谷拾课程"建设，希望各校进一步理清办学目标、育人目标、课程目标之间的关系，探索学校课程建设的路径，优化课程结构，形成关于课程建设的创造力、创新力，真正达到提升质量的目的。

本次活动的筹备过程，准备会务、整理资料、梳理经验和舞台展示都非常辛苦。而今天看到孩子们丰富的课程成果和老师们精彩的课堂表现，我觉得所有的辛苦都是值得的。课程建设的推进过程中，"谷拾"悄悄化茧蝶变，不仅提升了办学品质，还发展了办学内涵，更提升了办学信心。今天，开启了下一阶段课程建设深化过程，成为实现新优质学校发展的新起点。

2021年11月8日 / 周一 / 晴

提升组织管理能力

上午校务会，各部门依次汇报工作。党政中心筱茜主任转发了东湖新技术开发区教育局《关于开展优质均衡发展共同体评估工作的通知》，并对文件进行了解读。目前，全区新建学校共同体成员校共有 13 所，优质均衡发展共同体机制建设内容包括办学理念共同体、学校管理共同体、课堂教学共同体、队伍建设共同体、校园文化共同体五个方面。此次活动，新建学校优质发展共同体成员校按要求开展活动，按要求上交相关活动总结及图片。新建学校优质发展共同体成员校各项成果作为年度绩效考核的项目。学校高度重视此项工作，并进行了专题研讨。

"行政共读"环节，我对全体行政人员进行管理培训，从团队管理的角度介绍了组织氛围评测工具——Gallup 四个维度，自下而上分别是"我的获取""我的奉献""我的归属""共同成长"，从绩效的角度来说分别代表着"绩效基础""个人绩效""团队绩效""长久绩效"。希望年轻的中层行政人员能够多思考，使用科学有效的方法提升组织管理能力。

两件小事反映了我们的青年干部管理能力正在提升。比如昨晚，学成中心沈主任提前发布温馨提示："因天气原因，明早周启8:10 我们在室内班级进行，请大家提醒学生穿秋季全套校服，少先队员佩戴红领巾。进入冬季气温下降，学生校服内外可穿衣服。"穿衣服本来是很个人的事情，粗略地规定周一穿校服就行了。学成中心主任们能按天气情况指导学生如何穿好校服，既有校服礼仪的教育，也有对学生的关爱。

后勤中心许主任今天发布提示，因原快递点堆积物品存在消防隐患，快递架已移至车棚处，同时呼吁老师们的快递送达后务必尽快取走，避免包裹遗失或被打湿。这个提示既涉及学校安全的大局，又体现了关爱教师生活的温暖。

从"人"的角度去考虑自己的管理工作，就是提升组织管理能力并和谐人际关系的开始。

2021年11月15日 / 周一 / 晴

至微至显，善作善成

一个晴朗的冬日，也是接种新冠疫苗的第一天。值勤老师早早到岗，等待着一大波家长的到来。在何校长的指导下，后勤中心对场地做了精心的布置，学成中心部署班主任们做好各项宣传和准备。接种疫苗的方案经过了三四次的修改。双休日，陈琛主任还在查漏补缺，细想各种情况，在工作群里面和大家通气。书记、校长们肯定了他的一些想法，并且提出了更细致的建议。比如工作人员都着统一马甲，方便家长辨认；比如准备好热饮用水的装备，供应学生和家长的冬日暖饮。李强校长还细心地提示，可以用屏风适当遮挡，让孩子们对打针不那么恐惧。他特意请司机师傅把武汉小学的屏风借过来，我们及时布置到位。

从 8:15 第一波家长到来以后，所有工作流程的运转如我们预想一样，非常顺畅。许宁主任牵头驻守校门口的第一道关，引导家长扫码入校。第二道关是顾恒瑞主任牵头驻守，在教学楼的门口，家长根据班级的顺序排队进行登记。第三关是胡宇恒老师把关，他拿着话筒现场调度，班级学生站好队以后，对讲机响起，楼下的家长就迅速走到体育馆来，和自己的孩子会合。打完针以后，赵筱茜等老师引导留观。何校长和陈琛主任左右协调，一整天都没有离开现场。胡月等老师灵活处理各项工作，每一个环节都无缝对接。分管卫生防疫工作的沈局长、彭主任，还有基教办的程主任都分别来到学校，沿着家长行走的线路走了一番，对我们的精细安排和整体效率连连称赞。沈局长问我一个班打完疫苗需要多长时间，当时正好已经有一个年级打完疫苗了，我们非常有信心地回答，班级学生到场以后，5 分钟内班级所有的学生就可以完成疫苗接种。沈局长禁不住惊叹：这个速度太厉害了。周书记接着介绍，我们在流程的运转中把时间分段安排，把入校扫码、登记、排队打针和留观分成几个区域和关口，实现了"人不等针，针来等人"。这样家长和学生就不会在一个地方长时间排队，心情平和，配合度高。何校长有信心地预估，下次接种还可以优化流程，争取一天完成。

我想，任何高效工作的背后是流程的精准设计和时间的有效分配，更有人与人之间的默契配合。不论是学校与医院的配合，还是校内部门的配合；无论是医生和工作人员的配合，还是老师与家长的配合，都需要合作无间，和谐共处，这样才能高效而流畅。在此，尤其要感谢何校长的高效部署和统筹，后勤、学成和党政中心各位主任的通力合作，还有班主任、辅导员的有力执行。就如社区医院的干部所说的，这次疫苗接种深入学校，尤其感受到十小校风好，好在整体安排，好在人员素质，连家长素质都很不错。这一次，我们用事实证明了我们倡导的干事文化——至微至显，善作善成！

2022年2月21日 / 周一 / 晴

不变与应变

今天是新学期开学的第四个工作日。因为刚开学，我在校园里巡查的次数相对较多。

上一周，连续两天走班听了 11 节课。发现教师在板书设计、精准提问等方面存在问题。比如有6节数学课，其中有4位老师没有规范板书，有的没有写出课题，有的例题没有计算过程，有的只是随意写了几个数字和算式。体育、音乐、美术这样的术科课堂，老师们大多都在上准备课。可是，依然没有板书课题，没有课件。老师们只是就课堂纪律、学具准备等方面简单地讲解。孩子们懵懵懂懂地听着，也不知道听明白了没有。整个课堂的设计没有有效互动和现场生成。看到这样的课堂，作为校长，我还是有点着急的，立刻把存在的问题反馈给课管中心，希望他们重视抓实教学常规。

自从开展深度教学以来，老师们在琢磨着学业质量标准、思考如何在课堂上体现学科的核心素养。课堂内容越来越丰富，学科实践活动设计得越来越丰富。但是写好汉字、说好普通话、准确计算这样最基础的功夫，大家是不是会有所忽视呢？或者从老师教的角度来说，对写好一课的板书、做好一次范读、精准地提出一个问题，是不是也有所忽视呢？教学与时俱进，教育理论更新迭代，但是课堂教学"不变"的是什么呢？至少包括教师专业基本功和学情洞察力吧。如果教学的不变指的是校园内部现场教学的情态，后疫情时代的课堂教学不变中还要学会应变。

这不，还没有下班回家就接到了有关疫情管控的通知。离学校很近的某个小区有感染者，而我们有 12 名学生和 2 名老师住在这个小区里，近期是不可能到校上学上班的。领导来电，预估最麻烦的情况，可能全校会转为线上教学。线上教学又被紧急提上了日程。我赶紧打电话和文熙校长商量如何在最短的时间内组织好线上教学。这不仅考验着我们的防疫应急能力，也考验着我们的教学应急能力。经过两年前的线上教学操作，大部分老师对于线上教学的形式和内容的变化以及评价反馈有了比较丰富的经验。所以，校长们很快就部署好了两套方案：一套是正常上学方案，缺岗的两名老师的教学工作由同事代理，有效衔接；一套是线上教学方案，利用网络现有资源进行授课和答疑。这样的应变能力是我们教育者必须具备的。又想起李校长常说的一句话："问题是常态，问题是财富。"我的理解是——发现问题是常态，解决问题是财富。在我发现的课堂教学问题中有不变的教育规律，在解决疫情风波的过程中有应变的教育能力。

临睡收到一句安慰："大家不要慌嘛！我们的应急机制还是'阔以滴'！安心睡觉！"

2022年4月1日 / 周五 / 晴

严肃认真的一天

愚人节没有人搞恶作剧，正剧和闹剧倒是有几出。

严肃的教育"正剧"全天上演——

清晨，501 班的少先队员按时到岗值勤，校服整齐，文明有礼。

上午，市场监督局来校检查食堂工作。食堂巡查反馈，定期规范公布菜谱，送工作餐进餐室，建立巡查餐室反馈机制……后勤群一早就说起了工作改进事宜。

研究课热火朝天地进行。走进艾思佳老师执教的信息技术课堂，惊喜地发现了《西游记》的经典情节和神话人物成为教学情境，语文素养和信息素养找到了非常有趣的契合点。这个构想设计我非常喜欢，边听课边忍不住和王婷主任交流。从跨学科融合、信息技术的学科价值两个维度谈了自己的思考。术科的深度教学研究决不能复制语、数这类考试学科的经验和模式，每个学科自有特点，要深入研究本学科的核心素养，并大胆打破学科边界，与生活、与世界对接，让学生真正感受学习的价值。

我的导师工作室开展了本学期第一次活动。我谈了对"两程三段"的理解，"教程+学程"的双线并行打破了师生关系的边界，重构两者角色。通俗地说，**教师和学生都是"学习者"，因为教师的备课意味着"前置学习"，从学习超前一步的时效来看，更准确**

地说教师是"学习先行者"。上课，就是把我们的前置学习经验、学习体验、学习收获等分享给学生。更重要的是，我们要有序而灵动地组织学生开展学科实践活动。接下来，成员交流了本学期研究课例的设想，也提出了自己的疑问。问题很多，困惑很多，迷思很多……不着急，当问题频频出现困扰我们的时候，说明我们已经开始打破自己固有的认知，脚下以经验堆积形成的"教学地板"开始晃动了！

下午，市教育局基教处和区教育局基教办三位领导来校调研，了解课后托管服务情况，也商量全市新校共同体展示方案。领导要求，我校作为新校共同体牵头学校，自身发展要起到示范作用，还要设计机制引领同类学校共同发展。深感责任重大，任务艰巨，需要勇气。

送走领导们，何校长的德育质量报告已经讲了一半，我边听她讲述边翻看讲稿，方方面面的实证和数据，可谓细致扎实、点评到位。学校需要的就是这份实干——老师们的实干累积了工作亮点，管理者的实干彰显了办学质量。

华灯初上，我和文熙校长做了深入交流，盘点了3月教学工作的得与失。总体感觉是，4月必须加强时序管理水平的提升，任何工作都要给老师们留下充足的思考和准备时间，绝不能把事情都堆在一个时段。

临近8点，发现徒弟还坐在办公室的沙发上等我，师徒两个人说起教学的话题就"嗨"了，这时候说我是个"痴人"也认。

9:30回到家，翻看和回味值勤老师们的反馈，公正客观中不失温暖的儿童观察，摘录几段给大家欣赏——

　　王洁：三楼 B 区四年级的 6 个班级教室卫生良好，桌椅整洁，每周五值勤就会被吸引进去瞧一瞧。403 班的孩子一大早就兴奋地讨论着今天是愚人节，所以有点小热闹。听说 408 班今日课上有诗朗诵，小演员们一大早就很有仪式感地在"化妆"和排练。

　　时明远：A 区三楼，早。学生陆续到校，一切正常。男厕所设施已检查，正常。201 班昨日做卫生把凳子都搬到桌子上，已引导、帮助学生把所有凳子安全放下。A 区三楼，午。整体情况良好，学生充满活力，课间游戏有序。厕所设施检查良好。206 班顶层架上有一条围巾，我帮忙取下。与此同时我想到窗外的垃圾，其实都是同样情况：学生抛物。是否有可能结合走廊特征，研发课间抛物类游戏。203 班教师进班组织学生复习文明创建类知识。203 班在较长课间时，电脑上播放有活力正能量的网络舞蹈，吸引一部分同学学习，有效减少学生疯跑情况。点赞！

　　余利：B 区二楼。305 班学生小干部们在布置教室宣传板，仔细一看，原来是学生的书法作品，字写得棒棒哒！306 班和 401 班老师早早进入教室，秩序良好。402 班在听唱英文歌，歌声优美动听。其余班级学生在教室自由活动，未发现不文明行为。

　　今日"闹剧"来自调皮鬼——
　　101 班几名同学在操场边上的乒乓球台上跳来跳去，甚是危险！午餐后，几名女生在 A 区庭院翻越栏杆。午休大课间，112 班的学生喜欢坐在走廊地上玩耍。这样一些日日发生的儿童行为，确实有违背公共秩序的一面，也有儿童天性使然的一面。约束天性和增长理性是成长的代价，也是教育者如何平衡两端的艰难选择。

2022年4月22日 / 周五 / 晴

巡查所见

7:30，全体值勤老师按时到岗，陆续反馈各楼层情况。404班少先队员值勤有礼貌。学生们纷纷有序走进校园，礼貌问好，教学楼走廊无疯跑现象。

7:45 开始，105、106班学生已经开始早读，读书声非常吸引人。107、108、109、114、302、206、212、302、305、306班小干部组织有序，早读声音整齐。各班坚持到校后有序开展晨读，成为校园春色的美好风景。走到307班，桌椅、书包摆放整齐，空无一人，人都去哪里了呢？原来是班主任聂老师带去晨练了！一年之计在于春，一日之计在于晨，相信307班的孩子们这一天都会精神饱满、心情美好。

上午听研究课，五年级李淑贤老师执教《刷子李》，罗莉老师工作室组织成员观课议课。仔细研读淑贤老师提供的学业质量标准和教学设计，欣喜地发现了一夜之间的变化。就在前一天，她找我研课，我谈了一点此类课文解读的新想法，她眼神中貌似还有点困惑。经过一晚的备课，教学设计竟然能完整呈现版块清晰、重点突出的教学流程。相信这一夜她是花了时间深入思考的。上完课，罗老师带领成员在工作室评议课例。空堂时，她和孙玲老师又来请我议课。"谷拾"的青年教师们就是这样，研磨课例孜孜不倦，一谈到"深度学习"落实在课堂的点点滴滴，眼睛就会发亮。第四节课巡查全校，班级纪律普遍良好，课堂组织有序。本学期时间过半，明显感觉老师们对课堂教学更热情。

午餐管理重点看了 A 区情况。感觉要加强节粮教育，四楼班级整体优秀，几乎没有剩饭菜。一至三楼倒饭菜情况突出，满桶的剩饭剩菜，触目惊心。请一年级各班和二年级前 6 个班级加强节约粮食的教育，并建立管理机制，提醒学生不要在走廊进餐。B 区午餐管理情况有明显差异，401、406、407班取餐时比较拥挤、无序。302、306、307班用餐时比较吵闹，管理方面待改进。其他班级秩序良好！春天万物萌发，孩子们也似乎从冬寒中醒来，课间格外兴奋和喧闹。202班体育课结束，一群人冲进教室，没有好好列队。205班两名男生回班时在走廊飞跑，一下摔个跟头，让人看着好担心。B 区二楼402班两名学生疯跑打闹，305班有学生在地上打滚。111班有一名女生在走廊翻跟头，有其他同学模仿，101班有两位同学在楼梯追逐。孩子们的疯闹行为被值勤老师及时制止，严肃批评。午间，103、104两个班的班主任全程在班陪伴学生。

周五值勤有一群细心而温暖的老师。周彩珍老师发现106班有名小女孩坐在走廊里哭，马上进行情绪疏导并带回班级。时明远老师每次值班都会巡查男厕所，不管是学生行为还是环境卫生，他都会管教管到，及时向部门反馈。王洁老师善于发现班级亮点，评价反馈语就像一段即兴散文，特别能激励同伴。

放学时一阵暴雨，王婷主任赶紧招呼行政人员赶往校门，组织滞留学生分流。好多老师也被淋得浑身透湿，周书记关心大家身体，安排党政中心通知大家尽早回家换衣物。本周只休息一天，请大家调整身心，好好休息。

2022年4月26日 / 周二 / 晴

吉祥物发布

　　4月26日清晨，校园里迎来了两位特别的小朋友，我校的一对吉祥物——时光娃娃，在这个充满诗意与美丽的季节里诞生啦！

　　半年前，我校面向全校师生及家长征集吉祥物设计稿，大家投稿积极，设计内容丰富有趣，多数设计思路聚焦在谷粒、稻穗、星光、汉字"十"等元素中。其中以"谷"和"十"为切入点设计的稿件较多。有的从阿拉伯数字"10"的形象出发，设计出一对吉祥物，一个是瘦长的"1"，一个是胖乎乎的"0"。有的从"谷"的含义出发，设计出谷穗或谷粒可爱的形象。有的孩子从"十"字谐音汉字"狮"或"石"挖掘其设计内容，化为星辰、狮子、石头等形象。设计的吉祥物形象或是单个元素重点突出，或是两种元素有效融合，奇奇怪怪，可可爱爱。

　　学校收到众多优秀作品后成立了吉祥物设计项目小组，大家对设计元素及引申出的吉祥物形象特征进行了反复讨论。最终在众多元素中选取"星"和"石"为我校吉祥物的主要设计元素，赋予一对"时光娃娃""在天为星，在地为石"的生命历程含义。女孩叫作"小瑶光"，设计灵感取自天上的星星，北斗七星的最后一颗星就叫作瑶光星，所以小瑶光联天缘，聪慧、灵巧又有点小调皮；而"小石头"呢，接地气，勇敢善良又有点小倔强。我们为了彰显吉祥物的性格与气质，给男孩子小石头和女孩子小瑶光各创作了一首打油诗——

　　一颗一颗圆溜溜，我是坚硬小石头；遇到困难不服输，勇敢倔强乐奋斗。

　　一闪一闪亮晶晶，我是瑶光小星星；四季时序由我指，斗转星移放光明。

　　两个吉祥物形象鲜明，以橙色和绿色相互映衬，头顶发髻个性十足，像原石中破壁而出的玉石和水晶，代表了生命的成长与蜕变。胸口的心形和盾形中孕育出生命的绿芽，代表了爱、平安和希望。一星一石，一天一地，也体现着我校"与时偕行，护卫童真"的文化理念，暗含了中华传统文化中的宇宙观和时序观——尊时守位，守正出新。

　　校园吉祥物蕴含着大家对美好的期许，对未来的憧憬，也饱含着对"谷拾"校园深厚的情谊。芳菲四月，"谷拾"吉祥物依约而来，相信在往后的精彩校园生活里，它们将陪伴着"谷拾娃"一起感受七彩的童年时光，书写美好的成长愿望。

2022年5月13日／周五／晴 ☀

以"我有办法"为切入点

　　天气凉爽的初夏，值勤教师和家长志愿者按时到岗。早上，几乎每个班级的学生都在自主组织晨读。读书已成为"谷拾"的校园文化，成为一道吸引人的晨景。偶尔遇到几个调皮的小家伙乱跑，值勤教师智慧引导，临时征集为志愿者。

　　"安全纸飞机"活动受到了学生喜爱，课间庭院里有孩子比试，不过窗户外沿和绿植带上多了许多遗失的纸飞机。规则是死的，人是活的，任何一项学生活动的开展，都可能会有涉及文明素养的一面，活蹦乱跳的孩子在游戏活动中会闹出诸多"幺蛾子"。就拿前一周男厕所换了浮阀冲便器来说吧，水量变大了，冲洗也更方便了。男孩子们发现了这个"秘密"，就趁机去"玩水"，有尿液的便池水也不嫌脏，脚踩手捧，放逐小纸船，就像是在公园里玩溪水一样。陈琛主任这么有办法的人，都大呼实在没有办法管住，每天厕所都被纸团或塑料瓶堵住。我说可否当课程来做，在科学课学学浮阀原理，增加玩水安全设施。如此种种，孩子的调皮考验着教育者的耐心和智慧。

　　上午，葛店开发区的几位教师来校实习，文熙校长和何校长热情接待，并介绍了学校办学的基本情况。

　　中午的大课间，孩子们去户外活动的人数增多，活动内容很丰富，玩魔方、看书、运动、排演课本剧等。核酸检测如期进行，师生已经娴熟应对。

下午，体育馆进行了五年级女生青春期教育活动。放学后，全体教职工开会，聆听 4 月教学质量报告。文熙校长与四位主任认真准备，以"我有办法"为切入点深入总结，其中穿插着 9 位教师的微视频分享。整整两个小时的分享，早就过了下班时间，但大家都认真聆听、思考。我以"新方案 新课标 人才培养的风向标"为主题做了总结发言，简要地从国家政策讲到教师素养。我想，教育人还是要有跳出教育看教育的视野，这样会更理解自己工作的境况和价值，实现国家、团队与个人发展的同频共振。

2022年6月16日 / 周四 / 晴

大声赞美

午餐后回办公室，发现桌上有一张贺卡，铅笔勾勒的黑边花瓶，里面插着三朵玫瑰花。贺卡里面夹着一封信，写得密密麻麻的，没有落款。没看几句，我就猜出，这是小熙同学的奶奶，也是"谷拾"创校时就在的一位物业师傅。

小熙就是一年级初入学时不愿意上学的女孩子，是我耐心安慰并"培养"为摇铃公主的女孩子。小熙的奶奶为了照顾孙女，应聘到学校物业工作，可谓爱校如家的榜样。

记得去年，有一次从走廊路过，看到她跪在地面洗刷，灰色水磨石的地面被刷得亮晶晶的。我随手拍下这个场景，走到她身边说："奶奶，天冷了，您别跪着刷地，免得着凉了。"奶奶听到我的声音，连忙抬起头说："谢谢校长关心，我身体好着呢！跪着刷地好使劲儿，刷着干净！"说完又埋头苦干起来。

小熙奶奶这次为什么给我写信呢？我展开信纸仔细阅读——

在一个晴朗的日子里，那是2017年9月5日，我第一次进入光谷十小。有一天，来了一个女孩子，她很漂亮。从那天起，我每天都看到她那美丽的身影。她带着25人来到了光谷十小，场景很热闹，每一位老师都十分专业。她的精神就如同穆桂英一样，因为她承担了重大的任务，她是女中豪杰。后来，孩子们也回到了光谷十小。孩子们十分天真顽皮，她叫孩子们宝贝，十分亲切。她很爱孩子们，不怕苦，不怕累，把孩子教育得很有礼貌。每一年把孩子们的教育活动和安全放在第一位。她尽职尽责，她是孩子们的红太阳，照耀着孩子们的成长，温暖着孩子们。她陪伴孩子们，欣赏孩子们，和孩子说话你一言我一语，十分温馨。

奶奶还回忆起我开会发言时的情景，又提到了在食堂给物业师傅分绿豆糕的事。这些细碎的小事，我本人并没有留意，没想到这位奶奶全都记在了心里。在她眼里我竟然还是"漂亮的女孩子"，还说"谷拾有你更精彩"。

其实这句话我想送给这位奶奶，她不仅做事尽责，爱校如家，还天天夸奖老师——"校长，您今天真漂亮！""老师，您笑起来真好看！""主任，您又在加班，辛苦了！"只要有领导来检查或有来宾参观，路过她负责的区域，她一定会大声去赞美我们的学校和同事。我从她身上学到很多，特别是如何去赞赏他人，如何在困难中看到亮光。

教育感悟

关键词：学校文化

·学校文化的"话语体系"不同于日常说话的语言，它是说出来的，也是做出来的；它是表达出来的，也是内化进去的；它是有显性韵味的，也是有含蓄内涵的；它是理念的核心表达，也是行为的个性展现。这样的"话语体系"让师生日日浸染，同声同气、同歌同咏，就立住了"校魂"。

·小学教育者的工作并没有什么宏大叙事，就是这些源于质朴师爱和智慧创见的慧言雅语，构成了校园"话语体系"，让我们时时浸润生命的精神力量。

·成为"图书馆里的学校"，是美好的教育愿景和学校永恒的追求。我希望我的学校，书声琅琅、书香盈盈。

·阅读是儿童发展的核心要素，它将源源不断地为生命提供驱动能量。

附录

演讲实录精选

大城有我 实干创校 筑梦光谷教育新时代
——第35个教师节全区教师节大会发言

光谷，作为武汉发展最热的地域,擎起了城市建设超前发展的无限力量。城市发展提出的新要求已经渗入教育的肌理，光谷教育以更加积极的姿态，与社会发展同向而行。

我是王凌，来自武汉市光谷第十小学（武汉小学分校）。武汉小学和光谷教育两度合作，先后委托管理了光谷一小和光谷十小。这两次"牵手"，我都有幸成为见证者、参与者和学校管理者，将目光投向全市教育均衡发展的建设格局，深切关注光谷人民对子女入学享有优质教育资源的渴望。

2004年，我受委派来到光谷一小。新校起步确实不容易，办学初期，我们在一年级设了两个实验班，可是只招到十几名学生。虽然这是以"光谷"命名的第一所小学，这里有市内最漂亮、最大气的校园，但是老百姓还不了解，也不信任新学校。我不甘心，跑遍了周边幼儿园做招生宣传，告诉家长这将是一所有文化、有底气、有实力的学校。从开学的第一天开始，我陪伴着老师们在备课、听课、研课中度过，教育生活辛苦又充实。现在普遍的集体备课制度就是那时候从武汉小学"移植"过来的，老校长说"功在课前，研在课中，思在课后"，老师们说从来没有这样重视过"备课"这件事。我下决心把自己的孩子带到了光谷一小读一年级，以安定家长心态。现在我的孩子已经是数字设计专业的大学生了，他还清楚地记得自己的第一张奖状是在光谷获得的绘画比赛一等奖。我的孩子，你的孩子，我们的孩子，在光谷受到了良好的教育启蒙。仅仅一年，光谷一小声名鹊起，教师团队得到家长和社会的认可，成为教育教学管理最"扎实"的名校。从那时起，我就知道，要办好一所学校，校长要以"成就教师"为己任。

2017年光谷十小创立，我再次来到光谷，此时以"光谷"命名的学校已经有30余所。我的学校最"年轻"，教师平均年龄不到30岁。这群年轻人太可爱了，蓬勃、澄明、有活力……带来了各自独特的经历和心灵风貌，他们从学校这方小小天地，融入光谷教育的洪流。我常常和青年老师谈对教师职业的理解：教育，是一场辛苦的付出，更是一场精神的探险。教师，是高社会价值、高成长空间的职业。小学教师尤其幸福，我们因陪伴儿童而拥有"终生童年"。为人师长，我们很辛苦，但并非被罚为"苦役"，而是被赋予照顾孩子的特权，以及具有再次成长的可能。是的，物质生命的有限和精神生命的无限构成了教师独特的职业人生。

现在，努力建设一支素养优良、专业扎实、敬业爱生、成人达己的教师队伍，是我作为校长的梦想。我知道，光谷教育的美好和未来关键在教师。

作为校长，我特别重视托管制学校的教师文化融合，用设计思维建设未来学校，着力从环境、文化、人、流程四个维度来进行调适与改善。仅两年时间，我的团队完成了三个学习空间的设计和建设。"谷拾之心"学习空间，名字寓意学校心脏，以"无边界学习"的姿态建设，即确立阅读是学生发展的核心质素。"谷拾之家"职工书屋敞亮自在，为教师发展提供休憩之地和能量驱动。

"谷拾之源"时节空间利用楼顶建设，为师生接触自然与农耕，探索保护生态环境提供了智能化的学习条件。学校大厅的节气墙、楼道的乐高墙、特色活动标识……我们尽量自己设计，自己动手。用艺术设计的方式表达了"与时偕行，护卫童真，办尊重生命时序的教育"这一办学思想。通过设计人与学校空间的相遇，寻求更宜人的教育环境、更和谐的人际相遇、更适切的教育过程、更发展的教育评价。

学校文化具有故事性，是我作为校长的期待。我们注重设计教师发展路径中的叙事性，全体教师记录并分享了近600篇校园故事，其中有令人感慨的瞬间，有很多温暖的细节。从中萌发的"谷拾文化"成为光谷十小教师的文化标签。正如"谷拾"这两个字传递出来的含义：虚怀若谷、内炼真功；汇聚成谷，追求卓越。"谷拾人"致力于将自己的个性和特长主动融合到光谷教育特质和教育理想中。

学校以师德、师能双向发展为导向，树立"执教品为先、立业德为首"的"育师"观念。我们倡导"学术养成式"的教师专业培养方式：师徒结对、学术团队、职业规划、主题学习、学术积分、项目活动。职业规划定个人目标、定年度计划、定发展愿景，让每一位教师对自己的发展有期待、有责任、有动力。这些"学术养成"的举措是一个不断"赋能"的过程，帮助青年教师增强专业发展的动力和信心。我校25%的青年教师在业务竞赛中获得一等奖，教师专业发展态势喜人。

第35个教师节，我想将两个美好的词语送给光谷的教师——正念和专注。正念，一种精进、永不放弃的力量；专注，一种聚焦、不懈深研的定力。我也用这两个词激励"谷拾"同伴和自己：路虽远，行则必至；事虽难，为则能成。我十分珍惜与"光谷教育"的机缘，区教文体局领导和武汉小学的李强校长也常常鼓励我，作为合作办学的使者，要怀抱"扎根光谷，服务光谷"的信念，努力为光谷教育优质发展建功立业。大城有我，实干创校，筑梦光谷教育新时代。

缤纷课程，回归童年的样子
——全国创新教育区域论坛发言

大家好，我是王凌，来自光谷十小。2017年，我受武汉小学委派离开了工作23年的中心老城区，来到东湖高新区创办了光谷十小。

我们从建校第一天开始就记录校园里发生的故事，先来听一个关于恐龙的故事吧。动画中的大恐龙是才入职的新老师小时，小恐龙是学生昕昕。昕昕不爱听课，不爱讲话，就是喜欢画恐龙，画得奇奇怪怪的也没人喜欢。这不，有一天，时老师上美术课发现她又不听讲，偷偷在抽屉里画小恐龙。于是他在画纸上也画了一只大恐龙，画得不好，还多画了一条腿。于是有了一段有意思的师生对话，那一瞬间他们仿佛理解了对方，有了共同的话题。后来，时老师开了一个创意美术课程，昕昕在他的陪伴下成了闻名全校的画恐龙高手，还得了光谷美术大奖呢。时老师呢，成了智慧满满的教育创客，武汉加油棋、节气文化墙、节粮机器人都是他的杰作。这对师生可谓"在自信中成长，在成长中自信"。

每每回味这个故事，我都很有感触，小学课程应该去适应儿童，而不是逼着儿童去适应课程。因为，每一个孩子都是独一无二的，每一个孩子的童年都是不可复制的。童年——以人的成长价值召唤和引领着我们，办学最佳的应答就是构建符合儿童发展时序的课程。

校园生活 拾取童年记忆的课程经历

我认为，小学课程即童年经历，课程架构、课程资源和课程样态都要体现童年的独立价值。记得2018年我提出了"回归童年"的理念，那一年的小雪节气我写了一首小诗："渡口的一只船候着，等我，归去，童年"。这首诗印在"家长开放日"的邀请函上，我想以此告诉家长和同伴们，我们在实施教育的过程中陪伴儿童成长，实际是拥有"终生童年"。

而我们和孩子共同拥有的"童年"应该是什么样子呢？看看我们学校的课程图谱，围绕学生的四大发展目标——健体自强、成长自信、文明自觉、心智自由，开设了"拾荟""拾创""拾韵""拾跃""拾源"五大课程。以"拾跃课程"为例吧，根据不同年龄儿童身心发展特点，分年段开设不同的体育项目。低年级有体育性别课程，中年级有中华武龙课程。选修课里开设传统体育项目，还引进了国际性运动——壁球和赛艇，学生可以根据兴趣自主选择。"拾跃课程"将针对学生身心类的课程进行统整，让核心素养中的"健康生活"在课程里落地生根。

战疫生活 生成城市记忆的课程样态

原来，我认为课程必须是系统的，是学校主导的，是有规划、有步骤、有标准的。疫情期间线上教学的一件事改变了我的看法。

有一位二年级同学画了一幅画，表现了在白衣天使的守护下，武汉孩子疫期居家学习的情景。武汉封城期间，像这样的绘画，美术教师陆续收到几百幅。用心凝视这些画作，老师们感受到儿童画的治愈力量是温暖的。于是，他们给每一幅画配上值得回味的文学话语，每晚发布于班级群，给师生道一声"晚安"，送去心灵抚慰。没有学校系统策划，也没有专家指导研发，美术老师自发进行的"晚安计划"打动了每一名师生。城市解封以后，我提议从策展思维的角度再次做课程研发，在光谷青年之家举办了一场"战疫·拾光"的学生音画作品展。半年没有见面的师生相约展厅，和逐渐恢复活力的光谷来了一次深情拥抱。就这样，我们生成了武汉城市记忆的课程样态。"战疫·拾光"课程将艺术、文学、心理健康、信息技术、社会常识、感恩教育等元素糅合进去，布展环境和观展行为又衍生出新的隐性课程。

跨学科的社会常识教育，跨界的微缩社会生活，使课程发展儿童，儿童发展课程。课程以理解真实世界为根基，更突出儿童成长际遇中的价值引领和生命成长，帮助学生具有发展的更多可能性。

节气生活 寻找中国记忆的课程资源

跨界融合的课程样态和及时生成的课程经历，意味着我们要善于寻找课程资源。

俯瞰高楼林立的光谷软件园片区，一片绿色的农耕园灵动生趣，这是建在我校建筑顶楼1000多平的"时节空间"。这些可爱的稻草人是孩子们的杰作，为了守护"时节空间"，与偷菜的鸟儿周旋，孩子们拿来废旧材料尽情发挥创意。不仅仅于此，学习种植，观察土壤，收获作物，体验食育，观察气候变化，研究雨水收集，利用太阳能和风能发电……这些都是孩子们学习"节气课程"的场景，将物联网与人工智能结合，在生态的自然环境和丰富的信息技术环境中学习。

这个课程分为"节气与美食""节气与趣玩""节气与农耕""节气与文艺""节气与科技"五大系列，采用"通识—主题—项目"的层级分年段实施，探寻"节气文化"这最鲜活的中国记忆。师生全年跟着节气过日子：惊蛰种树、清明踏青、谷雨读书、芒种展艺、秋分游艺、立冬消寒……开展全景式的中国二十四节气的文化之旅，使童年生活有时序、有滋味、有情趣。

开发"节气课程"的价值不仅仅是实施优秀传统文化教育，而是让我们这些教育者明白，儿童的发展也有自己的时序，不同阶段施以不同的教育，儿童身心才能得以和谐发展。依托"节气课程"的研究，我们从"万物皆有时"的中国智慧中受到启发，提出了办学思想——与时偕行，护卫童真，办尊重生命时序的教育。

童年如此珍贵，又不可重来。学校要架构尊重生命时序的课程，即要尊重学生的童年价值，又要引导教师"回归童年"，用理解的姿态和发展的眼光看待课程中的儿童。这样，师生才能最终走向教育的本质——让每一个人健康地成为他自己，自己发现"成长"的定义，并努力去实现它。

"双减"政策背景下小学教育时序管理的研究与实践
——全区"双减"校长论坛发言

"双减"国家政策背景下，学校教育主体地位进一步确立，校园作息管理从时间维度上增加了"5+2"课后延时服务。小学生"在校时间"这一变量，会成为提升教育教学质量和促进学生全面发展的关键因素。

我校从"尊重生命时序"的维度去系统思考，探索学程、学周、学日的小学教育时序管理，以努力达到减负提质的教育效果，探索童年校园生活的儿童学习样态。

一、小学教育时序管理的背景意义

在"双减"政策背景下，提出小学教育"时序管理"的研究与实践，有其重要现实意义。一是在学校教育精致的知识体系脉络中，关注儿童的生命时序，突破知识唯一的教育逻辑，探索儿童成长的实践逻辑；二是贯彻党的新时代教育方针中的育人目标，深化研究我校"谷拾文化"的核心理念与操作，实施与之匹配的教育管理机制。

"双减"政策实施以后，我校参加托管服务的学生占比98.4%，绝大部分学生在校时间延长，这意味着是童年被学校时间制度化，还是童年在校园生活内具有更多的可能性？作为校长，必须思考"时间"要素带来的关于生命时序、关于童年独立价值的思考。

审视我校独创的"谷拾文化"，其核心理念是"与时偕行，护卫童真，办尊重生命时序的教育"。这一教育理念旨在追求小学教育为儿童的生命成长周期提供更有价值的时序和场域，指导不同学龄阶段的学生开展教育活动，从而让儿童个人的成长经验产生时间感和有序感，最终为成年生活萌发和奠定时间和事务管理的效能感。

二、小学教育时序管理的育人目标

"双减"政策的实施还是为了全社会形成未成年人身心健康成长的教育生态，指向立德树人、五育融合、全面发展的育人目标。政策实施以来，我们从育人目标、综合素养、行为表现三个层级勾勒出光谷十小"学生素质画像"。"学生素质画像"图形化表达为绿色圆圈中的蝶形图案，意象是绿色生态教育圈中的美丽蝴蝶。

"健体自强、成长自信、文明自觉、心智自由"这四个关键词从身体健康、自信阳光、文化认同、文明素养、学习能力等方面提出了我校的育人目标。学生综合素养表达为六个字"立、悦、正、雅、至、睿"，解读为"自立、悦纳、正直、文雅、至远、睿见"。学生行为表现具体为：爱家国、讲文明、会劳动、常运动、愿探究、乐心态。育人目标的宏观概括，综合素养的中观解读，行为举止的微观表现，构成了我校育人目标体系的三级标准，也是我校研究和实施"时序管理"的核心动力。

三、小学教育时序管理的实践操作

时序管理是指设计具有时序特色的学期校历和校园作息，称之为学程、学周、学日。具体实践操作如下：

（一）四阶"学程"，开展深度教学，让学习真实发生

将一个学期设计为四个阶段的学程：第一、第三学程主要完成国家课程为主的必修学习，也兼顾校本课程选修学习。国家课程进行分科深度教学，我们会基于学科课程标准和教材内容进行二次开发，建立学科教学的学业质量标准，引导学生在理性与逻辑、历史与文化、德性与智慧、情感与审美、社会与生活五大问题链中开展学科实践，逐步实现成长的精神发育。

第二学程和第四学程开展"超越学科"的课程，即项目式学习。以跨学科、跨界融合为主要课程设计形式，打破了目前学科课程形态下的学习方式，以"人与自然、人与社会、人与自己"为学习主题，通过一个个充满趣味的情境为线索，驱动学生完成一次次探索和创意的高级认知的学习之旅。如探究"秋天的蔬菜"这一主题，孩子们围绕制定营养菜谱、收割蔬菜、买卖蔬菜、设计包装袋、制作光盘装置等问题展开学习，围绕问题规划学习内容，寻求解决方案。

（二）三段"学周"，注重五育融合，让活动交替有序

每个学周有三个阶段：周一有"周启"活动，每日有"周例"安排，周五有"周思"课程。

"周启"是周一清晨的全校集会活动，通过升国旗仪式、主题演讲、互动游戏等丰富的教育活动，传递一周校园生活的教育主题，引导学生确立周成长目标。

每日有"周例"，即"晨诵—午写—课后延时服务"三部曲，和早中晚三个30分钟大课间。让相对安静的学科授课学习和相对活泼的体育运动在一日作息中穿插进行，也给予孩子们充足的自由活动时间，让学生对一日校园生活有良好的生活体验和情绪感受。

周五有"周思"课程，各班通过完成精心研制的"周思练习"和班队会，及时进行周评价和反馈。

（三）五个"学日"，优化课后服务，让托管有丰富的样态

"学日"是指在校学习的完整一天。其中，晨诵和午写各20分钟，有序列地训练学科单项技能。三个大课间，既开展体育运动，也玩耍经典游戏。

课后延时服务设计为菜单式托管，分解为三个时段，分别开展体育活动、辅导作业和选修社团。学生家庭可以选择参加任何一个或多个时段的托管服务，学校组织学生分三个批次放学。我们将优质社会公益实践类课程引入学校，共开发了73个社团课程，力求打造内容丰富、形式多样的"五育融合"课后服务学习样态。

根据课程设置特色和托管服务内容，"学日"形成了特色专题，如语言听写日、社团活动日、专题教育日、课间游戏日等，形成学习活动的有序规律。

四、结束语

围绕"与时偕行，护卫童真"，我们把"生命时序"作为最重要的教育因素来研究，也作为最重要的教育资源来开发，深刻领会"双减"政策指向的教育本真问题，按照儿童生命生长时序，通过学程、学周、学日的设置和实施，以形成童年丰富的学习经验为旨

趣,探索童年校园生活的儿童学习样态，在学校教育主阵地上去实现儿童生命在"时序"轴线上的价值完成，努力实现"完整的人"的教育。

　　"双减"政策持续推进背景下，我校将进一步研究"时序管理"中不同特征的学程，形成衔接桥梁学程、信息融合学程、单元整组学程、主题实践学程、跨界项目学程等更加丰富的学程范式，为小学生轻负高效的学习提供有效支持。

学校管理制度创新的四种价值取向
——全市新校共同体建设现场推进会发言

武汉市光谷第十小学（武汉小学光谷分校）创建于2017年7月，武汉小学以共建托管的形式全面负责学校管理。学校领导班子由武汉小学委派干部和东湖高新区教育局选派干部共同组成。党政班子齐心共力、团结奋进、实干担当，努力践行"大城有我，光谷有我"的历史使命。在新校创建过程中，我们从优化学校管理层面着手，进行了探索和尝试，取得了较好的办学效益。现汇报如下：

一、多元共治，民主管理，从"校长引领"走向"中层活力"

新校开办初期，校领导党政一肩挑，管理团队以校长为核心发挥引领作用，以校长提出的"办学价值"为取向，充分发挥行政领导统筹作用、党支部政治核心作用、工会桥梁纽带作用和教代会民主监督作用。

学校行政管理事务繁杂，新建学校中层干部需要时间培养，学校基于校情积极推行三大制度：一是事务助理制。每学年选拔青年骨干教师到部门担任事务助理，他们也是学校重点考察的中层后备干部。二是值周校长制。校龄一年及以上的教师轮流担任值周校长，参加次校务会，跟岗校长一日工作，提出一个小问题，实施一个微方案。三是项目管理制。将学校阶段性重点工作设计成项目活动，教师自主申报参加。学校基于"人人都是管理者"的理念，培养青年教师自主参与学校管理的意识，整体发展团队领导力。逐年竞聘的中层干部年轻有为、踏实担当、充满活力，保障了学校各部门职责明确，运行有序。

在学校形成重大决策之前，校领导经常性采取教师调研会、个别访谈等方式倾听教师心声，吸纳有效建议，形成了校务会上议大事、教师会上谈实事、教代会上商要事的民主管理和决策机制。这种自下而上和自上而下相结合的机制，让全体教职工对学校工作和发展做到知情、知心和知行。2020年，学校被评为武汉市五星级民主管理先进单位。

二、分权设计，学术管理，从"有序规范"走向"精致卓越"

根据新校发展快和新教师多的实际情况，我校推进现代化学校教育管理机制变革，将行政管理和学术管理分权设计。

行政管理方面，一是强化部门职能。六大管理部门（党政服务中心、学生成长中心、课程管理中心、信息资源中心、教师发展中心、后勤服务中心）按职能分工细化工作流程，保障部门工作有序运转。二是赋能年级管理。按照"立悦、正雅、至睿"的学生培养目标成立六大家族（拾立家族、拾悦家族、拾正家族、拾雅家族、拾至家族、拾睿家族）。强化年级组长的管理职能，让组长有决策事务和评价教师的权利。三是建立常规工作月度评价制度。由中层干部和教师代表组成的评价小组，从德育工作、教学教研、后勤与安全管理、教师发展四个维度定期评估干部和教师的工作成效。

学术管理方面，一是设置独立的学术组织"谷拾书院"，下设学术委员会、导师工作室、月圆读书会等学术团体，将专业发展、课题评审、业绩评价、教师社团等活动交给校内外专业人士和骨干教师来引领，让优秀骨干教师拥有学术管理权和业绩评价权。二是推行学术积分制度，教师参与学术活动和成果建设，教师发展中心和"谷拾书院"从参与、过程、成效等方面对教师业绩进行评价并给予积分。学术积分兑换为绩效奖励、培训机会和学术假期，成为教师发展的荣誉学分体系和成长激励机制。

分权设计让行政权力和学术权力得以落实和彰显，更突出了学校是学习型组织和项目型组织的特质，推进学校管理从"有序规范"向"精致卓越"转变。同时积极争取教育职能部门和社会的政策与资源支持，形成内部和谐、外部宽松、社会公信度高的良好办学氛围。2020年，我校高水平通过了武汉市义务教育现代化学校督导评估。2021年，被评为武汉市十佳书香校园、光谷十佳书香校园。

三、儿童立场，时序管理，从"处理事务"走向"服务学生"

学校在贯彻实施素质教育的过程中，坚持站在儿童发展的立场，着力构建儿童终身学习、多元发展、全面成长的素质教育时序管理机制。将一个学期设计为四个学程：第一、三学程主要完成国家课程为主的必修学习任务，也兼顾校本课程选修学习任务，第二、四学程开展项目式学习（第四学程为寒暑假）。每个学周有三个阶段：周一有"周启"主题教育；每日有"周例"，即"晨诵—阳光大课间—午写—课后体育活动"四部曲；周五有课程"周思"总结。学日有特色专题，如语言听写日、社团活动日、专题教育日、课间游戏日等，形成学习活动安排的有序规律。

学校管理从"处理事务"向"服务学生"转变，将课程设置、课堂管理、大课间管理、作业管理、读书管理、午休管理、课后托管等要素都放在儿童发展的"时序"这一维度去思考，所有治理元素的出发点和落脚点，都是以"每一个孩子被看见"为基础。

四、优化生态，融合管理，从"学校自主"走向"家校共育"

"双减"背景下，实施家校融合管理，优化家校共育生态势在必行。学校系统思考，实施以"家校共育"为特征的融合管理，形成"四三二"家校共育模式。

组建四支家校共育团队。一是小干部队伍。每个班级除了设置常规的班干部和中队干部，还有安全委员、心理委员、视保委员等职务。孩子们参与自主管理，从"文明有礼、学业有成、身心有益、审美有趣、劳动有为、生活有节、安全有责"这七个维度来观察记录班级表现和学生言行；二是学生"阳光志愿者"队伍，设立了少先队员值勤岗，负责课间巡查校园，观察身边小伙伴的情绪和行为，和同学交心谈心及时化解小矛盾；三是教师"守护童心"心理健康小组，由有心理健康类教育资质的教师组成，指导年级和班级家校共育工作；四是社区和家长志愿者队伍，包括"阳光雨露"志愿队、防欺凌工作小组、"倍爱"影子教师队伍，从全面关爱学生、辅导倍爱生和防欺凌等维度开展家校共育重点工作。

搭建三条家校沟通渠道。网上办公平台的校长信箱，可随时发信息与校长交流；班主任和辅导员定期开展实地家访和视频家访；各班级均有家校日常联系。

开展两个家校研习项目。家校研习营开展家庭教育专题研修活动，教师和家长成为学习伙伴。每年开展家长开放日活动，在校园参观、课堂观摩、活动体验、好书共读等活动中增进对儿童和儿童教育的认识。

我们称自己的学校为"谷拾"，这一雅号既结合校名谐音，又挖掘"谷"和"拾"的字源内涵。"谷拾文化"从"万物皆有时"的中国智慧中受到启发，提出了"与时偕行，护卫童真，办尊重生命时序的教育"这一办学思想，是构建符合儿童教育规律而形成的具有独特格调的学校文化。

新校初创，文化立校，管理力行。在确定新校办学目标和办学理念的基础上创新管理机制，就是为了创造安全和谐的教育环境，倡导师生健康的学习方式和生活方式，为儿童终生发展奠定良好的基础，为教师职业生活的获得感而努力。我们会进一步将光谷十小打造成一所尊重儿童生命时序的新优质学校。

"新课标"背景下，如何走向"五育融合"的高质量学习
——光明教育家圆桌论坛发言

新方案和新课标在"双减"政策实施9个月后颁布，我理解为教育"高质量发展"和"双减"的叠加效应，是用课程思维实现育人目标的重要举措。学校教育要通过课程的建构与实施，达成"立德树人，五育并举"的育人目标，将面临诸多需要解决的问题，如——

（1）以"育人目标"为核心，重构课程体系的问题；

（2）以"素养导向"为方向，建构课堂范式的问题；

（3）以"学业质量"为表现，研制课堂标准的问题；

（4）各门课程教学中如何实施跨学科学习的问题等。

现就以上问题，分享光谷十小的办学实践和举措——

一、从"全面成长"的价值出发，建构"五育并举"的课程体系

本次课程标准的修订凸显了人的因素，由学科立场走向育人立场，这是课程观的根本变革。基于此，我校基于人的成长价值去构建符合儿童生命发展时序的课程体系，称为"5+1谷拾课程"（"谷拾"是我校的文化雅号）。"5"是"拾荟""拾创""拾韵""拾跃""拾源"课程，"1"指我校独自研发的"节气课

程"，它如流水一般灵动地渗透在五大课程中，但又自有体系，独立存在。每一个课程版块，根据6—12岁儿童的生命"时序"，课程内容由浅入深，课程形态多种多样，课时安排有长有短。我们深度挖掘各门课程的独特育人功能，以真实世界为理解根基，帮助学生对人生发展路径进行探索，并具有更多可能性。

二、从"提质增效"的意义出发，建构"素养生长"课堂

我校建构的"素养生长"课堂教学模式以"谷拾文化"为基础，以培养胜任未来社会发展的必备品格和关键能力为育人理念，以促进学生的全面发展与个性发展为目标，通过对课堂教学的创造性转化与创新性发展的积极探索，以期为儿童终身发展奠定坚实的基础。

"素养生长"课堂以"教程+学程"为双线驱动，以"前置学习+互动学习+巩固复习"为完整互动链，体现出"两程三段"的特点。课堂教学过程，师生开展"自我导向""问题导向""发展导向"为特征的深度教学，采用学科互涉、U型学习、支架搭建等学习策略，搭建自学、共学、探学、练学、拓学等学习模块，实现了学科知识、学科方法、学科思维与现实生活、文化传承、审美创造等要素之间的关联，促进儿童"精神种子"的生长发育，全面促进学生核心素养发展。

三、从"学业成就"的表现出发，研制学业质量标准

核心素养作为课程标准的内核，是引领儿童全面成长的风向标。课程标准中新出现关于"学业质量"的章节，引导教师关注学

生阶段性学业成就的综合表现。教学实践中操作不当，核心素养和学业质量很有可能成为"两张皮"，而只有落实到教学课时中才能得以发展保障。我校和华中师大课程研究中心合作研究深度教学，按照"核心素养—学业质量标准—问题链和活动链设计"三级对接的层级，尝试将课程内容和学习经验结构化，进行教、学、评一体化设计。我们主要是以研制《课程学业质量标准》为突破口，将核心素养的内涵分解为三级指标，与教学单元或教学课时的学生学业成就达成度表现一一匹配，再进行问题链、活动链和教学设计。

四、从"跨学科学习"的要求出发，实施"四阶"学程安排

新课标提出所有学科都要有跨学科主题的研究。跨学科学习对教师活动推进素养、课程建构素养和文化横越素养有着较高的要求，传统的单门课程教学实施起来比较困难。我校从"尊重生命时序"的维度系统思考，探索四阶学程的教学管理，将一个学期分为四阶"学程"，第一、第三学程主要完成国家课程为主的必修学习，也兼顾校本课程选修学习。第二学程和第四学程开展"超越学科"的课程，即1—3天的项目课程。

每个学期中间的一周，会采用打通课时的方式，各年级集中开展跨学科学习。例如，4月谷雨时节开展了"爱上书籍，读懂中国"的项目课程。学生在团队协作下完成主题阅读、原创书制作、公共宣讲、书籍布展等情境性学习任务。综合运用了语文、数学、美术、信息科技、劳动等知识技能，实现综合探究和素养生长，让学习真实发生。

如何走向"五育融合"的高质量学习？在常态的学科教学中展开更立体开放的教学形式，发现更可看见的学业表现，贯穿儿童对世界与社会的完整认知，课程真正实现"五育融合"。我们还需要深度追问，用实践来慢慢回答……

我对"师德"的理解
——全校师德演讲比赛发言

老师们的演讲朴实而真挚，给我了很大的触动。

"双减"+"双新"背景下，老师们的工作压力是很大的。但是，不管是走进班级和课堂，还是阅读老师们的教育叙事，今天聆听师德演讲，我感受到的都是满满元气的师德正能量。借这个机会，我也想讲讲自己对教师职业道德的理解，有这样几个层面：

首先是**"职业归属"**。在平凡而琐碎的工作事务中，能找到教师职业的社会价值和个人成长的精神价值。我把这一层称为**师心**。通俗地说，就是从内心喜欢做老师，喜欢和学生有一起，也喜欢自己的学校和工作伙伴。

其次是**"和谐人际关系"**。正如我们学校流行的一句话"因爱而学，因人而美"，以"仁爱"为核心，与学生、家长和同事建立和谐友爱的人际关系。我把这一层称为**师爱**。有了广博、宽和、仁慈的师爱，我们才会尊重儿童、信任同伴、理解家长。

再次是**"教育艺术"**。我们这学年提倡建设"我有办法"的团队，就是基于这个认识。我觉得师德的底色是师能。我的师傅全国育人模范桂贤娣老师写了一本书，书名就叫作《慧爱学生》，她提出"因生给爱十法"，就是针对不同特质的学生用不同的办法去教育，她教育学生没有大吼大叫，总是显得智慧灵动。我把这一层称为**师慧**。有智慧的教师，才能真正做到先哲圣人孔子提出的"因材施教""有教无类"。

最后是"**教育信仰**"。当前处在教育剧烈变革时期，社会人士有所偏颇的评述，家长无法消解的焦虑，甚至还有人拿师德投诉来作为要挟我们教师的"武器"。我们深感社会舆论不友好，教育生态不和谐。我们为什么做老师？又要怎样做老师？叩问自己的内心，是否面对质疑、责难、困难等复杂局面还依然信仰"尊师问学"的教育真理，有"当一个好老师"的决心和毅力。我把这一层称为**师道**。这就需要我们坚定自己的择业理想和教育初心，从认识"伟大儿童"中去寻找师道，从体验职业价值中去坚定师道，从发展学校文化中去塑造师道。

师心—师爱—师慧—师道，从认识论到方法论再提升认识论，一名教师要形成高尚师德，是一个需要终身修炼的过程。我希望，每一名"谷拾人"都随时能讲出自己的师德故事。有故事的老师有仁心、有智慧、有作为！

另外，会讲故事的老师有粉丝、有星途！向参加师德演讲的优秀老师学习，谢谢你们的精彩表现！